민족주의란 무엇인가

NATIONALISM : Theory, Ideology, History

N A T I O N A L I S M

유럽중심주의를 비판하는 책들 ③

민족주의란 무엇인가

근대주의를 넘어선 새로운 모색

앤서니 D. 스미스 Anthony D. Smith 지음
강철구 Chul-Ku Kang 옮김

용의 숲

머리말

이 책은 민족주의의 개념에 대해 간단히 소개하는 것을 목표로 하고 있다. 그 목적은 학생과 독자들에게 경험적 연구의 방대한 업적 대신 주된 이론적 공헌에 초점을 맞추어 이 분야의 기존 학문적 성과에 대한 비판적 종합을 하는 것이다.

나의 주된 목표는 민족주의 개념에 대한 여러 이론적 · 이데올로기적 · 역사적 측면과 이 분야 설명들의 중심적 패러다임을 검토하는 것이다. 필연적으로 이것은 뒤의 장들에서는 주의의 초점을 이데올로기 · 운동 · 상징적 언어로 이해되는 민족주의로부터, 그것이 관심의 대상으로 삼는 민족으로 옮긴다는 것을 의미한다. 여기에서 민족은 논쟁적인 개념이자 공동체나 제도적 행위의 한 형태로 이해된다.

실제로 두 개의 개념은 밀접히 연관되어 있으나 나는 그것들을 혼동하지 않는 것이 중요하다고 생각한다. 이것은 특히 민족주의 이데올로기가 등장하기 이전에, 또 그 이데올로기가 생겨나지 않은 지역에서 민족 범주의 여러 형태들을 식별해 내는 것이 가능하기 때문이다.

나는 이런 형태의 작은 책에서 폭넓은 이야기를 할 수 있다고 생각하지는 않는다. 어쩔 수 없이 어떤 영역은 소홀히 되거나 빠질 수밖에 없다. 자유주의와 민족주의, 또 젠더와 민족 같은 하부 주제에 대해서는 기존에 나와 있는 많은 문헌들을 참고하기 바란다. 또 내가 쓴 『민족주의와 근대주의』에 나오는 일반적인 논의들도 보기 바란다.

마찬가지로, 이 책의 전체적인 구성과 논조는 민족과 민족주의 논의의 적극적 참여자로서의 나의 견해를 반영하기는 한다. 그러나 그 논의들을 따라가는 것이 주된 관심사이므로 나 자신의 견해를 충분히 이야기하지는 못했다.

그럼에도 나는 제5장에서 민족에 대한 나 나름의 다른 역사를 서술하려고 시도했다. 나는 민족주의 연구에 대한 많은 사람들의 기여를 이해하게 하는 명료한 틀을 제공하면서도 지난 반세기 동안 이 영역에서 이루어진 토론들의 열기와 복잡성의 일부나마 전달할 수 있기를 바랐다.

사회과학의 핵심 개념들에 대한 시리즈에 내 책을 포함시켜 주기를 요청한 존 톰슨 씨와 폴리티 출판사에 감사의 뜻을 표한다. 원고를 타이프로 쳐 준 세타 퍼소드 씨에게도 감사한다. 그러나 여기에 표명된 나의 견해와 마찬가지로 모든 실수나 결함은 전적으로 나의 것이다.

앤서니 D. 스미스
런던경제대학

시리아와 누비아라는 나라, 그리고 이집트의 땅
당신은 모든 사람을 자기 자리에 놓는다
당신은 그들에게 필요한 것들을 제공한다.
누구나 먹을 식량이 있다. 그리고 그 삶의 시간도 정해져 있다.
그들의 말은 다르고
그들의 성격도 다르다.
그들의 피부색도 다르다.
당신이 외지 사람들을 구분하는 것과 같이
……
멀리 있는 모든 나라들이여, 당신은 그들의 삶도 또한 만들었도다.
당신이 천국에 나일강을 놓았기 때문에.
……
천국의 나일강, 그것은 외지 사람들을 위한 것이다.

이집트 「아톤 신에 대한 송가」에서

서론

이 작은 책은 민족주의의 개념을 이 분야에 낯선 독자들과 학생들에게 소개하려는 목적으로 쓴 것이다. 이것은 기본적으로는 이데올로기로서의 민족주의에 초점을 맞추고 있다. 그러나 사회운동이나 상징적인 언어로서의 민족주의에도 초점을 두고 있고 그 의미, 다양성, 근원들을 탐구한다. 필연적으로 이것은 민족, 민족 정체성, 민족국가 같은 이와 관련된 개념들을 고찰하게 한다. 그러므로 이 책의 범위는 넓으며 여러 학문 분야에 걸쳐 있다. 특히 역사학, 사회학, 정치학, 국제정치학, 그리고 상당한 정도로 인류학에 의존한다. 인류학을 포함하는 것은 종족성이라는, 혈통과 관련된 분야에 주의가 필요하기 때문이다. 왜냐하면 저자는 종족적 정체성과 공동체가 민족과 민족주의의 역사적 · 사회적 배경의 큰 부분을 구성한다는 사실을 보여 주려 하기 때문이다.

이 주제는 1989년에 베를린 장벽이 무너진 후 벌어진 사건들에 큰 관심이 없는 사람들에게도 의심의 여지가 없이 중요할 것이다. 지난 10년 정도 사이의 많은 국제정치적 위기 가운데 종족적 감정이나 민족주의적 열망과 관련되지 않은 것은 거의 없다. 그리고 그것들 가운데 일부는 —특히 과거의 유고슬라비아 지역, 코카서스, 인도, 중동 지역에서 일어난 사건들— 그러한 감정이나 열망에 의해 촉발되거나 규정되었다.

그것들은 매우 가혹하고 파악하기 어려운 분쟁들로서 많은 사람의 생명과 물자의 희생을 요구했다. 또 각 당사자들의 이해관계를 수용하려는 정부나 다른 기구들의 노력을 거부했고, 친구와 적들의 아첨이나 위협에 대해서도 매우 무감각했다.

그러나 신문의 큰 표제들과, '뜨거운' 민족주의들이 벌이는 갈등과 폭력에 대한 그 묘사 너머에서 우리는 근대 세계의 과정과 사건들을 만들고 이끌어 간 '국제'관계의 보다 안정되고 당연시되는 구조를 만난다. 이것은 자주 '민족들의 세계'로 불리는 것이다.

'민족들의 세계'라는 말은 민족이나 민족국가를 어떤 식으로 근본주의적으로 정의하는 것은 아니다. 오히려 그 안에서 또 그것을 통해 인간들이나 사건들, 그리고 폭넓은 변화 과정이 현대 세계를 주조해 내고 계속 형성해 가는 데 흔적을 남기고 기여한 정치적 지도와 제도적 · 정서적인 틀을 의미한다. 마이클 빌리그(Billig 1995)는 사회 속에 습관적으로 자리잡은 —흔들리지 않는 깃발처럼, 거의 보이지는 않지만 항상 존재하고 우리의 삶과 정책 속에 스며들어 있는— 나날의 '일상적' 민족주의와 관련해 이 지도와 틀을 이야기한다.

그러나 민족주의의 중요성은 정치 세계에만 한한 것이 아니다. 그것은 또한 문화적이며 지적이다. '민족들의 세계'가 우리의 지구적 관점과 상징체계를 구조화하기 때문이다. 나는 민족주의가, 자유주의나 사회주의 같은 다른 근대의 정치 전통을 특징짓는 철학적 참여의 전통과의 비교는 말할 것도 없지만, 상당한 정도의 지적 응집성이 있다고도 주장하지는 않는다.

그것은 위대한 사상가들을 가지고 있지 않다. 그럼에도 민족주의는 —혹은 아마도 민족의 이념이라고 할 수도 있겠는데— 각 민족의 정체성과 이미지를 발견하고 표현하는 데 자신의 에너지를 바친 작가, 미술가, 음악가, 역사가, 언어학자, 교육가 등 수많은 영향력 있는 지식인들을 매혹시켰다. 헤르더, 버크, 루소, 도스토옙스키, 시벨리우스, 디에고 리베라, 무함마드 이크발이 그런 사람들이다.

민족, 그리고 민족주의의 문화적 · 심리학적인 중요성은 훨씬 더 크다. 민족주의가 어디에나 존재한다는 것, 즉 오늘날 모든 대륙에서 각각 수백만의 사람들에게 미치는 영향력은 그것이 과거에는 오직 종교만이 그렇게 할 수 있었던 방식으로 대중들을 고무하고 공명을 일으키는 능력이 있다는 것을 증명한다.

이것은 민족주의의 언어와 이데올로기 속에 들어 있는 상징적인 요소가 가지는 역할과, 민족이라는 담론과 그 행동의 도덕적 · 의례적 · 감정적 측면에 깊은 관심을 기울일 필요가 있음을 시사한다.

특별한 민족적 또는 민족주의적 담론을 특수한 정치적 행위자들이나 사회 집단의 사회적 지위나 성격에서 읽어 내는 것은 말할 것도 없고, 그 양자를 연결시키는 것만으로는 충분하지 않다. 왜냐하면 민족주의는 민족주의자들이 그것에게 윤곽을 만들어 주는 것보다 더 민족주의자들의 이해관계를 만들어 주는 데 기여하는 그 자신의 규칙, 리듬, 기억을 가지고 있기 때문이다. 그리고 민족주의는 그들에게 분명한 '민족주의적' 정치적 형태를 부여하고 그들을 익숙한 민족적 목표로 향하게 한다.

내가 이 책에서 특히 관심을 두고 다룰 것은 이 규칙과 리듬, 기억이다. 왜냐하면 그것들이 권력 정치와 사회적 이해관계의 외적 세계로부터 민족과 그것을 성격 짓는 개념, 상징, 감정의 내적 세계로의 연결을 제공하기 때문이다. 그리고 이 관심은 내가 이 책의 논의를 구조화하는 방식도 만들어 주었다. 그 논의는 이 영역에서의 주된, 그리고 그것을 이해하는 근본적인 '패러다임'들과 그것들이 야기한 정치적 · 역사학적 · 사회학적 논쟁을 중심으로 한다.

이 논쟁들은 산만하며 넓은 범위에 걸쳐 있다. 그것들은 서로 경쟁하는 민족주의 이데올로기들이나 특정한 이론들 사이의 충돌에만 관심을 갖는 것이 아니다. 그것들은 핵심 용어의 정의에 대한 큰 의견 차이, 민족의 역사에 대한 다른 기술, '앞으로 전개될 일'에 대한 경쟁적인 설명들을 포함한다.

이 모든 논쟁과 의견 차이들은 하나하나 따로 논의할 필요가 있다. 그러므로 나는 먼저 용어, 개념에서 시작하여 '종족', '민족', '민족주의', '민족국가'와 같은 핵심 개념의 정의에 대한 다른 접근법들의 주된 차이를 보여 줄 것이고 그 뒤 이 지뢰밭을 통과하는 내 나름의 길을 제시할 것이다.

그 다음 제2장에서는 민족주의 이데올로기, 또는 이데올로기들을 검토할 것이다. 특히 '유기적' 접근법과 '자발주의적' 접근법 사이의 논쟁과 함께, 민족주의의 '핵심 원리'에 관한 곤혹스런 문제들도 다룰 것이다.

제3장에서는 설명의 문제로 돌아가서 '근대주의'와 다른 접근법 사이의 기본적인 차이를 논의할 것이다. 그리고 네 개의 주된 설명 패러다임인 근대주의, 원초주의, 영속주의, 그리고 종족-상징주의의 핵심 특징들을 개관하고 그 이론적인 상호관계를 드러낼 것이다.

제4장에서는 민족과 민족주의의 생성에 있어 이데올로기, 합리적인 선택, 근대국가, 사회적 구성의 역할과 관련한 핵심적인 이론적 논의들이 어떻게 이 네 개의 패러다임에서 나왔는지를 보여 주고 그것들 각각의 장점과 한계를 밝힐 것이다.

제5장에서는 근대, 중세, 고대의 여러 '민족의 역사들'을 특수한 이론들 및 그것들의 주된 패러다임과 관련시키고 그 다음에 근대 민족을 신화, 상

징, 기억, 가치, 전통에 의해 전근대 종족과 연결시키는 종족-상징적 읽기에 대해 논할 것이다.

마지막 장에서는 종족성이 부활하고 지구화가 이루어지며 정체성도 점점 혼합되는 포스트모던 시대에서 민족과 민족주의의 전망을 고찰해 볼 것이다. 또 포스트모던적 해석, 구성주의적 해석, 문화적 종족-상징주의적 해석이 민족과 민족주의의 미래에 대해 가지고 있는 유용성에 대해서도 생각해 볼 것이다.

전체를 통해 나의 목표는 두 가지이다. 하나는 가능한 한 분명하게 이 분야에서의 핵심 논의를 개괄하는 것이다. 두 번째는 나 자신의 종족-상징주의적 설명을 제시하는 것이다. 그러나 이것은 분명히 쉬운 일이 아니다. 비록 내가 여러 지점에서 종족-상징주의적 접근을 설명(그리고 옹호)하고 있기는 하지만 그렇다고 해도 나는 독자들에게 스스로 결론을 내리는 데 필요한 정보와 논의들을 제공해야 한다고 생각한다. 따라서 좁은 지면의 한계 안에서나마 다른 이론들과 접근법에 대해 가능한 한 많이 다루어야 할 필요성을 느낀다.

마찬가지로 나는 전체에 걸쳐 간명하게 쓰는 것을 목표로 하기는 하나 민족과 민족주의 현상에 대한 학문적인 분열이나 의견 차이를 전체적으로 드러내는 데에도 관심이 있다. 많이 논의된 이 연구 분야에서 쉬운 해결책은 없다. 그리고 우리가 이 문제에서 어떤 일반적인 합의에 거의 도달한 것처럼 가장하는 것은 무책임한 일이다. 그러나 오늘날 우리는 우리의 논의나 의견 차이를 드러내기 위해 특수한 예나 다양한 요소들의 역할에 대해 과거보다 훨씬 많은 정보를 가지고 있다. 그러므로 그것들은 이 영역과 그 문제들, 그리고 미래의 과제들에 대해 보다 분명한 견해를 갖도록 허용해 줄 것이다. 내가 이 분야를 처음 접하는 사람들에게 이 간단한 입문서를 제공하는 것은 이런 생각 때문이다.

01
개념

NATIONALISM
THEORY
IDEOLOGY
HISTORY

사람들의 의견이 일치하고 있는 점이 하나 있다면 그것은 '민족주의nationalism'라는 용어가 매우 근대적인 것이라는 것이다. 기록상 그것을 분명한 사회 · 정치적 의미를 가지고 처음으로 사용한 사람은 18세기 말의 독일 철학자인 헤르더와, 프랑스혁명에 반대한 신부인 아베 오귀스탱 드 바뤼엘이다.

이 단어는 19세기 초에도 드물게 사용했다. 영국에서는 1836년에 처음 사용했는데 그것은 어떤 민족들이 신에 의해 선택되었다는 식의 신학적 의미에서이다. 그 후 그것은 민족적 이기주의와 동일시되는 경향을 보였다. 그러나 보통은 민족주의보다는 민족적인 열정이나 민족적 개체성의 의미를 가진 내셔널리티nationality, 내셔널니스nationalness 같은 단어를 더 많이 사용했다.[1]

1 이 핵심 용어의 보다 완전한 논의는 Zernatto(1944), Snyder(1954), Kemilainen(1964)을 보시오.

'민족주의'의 의미

민족주의라는 용어는 지난 20세기에야 오늘날 우리가 그것과 연관시키는 의미의 범위를 갖게 되었다. 그 용법 가운데 가장 중요한 것은 다음과 같다.

(1) 민족의 형성 또는 성장 과정
(2) 민족에 속한다는 감정이나 의식
(3) 민족의 언어나 상징
(4) 민족을 위한 사회적·정치적 운동
(5) 일반적이거나 특수적이거나 간에 민족의 원리나 이데올로기

첫 번째의, 민족의 '형성 과정'이라는 용례는 매우 일반적인 것으로 그 자체가 보다 특수적인 일련의 과정들을 포괄하고 있다. 그리고 이 특수적인 과정들은 자주 다른, 보다 좁은 의미에서의 민족주의의 대상이 된다. 그러므로 이것은 뒤에 '민족'이라는 용어를 살펴볼 때 다루는 것이 좋을 것이다.

나머지 네 가지 용례 가운데서 두 번째인 민족적 의식이나 감정은 다른 세 개와는 주의 깊게 구분할 필요가 있다. 그것들은 물론 밀접하게 연관되어 있으나 반드시 함께 동반하는 것은 아니다.

예를 들어, 사람들은 민족을 위한 어떤 상징이나 운동, 그리고 이데올로기조차 없는 상태에서도 상당한 민족적 감정을 가질 수 있다. 이것은 16세기 초에 이탈리아인들에게 북쪽의 야만인들에게 대항하여 힘을 합쳐야 한다고 외쳤으나 아무 반응을 얻지 못함으로써 곤경에 처한 니콜로 마키아벨리에게서 볼 수 있다.

다른 한편에서 어떤 집단은, 비록 최소한 어떤 민족적 상징이나 신화를 갖는 것은 가능하다 해도, 민족을 위한 정치운동은커녕 분명한 이데올로기가 없이도 높은 수준의 민족의식을 보여 줄 수 있다.

한편에서 조직화된 이데올로기적 운동으로서의 민족주의와 다른 한편에서 보다 느슨한 민족적 귀속 감정의 뚜렷한 차이는, 실제로 자주 그것들 사이에는 상당한 정도로 겹치는 부분이 있기는 하지만, 우리가 민족의식이나 민족 감정이라는 개념을 민족주의 개념과 분리하여 다루게 하는 데 충분할 정도로 분명하다.[2]

그러므로 민족주의라는 용어는 여기에서는 마지막 세 개의 용례, 즉 언어와 상징, 사회정치적 운동, 민족의 이데올로기 가운데 하나나 둘 이상을 언급하는 것으로 이해할 필요가 있다.

그럼에도 그 세 가지 모두는 특정 인구 집단의 전체는 아니라 할지라도 민족주의자 자신들 사이에서는 분명히 나타나는 어느 정도의 민족 감정을 전제한다는 사실은 기억할 필요가 있다. 왜냐하면 그것이 어느 집단 안에서 보다 능동적이고 조직된 사람들을, 훨씬 많으나 수동적이며 분열되어 있는 사람들과 연결시키는 데 기여하기 때문이다.

사회정치적 운동으로서 민족주의는 원리상으로는 그것이 문화적 창안과 표현을 강조한다는 한 가지 특별한 점을 제외하고 조직, 행동, 기술 면에서는 다른 용례의 민족주의들과 다르지 않다.

민족주의 이데올로기들은 민족의 문화 속으로 들어가는 것을 필요로 한다. 역사의 재발굴, 언어학이나 사전 편찬 같은 것을 통한 자국 언어의 재생, 특히 연극과 시 같은 문학의 장려, 민속춤과 민요를 포함하는 음악

2 민족주의를 민족적 감정과 동일시하는 정의는 Michelat & Thomas (1966), Kohn (1967a : 1장), Seton-Watson (1977 : 1장)에서 발견할 수 있다.

과 고유의 미술 및 공예의 복원이 그것이다. 이것이 민족주의 운동과 결합하여 자주 나타나는 문화적 · 문학적 재생을 설명해 준다. 또 민족주의가 불러일으킬 수 있는 다양한 문화적 활동도 마찬가지이다.

전형적으로 민족주의 운동은 반대 집회나 선언, 무장투쟁이 아니라 문학 모임, 역사 연구, 음악 축제, 문화 잡지 같은 것의 등장과 함께 시작된다. 이는 미로슬라프 흐로흐가 동유럽 민족주의의 흥기와 확산의 제1단계로 분석한 것과 같은 활동인데 우리는 여기에 그 뒤에 식민지 시대의 아프리카나 아시아에서 나타난 많은 민족주의를 덧붙일 수 있을 것이다.

결과적으로 '인류애적인' 지식인들은 —사가, 언어학자, 미술가, 작곡가, 시인, 소설가, 그리고 영화감독들— 민족주의 운동과 그 재생 작업에서 다른 사람들보다 큰 역할을 하는 경향이 있다(Argyle 1969; Hroch 1985).[3]

민족주의의 언어와 상징은 보다 주목할 가치가 있다. 그리고 그 모티브들은 이 책에서 되풀이하여 나타날 것이다. 민족주의의 언어 또는 담론은 민족주의의 상징과 상당히 겹치고 그것들이 민족주의 이데올로기들과 너무 밀접하게 연관되어 있으므로 분리해서 말할 수는 없다.

실제로 민족주의의 독특한 언어에서 나오는 핵심 개념들은 그것의 중심적인 원리와 그것을 성격 짓는 이데올로기들의 본래적인 구성 요소를 형성한다. 그러므로 나는 이 개념적인 언어들을 제2장에서 이데올로기라는 제목으로 다룰 것이다.[4]

반면 민족주의의 상징은 세계 전체에 걸쳐 상당한 규칙성을 보여 주므로 우리는 그 이데올로기적 틀에서 그것을 쉽게 끄집어낼 수 있다. 민족적

---

3 민족주의 운동의 전략, 전술에 대해서는 Breuilly(1993)와 Esman(1994)을 보시오. 서양의 국가 없는 민족들의 민족주의적 목표와 전술은 Guibernau(1999)에 의해 분석되었다.

4 주로 담론 형태로 민족주의를 분석하는 것은 Calhoun(1997), Brubaker(1996)를 보시오.

상징은, 물론 그 모든 것을 포괄하는 대상인 민족에 의해 구분될 뿐 아니라 그 특징적인 기호의 분명함과 생생함에 의해서도 마찬가지로 구분된다.

이것은 집합적인 고유명사에서 출발한다. 마케도니아의 이름을 둘러싼 최근의 논쟁이 우리에게 날카롭게 상기시켜 준 바와 같이 민족주의자들에게는, 베로나의 원수 집안들의 경우처럼, 어떤 다른 이름을 가지고는 장미가 그렇게 향기로울 수 없다.

고유명사는 민족의 독특함, 영웅주의, 운명의 감각을 표현하고 그것들이 구성원들 사이에서 공명을 일으키도록 선택되거나 또는 과거로부터 보존된다. 이것은 민족의 깃발이나 노래의 경우에도 비슷하다. 그 색깔과 형태, 도안 그리고 가사와 음악은 민족의 특질을 보여 주고 그 단순한 형태나 리듬을 통해 특정한 사람들 사이에서 독특한 역사와 (또는) 운명의 감각을 불러내는 것을 목적으로 한다.

외부 사람들이 보기에 많은 깃발들 사이에 차이가 별로 없다든가 노래 가사의 주제들이 뻔하다는 것은 거의 문제가 되지 않는다. 중요한 것은 그런 기호들에 의해 민족의 구성원들에게 전달되는 의미가 가지는 잠재력이다.

모든 민족이 그 수도(首都), 의회, 화폐, 여권이나 국경, 전쟁에서 죽은 사람들을 위한 비슷한 추모식, 필수적인 군사 행진, 민족적인 서약, 민족적인 음악 · 미술 · 과학 아카데미, 민족 박물관과 도서관, 민족적 기념물과 전쟁 기념물, 축제와 휴일 등을 자랑한다.

그런 상징들의 결여가 중대한 민족적 결손이라는 사실은 민족의 상징이 지구적인 비교에 기초하여, 또 시각적이며 의미론적인 '민족들의 세계'에서 민족의 독특성과 다른 민족과의 동등함을 나타내려는 충동에 기초하여 그 자체의 생명력을 가지고 있다는 것을 보여 준다.

모든 민족적 상징들은 오직 다른 민족과의 사이의 경계선을 표현하고 대변하고 보강하는 데 기여한다. 또 그 안의 사람들이 같은 기억, 신화, 가치라는 공통의 이미지들을 통해 단결하게 하는 데에 기여한다.[5]

물론 민족적 상징은 민족주의 운동과 마찬가지로 그 용어의 마지막이자 주된 용법인 민족주의 이데올로기와 분리될 수는 없다. 민족주의 이데올로기는 상징과 운동에 힘과 방향을 제공한다. 사회정치적 운동의 목표는 그 행위나 참여자에 의해 정의되는 것이 아니라 이데올로기의 기본적인 이상과 교의에 의해 정의된다.

마찬가지로 민족주의의 특징적인 상징과 언어는 그것들이 민족의 이상을 밝히고 환기하며, 민족주의 이데올로기에 의해 규정된 목표를 진작시키는 과정에서 하는 역할에 의해 형성된다.

그러므로 '민족주의'라는 단어에서 작업에 필요한 정의(定義)를 가장 먼저 제공해야 하는 것은 이데올로기이다. 왜냐하면 그 단어의 내용이, 민족을 그 관심사와 목적의 중심에 놓으며 그것을 다른 인접한 이데올로기들과 구분하는 이데올로기에 의해 정의되기 때문이다(Motyl 1999 : 5장).

개념의 정의

민족주의

민족주의 이데올로기는 여러 방식으로 정의되어 왔다. 그러나 대부분의 정의들은 겹치고 공통의 주제들을 보여 준다. 가장 중요한 주제는 물론 민족에 대한 압도적인 관심이다. 민족주의는 민족을 그 관심의 중심에 놓

5 민족적 상징주의에 대한 일반적인 연구는 없으나 Hobsbawm and Ranger(1983)에 실린 글들과 Mosse의 책(1975, 1990)은 큰 가치가 있다. 또한 Hedetoft(1995 : 1부 4장)와 Nora가 편집한 프랑스의 '기억의 장소'에 대한 큰 저작(1997~1998, 특히 제3권)에 실린 글도 보라.

고 그 복리를 진작시키려고 하는 이데올로기이다.

그러나 이것만으로는 다소 모호하다. 그러므로 우리는 한 걸음 더 나아가 그 이름 아래 민족의 복리를 진작하려는 민족주의의 주된 목표들을 찾아낼 필요가 있다. 그 일반적인 목표는 세 가지이다. 민족 자율성, 민족적 통합, 민족 정체성이 그것이다. 민족주의자들에게는 이 세 가지가 충분히 달성되지 못하면 민족은 존재할 수 없다.

이것은 민족주의에 대한 다음과 같은 작업상의 정의를 제시한다. 즉, 민족주의란 '어느 인구 집단 구성원들의 일부가 그 집단이 실제적이거나 혹은 잠재적인 "민족"을 구성한다고 믿으며 그 자율성, 통합, 정체성을 확보하고 유지하려는 이데올로기적 운동'이라는 것이다.

이것은 스스로를 민족주의자라고 생각하는 사람들이 지닌 이상들의 공통적인 요소에서 추출한 작업상 정의이다. 따라서 귀납적인 성격을 갖는다. 그러나 그것은 민족주의자들의 수많은 이상을 단순화하고 거기에서 뽑아낸 것이므로 필연적으로 일반적이며 이념형적인 성격을 띨 수밖에 없다.

이 정의는 이데올로기를 목표 지향적인 운동과 결합한다. 왜냐하면 이데올로기로서의 민족주의는 어떤 종류의 행위를 명령하기 때문이다. 그럼에도 운동의 목표를 규정하고 그에 따라 그것을 다른 종류의 운동과 구분하는 것은 이데올로기의 핵심 개념들이다.

그러나 이데올로기와 운동 사이의 밀접한 연관은 민족주의 개념을 결코 독립을 추구하는 운동에만 한정하지는 않는다. 위의 정의 가운데서 '유지하려는'이라는 말은 오래전에 확립된 민족이거나 또는 최근에 독립한 민족들에게서나 다 민족주의가 지속적인 영향력을 가짐을 의미하는 것이다. 이것은 존 브릴리가 했듯이 민족적 국가들과 그 정부의 '재생 민족주의'를 분석할 때 중요하다(Breuilly 1993).

내가 제안하는 정의는 '민족'의 개념을 전제한다. 그러나 그것은 민족들이 '그들의' 민족주의 이전에 존재했다는 것을 시사하는 것은 아니다. '혹은 잠재적 "민족"'이라는 말은 추상적인 '민족'의 일반적인 개념을 가진 소수의 민족주의자들이 '현장에서' 민족을 만들려고 추구하는 많은 상황들을 의미한다.

우리는 종종 민족 —그들의 민족들— 이 결여되어 있는 민족주의를, 특히 아시아 · 아프리카의 과거에 식민지였던 나라들에서 발견한다. 그런 민족주의들은 독립의 쟁취에, 또 보다 일반적으로는 정치적 목적에 제한되지는 않는다. 그것들은 우리가 앞으로 볼 것과 같이 문화와 사회의 중요한 영역들을 포괄한다. 민족 정체성의 이상은 특히 다른 이데올로기들이 등한시하는 문화적 문제들에 관계한다. 그리고 모든 민족주의들은 정도는 다르나 민족 정체성의 목표를 추구한다. 그럼에도 그것들은 항상 민족의 이상으로 되돌아간다.[6]

종족과 민족

그러면 '민족'의 개념을 어떻게 정의할 것인가? 이것은 의심의 여지 없이 이 분야에서 가장 문제가 되는 논쟁적인 용어이다. 그래서 그것을 전혀 사용하지 않으려는 사람들도 있다. 찰스 틸리는 그것을 '정치학 사전에서 가장 수수께끼이고 경향적인 항목 가운데 하나'(Tilly 1975 : 6)라고 말한다. 그래서 그는 국가라는 말을 더 좋아하나 국가라는 개념이라고 문제가 없

6 대부분의 '반(反)식민주의' 민족주의들은 나이제리아나 인도의 경우에서 보듯 식민지 행정에 의해 한데 묶인, 종족적으로 다른 주민들 사이의 소수파 이데올로기적 운동이다. 유럽적 모델에 따르면 그들이 민족적 기초를 가지고 있지 않음에도 불구하고 그 엘리트들은 민족의 창설을 목표로 했다. 그것들을 '의도된 민족(nation of intent)'이라고 한다(Rotberg 1967). 또한 Chatterjee (1986)를 보라.

는 것은 아니다.

보다 최근에 로저스 브루베이커는 우리에게 민족을 '본질적이고 지속적인 집합체'로 봄으로써 민족의 개념을 구체화하는 위험성에 대해 경고했다. 우리는 '민족 없는 민족주의'를 염두에 두어야 하고, '민족을 실천의 범주로, 민족체nationhood를 제도화된 문화적-정치적 형태로, 민족 형성nationness을 우연적인 사건이나 해프닝으로 보아야 한다'고 그는 주장한다(Brubaker 1996 : 21).

그러한 의구심에는 두 종류의 답변이 가능하다. 하나는 민족주의 이데올로기의 범위 안에서 움직이는 것이다. 이러한 접근법에서 민족주의는 민족이라는 생각이 불러일으키는 대중적 감정을 강조한다. 이 이데올로기적 담론에서 민족은 느껴지고 살아 있는 공동체이다. 상상이자 행위의 범주에 속하며 그 구성원들에게 어떤 행위를 요구하는 것이다. 그러므로 그 '본질'과 '지속성'은, 다른 공동체에서와 같이 되풀이되는 그 결과 속에 있다. 따라서 분석가는 이 느껴지는 실재를 구체화하려고 하지는 말고 다른 민족 개념을 가지고 고려해야 한다.'[7]

두 번째의 답변은 보다 큰 문제를 건드린다. 민족의 개념이 민족주의 이데올로기보다 앞선다면 우리는 그것을 더 이상 민족주의적 실천의 범주로 규정할 수는 없다. 즉, 18세기 말에 민족주의 이데올로기가 나타나기 이전에 단지 몇 개의 전근대 민족이라도 관찰할 수 있다면, 우리는 민족주의 이데올로기와 조화를 이루기는 하나 독립적인 민족의 개념을 정의할 필요가 있을 것이다. 이것은 민족주의 연구에서 가장 중요한 문제이고 가장 넘어서기 어려운 의견 차이를 가져오는 문제이다.[8]

7 여기에서 Walker Connor(1994 : 202)가 한 역사적 실재와 느껴진 실재 사이의 구분은 유용하다. 중요한 것은 무엇이냐가 아니라 무엇을 느끼느냐이다.

민족의 개념들은 언어, 종교, 관습, 영토, 제도 같은 '객관적'인 요소들을 강조하는 것에서 태도, 인식, 감정 같은 순수하게 '주관적'인 요소를 강조하는 것에 널리 걸쳐 있다. '객관적' 요소를 강조하는 하나의 예로는 이오시프 스탈린의 규정이 있다. '민족은 역사적으로 구성된 인간의 안정된 공동체로서 공통의 언어, 영토, 경제생활, 공통의 문화에서 표현되는 심리학적 성질을 가진다'(Stalin 1973 : 61).

민족에 대한 보다 '주관적'인 정의의 한 예는 베네딕트 앤더슨에서 볼 수 있다. 그는 그것을 '본래적으로 한정되고 주권적으로 상상된 하나의 상상된 정치공동체'로 본다(Anderson 1991 : 6).

이 정의들은 의심의 여지 없이 민족 개념의 중요한 특징들을 드러내기는 하나 두 정의 모두에 이의가 제기될 수 있다. '객관적'인 정의는 명확한 조건들을 전제로 하므로 널리 받아들여지는 몇몇 민족의 예들을 거의 반드시, 때로는 매우 의도적으로 배제한다. 막스 베버(Weber 1948)가 보여주었듯이 언어, 종교, 영토 등 민족의 순수하게 '객관적'인 범주들은 항상 어떤 민족들을 빠뜨린다.

반대로 주관적인 정의는 일반적으로 너무 많은 경우를 포함시킨다. 민족과 민족적 귀속감의 범주로 감정, 의지, 상상, 인식을 강조하는 것은 민족을 지역, 부족, 도시국가, 제국 같은 비슷한 주관적 귀속감을 가진 다른 종류의 공동체들과 구분하기 어렵게 만든다.[9]

일반적으로 받아들여지는 해결책은 객관적-주관적 스펙트럼에 함께 걸치는 범주를 선택하는 것이다. 이 방법은 많은 흥미 있고 유용한 정의를

8 민족주의 이데올로기보다 최소 한 세기 이전에 민족과 민족성이 나타났다는 생각에 대해서는 Kemilainen(1964)과 Greenfeld(1992 : 1~2장)의 상세한 연구를 보시오.

9 민족 개념을 정의하는 문제에 대한 가치 있는 논의는 Deutsch(1966: 1장), Rustow(1967)와 Connor(1994 : 4장)를 보시오.

만들어 내기는 하나 학자들 사이에 의견의 일치는 없다. 그럼에도 이 주제를 연구하는 대부분의 연구자들은 두 가지 점에는 동의한다. 민족은 국가가 아니며 또 종족 공동체도 아니라는 것이다.

그것이 국가가 아닌 것은 국가의 개념은 제도적 행위와 관련되기 때문이다. 반면 민족의 개념은 공동체의 한 형태를 의미한다. 국가의 개념은 다른 제도들과는 달리 일정 영토 안에서 합법적인 강제와 조세 징수의 독점권이 있는 자율적인 기구로 정의할 수 있다. 이것은 민족의 개념과는 매우 다르다. 민족은 이미 말한 바와 같이 그 구성원들이 자신들의 고토(故土)와 문화를 공유하는, 느끼며 살아 있는 공동체이다.

그것은 종족 공동체도 아니다. 그 둘은 (집합적 문화적 정체성이라는) 동일한 군의 현상에 속한다는 점에서 일부 겹치기도 한다. 그러나 종족 공동체는 보통 정치적 대상을 지니지 않으며 많은 경우 공공 문화와 더구나 영토적 범위도 지니지 않다는 점에서 다르다. 종족 공동체는 그 역사적인 영토를 물리적으로 점유할 필요가 없기 때문이다.

반면에 민족은 스스로를 민족으로 만들기 위해 최소한 상당 기간 동안 자신의 고토를 점유해야 한다. 또 민족이 되기 위해, 민족으로 인정받기 위해 공공 문화를 발전시키고 상당한 정도의 자결권을 요구할 필요가 있다. 그러나 우리가 보았듯이 민족이 주권적인 국가를 가질 필요는 없다. 다만 그 고토의 물리적 점유와 함께 어느 정도 자율성의 열망을 가지기만 하면 된다.[10]

실제로 민족과 종족 공동체(프랑스어의 에트니ethnie) 사이의 구분선은 분

10 이산(離散)에 대해서는 Cohen(1997)을 보시오. 사실 대부분의 종족들은 그 자신의 영토에서 산다. 그러나 전근대의 과거에 이들은 자주 경계선을 가지지 않았다. 조상의 고토에 다른 종족들과 함께 살든가 또는 일부 오스만제국의 밀레에서 보듯 흩어져 살았다. Amstrong(1982 : 7장)을 보시오.

명하지 않다. 그럼에도 데이비드 밀러가 올바르게 지적하듯 그 개념적 차이를 기억할 필요는 있다.

밀러는 '하나의 공동체'로서의 민족(그는 그것을 내셔널리티nationality로 부르기를 좋아한다)을 (1) 공통의 믿음과 상호 관련에 의해 구성되고, (2) 역사 속에서 지속되며, (3) 그 성격에서 능동적이고, (4) 특정한 영토와 연결되고, (5) 그 독특한 공공 문화에서 다른 공동체와 구분되는 것으로 정의한다(Miller 1995 : 27).

그것은 가장 주관주의적 정의에 속하는 경향(그것은 결국 도시-국가나 부족 연맹체에도 적용될 수 있을 것이다)이 있을 뿐 아니라 민족 개념을 종족 공동체의 개념에 매우 가깝게 접근시킨다.

그는 또 종족들도 공동의 믿음과 상호 관련, 공통의 기억과 연속성, 공동 행위에 대한 참여, 또 보통 점유하지는 않는다 해도 특정 영토와 연결된다고 믿는다. 유일한 주된 차이는 종족 공동체가 일반적으로 공공 문화를 결여하고 있다는 것이다.

그럼에도 밀러의 정의는 민족의 몇몇 주된 속성들을 부각시킨다. 그것이 공동체이며, 공동의 믿음이나 신화가 있으며, 역사나 특정 영토와 연관된다는 것이다. 우리는 이 정의를 민족과 종족 사이의 유사성과 차이점을 드러내기 위해 더 확대할 수 있을까?

나는 민족의 개념을 '고토를 점유하고, 공통의 신화와 역사가 있으며, 공통의 공공 문화와 하나의 단일한 경제, 그 구성원 모두를 위한 공통의 권리와 의무를 가지는 고유한 이름의 인간 공동체'로 규정하자고 제안한다. 대신 종족의 개념은 '고토와 연결되고, 조상에 대한 공통의 신화가 있고, 기억을 같이하며, 하나나 여러 문화적 요소들을 공유하고, 최소한 엘리트 사이에서라도 상당한 연대성이 있는 고유한 이름을 가진 인간 공동체'로 정의할 수 있을 것이다.[11]

표 1-1 종족과 민족의 속성

종족	민족
고유의 이름	고유의 이름
공통의 조상 신화 등	공통의 신화
기억의 공유	역사의 공유
문화적 차이들	공통의 공공 문화
고토와의 연결	고토의 점유
어떤(엘리트들의) 연대성	공통의 권리와 의무
	단일한 경제

우리가 그것들을 작업상의 정의로 받아들일 수는 있을지라도 사실 그것들은 종족이나 민족 엘리트들의 믿음이나 감정을 양식화(樣式化)한 데서 나온 '민족'과 '종족'의 순수한 형태 또는 이념형의 요약에 불과하다.

그것들이 공통분모의 전체는 아니다. 그러므로 그것들은 자신들의 독특한 요소와 그들 사이의 핵심적 차이들을 부각시키는 경향이 있다. 이 두 집단적 문화적 정체성의 속성들은 표 1-1에서와 같이 나란히 비교함으로써 보다 쉽게 파악할 수 있다.

종족 공동체와 민족이 같은 범주의 현상에 속한다는 사실은 표의 윗부분을 보면 분명하다. 민족은 종족과 마찬가지로 집단의 이름, 공통의 신화와 기억이라는 속성을 가지고 있다. 반면 아랫부분은 민족이 그 구성원들 공통의 권리와 의무, 단일한 경제를 가지고 있다는 점에서 종족과 구분된다는 것을 보여 준다. 게다가 이념형에서 민족은 고토를 점유하고 있는 반면 종족 공동체는 단지 고토와 상징적으로만 연결된다.

비슷하게 종족은 공공 문화를 가질 필요는 없다. 언어, 종교, 관습, 공동

11 이 정의들에 대해서는 A. D. Smith(1986 : 2장; 1991 : 1장), 또 Motyl(1999 : 4~5장)을 보시오.

의 제도 같은 단지 몇몇의 공통된 문화적 요소만 있으면 된다. 반면 공통의 공공 문화는 민족의 핵심 속성이다. 이런 연관에서 세 번째 속성도 다르다. 종족에서 발견되는 다양한 기억의 전승은 편찬되고 표준화된 민족사로 바뀐다.[12]

그럼에도 이 차이를 어떤 전체적인 진화의 결과로 보는 것은 잘못일 것이다. 오늘날의 세계에서도 우리는 민족과 나란히, 또 민족 내부에서 많은 종족들을 발견할 수 있다. 그리고 전근대 시대의 많은 종족들 사이에서 민족들이 일부 발견될 수 있는지 여부는 최소한 논쟁의 여지가 있는 문제이다.

현재로서 말할 수 있는 것은, 이 점은 나중에 더 자세히 다루겠지만, 보다 느슨한 조직을 갖춘 종족의 이념형이 보다 일반적인 개념인 데 비해 민족은 보다 특수적인 개념이라는 것이다. 그리고 민족은 그것이 기존의 종족에서 기원하여 보다 '특수적'이 되는 경우에조차, 보다 포괄적이고 복합적이며 원래의 종족적 기반에 덜 묶인다고 말할 수 있다. 이 역설의 열쇠는 우리가 앞으로 보게 되겠지만 종족성과 문화, 문화와 정치의 관계 변화 속에 있다.

그러나 이 모든 것은 추상적이고 이론적인 것이다. 따라서 이념형에서 벗어나 경험적 예로 들어가 보면 여러 유사한 것들과 예외들을 발견할 수 있다. '이산(離散) 민족'이 좋은 예이다. 엄격히 말하면 그런 현상은 존재할 수 없다. 우리가 보았듯이 민족은 고토를 점유하고 종족은 지상을 떠돌

12 민족은 Akzin(1964)이 주장한 것과 같이 단순히 종족이 탈지방화, 정치화한 형태는 아니다. 종족들도 매우 넓은 영역과 많은 인구를 가질 수 있고 종족 국가라는 정치적 형태로 조직될 수도 있다. 대신 민족을 종족과 구분하는 것은 (공공) 문화의 형태, (단일한 영토적) 경제와 법질서(그 구성원들의 공동의 권리와 의무)이다. 이 점을 자세히 보려면 A. D. Smith(2000a : 3장)와 이 책의 제5장을 참조하시오.

아다닐 것이기 때문이다.

그러나 민족이라고 주장해 온 공동체로서 몇 세기 동안 고토도 점유한 적이 없고 독립적인 국가도 가진 적이 없는 아르메니아인이나 유대인의 경우는 어떻게 보아야 하나?

그들이 자신의 공공 종교 문화, 공통의 권리와 의무를 분명히 계속 유지하고 있고 새로운 경제적 틈새 영역을 발견하기까지 했는데도 그들을 더 이상 민족이 아니라고 말하는 것은 사리에 맞을까? 이것은 쉬운 답변을 허용하는 질문이 아니다. 이것은 우리의 이념형이나, 종족과 민족 사이의 구분을 주의해서 사용해야 한다는 것을 시사한다.[13]

별개의 종족들이 하나나 여러 이유로 같이 살거나 또 그렇게 하도록 강제되거나 그래서 공통의 역사와 정치적 기억을 만들어 낸 '다종족 민족'들도 있다. 벨기에, 스위스, 스페인에서는 여러 종족들이 하나의 (연방) 국가 안에서 공존해 왔으며 그 국민들은 서로 다른 종족적 정체성과 공통의 민족적 정체성을 함께 지니고 있다. 예를 들어 스위스의 경우에, 유라 종족의 일부는 베른으로부터 독립된 주가 되기를 원한다. 그러나 그런 열망은 스위스의 '민족적 정체성'과 정치적 영역에 의해 분명히 제한을 받는다. 스위스인들은 일반적으로 명확한 공공 문화, 경계 지어진 고토, 단일 경제, 모든 시민에 적용되는 공통의 권리와 의무를 자랑한다. 그래서 프랑스어와 이탈리아어를 사용하는 일부 주들도 스위스 창설 신화와 옛 연맹에 대한 역사적 기억의 일부를 받아들인다.

보다 복잡한 문제는 스페인과 벨기에에서 바스크 종족, 카탈루냐 종족, 플랑드르 종족에 의해 제기된다. 이들은 위의 기준으로는 민족이며 또 민

13 국제정치에서 근대의 이산 공동체들이 한 역할에 대해서는 Sheffer(1986)를, 근대에 들어와 아르메니아인들이 여러 지역으로 이산한 데 대해서는 Panossian(2000)을 보시오.

족이 되기를 열망한다. 그러면 우리는 '민족 안의 민족'을 생각할 수 있을까? 벨기에나 스페인 민족 안의 플랑드르 민족이나 카탈루냐 민족을 생각할 수 있을까? 아니면 '민족국가' 안에서만 민족을 이야기하는 것이 정당하고 유용할까?(Petersen 1975 ; Steinberg 1976을 보시오)

민족국가

이 마지막 것은 민족의 개념을 엄밀하게 종족주의적으로 정의하는 사람들의 입장이다. 그 좋은 예는 워커 코너의 생산적인 책으로 그는 민족과 민족주의의 개념을 국가나 애국주의의 개념과 날카롭게 구분한다. 그래서 벨기에나 스페인의 '애국주의' ―이것은 보다 큰 영토 국가와 그 제도에 대한 충성심이다― 에 대해서 언급하며 그것을 플랑드르나 카탈루냐 종족-민족주의와 대비시키곤 한다.

그는 종족-민족주의를, 물론 그 기원의 신화가 (자주 그렇듯이) 실제의 생물학적인 후손과 일치하지는 않는다고 하더라도, 최종적으로는 친족 감정에서 비롯하는 조상과 관련된 심리적인 결속으로 정의한다. 같은 논리에서 코너는 영국의 국가 애국주의가 잉글랜드, 스코틀랜드, 웨일스의 종족-민족주의와 공존하는 것으로 본다(Connor 1994 : 102, 202).

나는 그런 날카로운 구분이 설혹 분석적으로는 유용할지 몰라도 유지될 수 있을지에 대해서 회의적이다. 그 마지막 예를 들어 보자. 실제로 잉글랜드인은 항상 그들 자신의 잉글랜드 종족-민족주의와 영국 애국주의를 구분하는 것이 불가능하다는 것을 발견해 왔다. 그들은 영국 애국주의도 '자신들'의 것이라고 생각한다.

이것은 단순히 제국주의의 반영은 아니다. 오히려 그것은 18~19세기에 영국 애국주의가 잉글랜드 종족-민족주의의 '자연적인' 팽창으로 느껴진 방식을 반영한다. 그리고 또한 (북부의 영국인들인) 일부 스코틀랜드인이 아니라, 잉글랜드인들에게 영국 민족이 어떻게 보여지는가를 반영한다. 이때의 영국 민족은 잉글랜드인의 지배에 대한 상당한 지속적 저항에도 불구하고 연합왕국 안에 사는 여러 민족들의 결합을 말한다.

우리가 민족 없는 민족주의가 많이 존재한다는 사실을 상기할 때 만약 통합된 영국 민족이 만들어지지 못했다면 그것이 영국 민족주의(코너가 의미하는 바의 영국 애국주의와는 다른)라는 생각과 그 역사성을 의미 없게 만들까?(Kearly 1990 : 7~8장 ; Colley 1992 : 1장)[14]

통합 과정 또는 최소한, 문화적 동화가 영국보다 더 진전된 프랑스의 경우에도 비슷한 개념적 문제가 나타난다. 브르타뉴인, 바스크인, 알사스인, 코르시카인은 때때로 그들의 운동을 통해 최소한 문화·경제적으로 어느 정도 자결에 대한 요구를 보여 주기는 했지만 소수를 제외하고는 독립적 국가를 원하지는 않을 것이다.

그러면 이것은 프랑스인들을 어디에 놓이게 하는가? 지배적인 프렌치 종족-민족주의는 똑같이 지배적인 프랑스의 국가 애국주의와 구분될 수 있을까? 우리는 프랑스 민족주의의 수많은 핵심 상징들이 정치적일 때 프랑스 민족을 민족국가인 프랑스로부터 실제로 어떻게 분리시킬 수 있을까?(Gildea 1994를 보시오)

의심의 여지 없이, 다른 문맥에서 큰 영향력이 있는 프랑스의 경우는 국가와 민족을 융합시키는 경향을 고무시켰고 '민족-국가'라는 개념을 대중화하는 데 기여했다. 이 복합어와 관련해서는 두 가지 문제가 있다. 하나는 두 구성 요소의 관계와 관련된 것이다. 이론가들은 너무나도 자주 국

14 여기에서 우리는 두 종류의 '실패'한 민족주의를 구분해 낼 수 있다. 하나는 종족적 카테고리, 혹은 종족이 강력한 민족주의 운동을 발전시키는 데 실패한 것이고 다른 하나는 그 민족주의가 정치적 목적을 달성하는 데 실패한 것이다. 옥시탕족과 콥트족은 앞의 예가 될 것이고 쿠르드족과 타밀족은 후자의 예일 것이다. A. D. Smith(1983 : 9장)를 보시오.

가를 주된 것으로 보고 민족을 국가를 형용하는 하위 파트너로 본다. 따라서 민족에는 별 관심을 두지 않는다. 민족주의는 국가 주권의 심리학적인 부수 현상, 부수물이 된다.

두 번째는 경험적인 것이다. 실제로 워커 코너는 국가와 민족의 영역이 정확하게 일치하며 어떤 국가가 한 민족만을 가지고 있거나 어떤 민족이 한 국가만을 가지고 있는 단일 민족-국가는 드물다는 사실을 이미 지적한 바 있다. 세계 국가의 거의 90퍼센트는 다종족적이다. 그리고 그 가운데 절반가량은 종족적 간극으로 심각하게 분열되어 있다(Connor 1972; Giddens 1985: 216~220).

그러므로 '민족주의 원리에 따라 정당화되고 그 구성원들이 상당한 민족적 통일성과 통합을 갖는(문화적 동질성은 아니라 해도) 국가'로 정의할 수 있는 보다 중립적인 '민족적 국가'라는 표현을 사용하는 것이 좋을 듯하다. 민족적 통일성과 통합을 변수로 하면 그런 정의는 세계의 수많은 곳에서 민족의 경계와 국가의 경계가 일치하지 않는다는 사실, 즉 '민족적 불일치'의 문제를 피할 수 있다.

비슷하게 다종족 국가들이 민족을 열망하고 적응과 통합의 수단을 통해 통일된 (그러나 동질적이지는 않은) 민족으로 전환하려 하는 '국가-민족'에 대해서도 말할 수 있을 것이다. 이것은 식민지로부터 만들어져서 식민지의 경계선과 제도들을 (또 행정적인 목적으로 과거 식민국가의 언어들을) 그대로 보존하고 있는 아시아, 아프리카의 여러 나라에서 볼 수 있는 상황이다.[15]

15 '국가-민족'이라는 용어에 대해서는 Zartmann(1964)을 보시오. Horowitz(1985: 2장)는 식민 세력에 의해 만들어진 새로운 영토적 경계선이 종족 집단에 미친 영향을 기술하고 있다.

민족 정체성

내가 민족적 현상과 관련하여 마지막에 다루려고 하는 용어는 '민족 정체성'이다. 18세기에서 20세기 초까지는 처음에는 '민족성national charactor', 나중에는 '민족의식'이라는 용어가 널리 쓰였는데 최근에 이 말이 널리 유행하며 앞의 것들을 대치했다. 왜 그렇게 되었는지는 불분명하다. 그러나 정체성에 대한 요사이의 폭넓은 관심은 아마도 현대의 개인주의적 경향 때문인 것 같다. 그것은 또한 점점 파편화되어 가는 세계에서 많은 사람들이 느끼는 불안과 소외를 반영하는 것으로 볼 수도 있을 것이다(Kemilainen 1964; Bhabha 1990 : 16장).

이 분야에서의 다른 용어들과 같이 '민족 정체성'은 민족주의 이데올로기의 주된 이상이면서 또한 분석적 개념이다. 나는 다음 장에서 민족주의의 이상 문제로 돌아갈 것이나 여기에서는 오늘날 그렇게 널리 사용되는 이 개념에 대한 작업상의 정의를 제시하려 한다. 그것은 '민족의 특유한 유산을 구성하는 가치, 상징, 기억, 신화, 전통 형태를 지속적으로 재생산하고 재해석하는 것, 그리고 개인들을 그 형태나 유산, 그 문화적 요소들과 일치시키는 것'이다.

이 정의에서 본질적인 것은 두 가지 관계이다. 하나는 분석의 집단적인 수준과 개인적인 수준 사이의 관계이고, 다른 하나는 정체성의 지속성과 변화 사이의 관계이다. 이 요소들 가운데 하나가 너무나도 자주 다른 요소를 희생으로 하여 강조된다. 그러므로 우리는 민족 정체성의 개념을 뜻있게 하기 위해서 둘 사이의 균형을 유지할 필요가 있다.

정체성의 수준 우리는 요사이 종족이나 민족 정체성의 상황적 성격에 대해, 그리고 현대 세계에서의 '다중 정체성'의 존재에 대해 매우 많은 이야기들을 듣는다. 이 유행하는 견해에 따르면 사람들은 가족, 성적 범주,

지역, 직업 집단, 정당, 종파, 종족 같은 다양한 집단적 귀속감에서 정체성을 찾고 있으며 하나의 정체성에서 다른 정체성으로 넘어가는 것은 상황 변화에 따라 자주 매우 쉽게 일어나는 일이다.

우리는 동시에 남편이나 아내이며, 기독교인이나 무슬림, 전문 직업인이나 육체노동자, 또 어떤 목적을 위해 그 집단의 구성원인 우리들을 불러내는 특정 지역이나 종족 공동체의 구성원이 될 수 있다. 그래서 우리 모두는 가장 긴밀한 가족 관계부터 가장 넓은 범위인 인류에 이르기까지 다중 정체성을 갖는다. 그리고 나아가 자유 사회에서는 이 정체성 가운데 많은 것이 점차 상징적이고 선택 가능한 것이 되고 있다(Gans 1979; Okamura 1981; Hall 1992; Eriksen 1993을 보시오).

그러나 이것은 집단적 정체성을 오직 개인 구성원의 관점에서 본 것이다. 그런 정체성을 문화적 집단체로, 또 어떤 경우에는 공유하는 기억, 신화, 가치, 상징에 의해 정의되는 공동체로 보는 것도 가능하다. 개인과 집단이라는 이 두 수준의 분석은 자주 혼동되므로 구분할 필요가 있다.

문화적 집단체나 공동체들이 개인들에 의해 구성되기는 하나 우리는 그것들을 어떤 특징을 공유하거나 같이 사는 개인들의 단순한 집합으로 볼 수는 없다. 이 집단적 정체성들에는 그들의 공유된 가치와 규준, 기억, 상징이라는 점에서 훨씬 그 이상의 것이 있다.

반대로, 개인 구성원들의 행위나 성향은 특정 공동체나 집단적 정체성의 특징을 분석하는 것에 의해 예측할 수 없다. 후자는 그 구성원들의 성향이나 그들에 대한 제약이라는 문맥에서만 우리에게 이야기해 줄 수 있을 뿐이다. 이것은 집단적 정체성의 분석에서 두 수준을 분리하는 것이 왜 그렇게 중요한가를 보여 준다(Scheuch 1966을 보시오).

집단 정체성은 카스트나 종족 공동체, 종교적 분파나 민족의 경우와 같이 주로 문화적 요소들에 기초할 때 가장 강력하게 나타난다. 계급이나 지역 같은 다른 형태의 집단 정체성은 이익집단으로 기능하므로 그것들의 목적을 달성한 뒤에는 쉽게 해체된다. 반면, 문화적 집단체는 그것들을 만들어 내는 문화적 요소들 —기억, 가치, 상징, 신화, 전통— 이 보다 지속적이고 구속력이 있기 때문에 훨씬 더 안정적이다.

이 요소들은 위대한 업적이나 개인에 대한 집단적 기억, 명예·정의와 같은 가치, 신물(神物)·음식·의복·문장(紋章)의 상징성, 기원(起源)·해방·선민(選民)의 신화, 전통과 관습, 의식(儀式)과 계보학에 의해 구체화된다. 이 경우들에 집단적 문화적 요소는 특히 뚜렷하고 지속적이며 개인적인 정체성 찾기의 문제와는 분리하여 분석할 필요가 있다.[16]

그러므로 내가 제안하는 작업상의 정의는 두 부분으로 되어 있다. 하나는 문화적 연속성과 변화의 기제를 집단적인 수준에서 정의하는 것이다. 두 번째 부분은 집단성에 대한 개인 구성원들의 관계에 초점을 맞추는 것이다.

지속성과 변화 위의 분석은 집단적 문화적 정체성이 어느 정도 고정되고 정적인 것이라는 인상을 줄지도 모른다. 그러나 그것은 전혀 그렇지 않다. 사실 우리는 여기에서 장기적인 구성체들을 다루고 있는데 이것들이 본질이거나 특성이 고정된 것도 아니다.

문화적 정체성과 공동체들은 다른 어떤 것과 마찬가지로 변화와 해체의 과정에 예속되어 있다. 그리고 이 변화들은 점진적이고 누적적이거나, 갑작스럽고 비연속적일 수 있다. 다른 종류의 집단적 정체성들과의 유일

16 이것은 Fishman(1980)이 동유럽에서의 종족성과 언어의 깊은 연결에 대한 그의 독창적인 분석에서 취한 방법이다. 그의 견해에 따르면 근대주의적 접근은 그런 연결을 모호하게 하는 경향이 있다. 이에 대한 비판은 A. D. Smith(1998 : 159～161)를 보시오.

한 차이는 문화적 변화의 리듬이 일반적으로 더 느린 속도로 이루어지고 오랜 기간에 걸쳐 있다는 것이다. 그러므로 이것은 장기 지속적인 분석 방법을 필요로 한다.[17]

내가 제안한 정의가 민족의 독특한 유산을 구성하는 기억, 가치, 상징, 신화, 전통 형태들의 재해석 과정에 언급하는 이유는 이 때문이다. 오늘날 우리는 민족 정체성의 구성 요소들이 어떻게 변화하는지를 특히 잘 의식하고 있다. 그러나 이것은 외부적인 사건이나 내부에서의 집단과 세력의 재정렬(再整列)이 집단 전통에 대해 새로운 이해를 고무함으로써 매 세대마다 일어나는 일이다.

'종족-상징적인 재구성'의 이 과정은 기존의 상징, 가치, 기억 등의 재선택, 재결합, 재편집과 함께 매 세대가 새로운 문화적 요소들을 덧붙이는 것을 포함한다. 이리하여 새로이 독립한 국가들이나 '국가-민족들'에게서 전형적으로 나타나는 투쟁, 해방, 희생 같은 주제를 가진 민족 정체성의 '영웅적' 비전은 다음 세대에는 보다 개방적이고 실용적이고 공리주의적인 민족 정체성의 형태에 자리를 양보할 수도 있다. 그리하여 후자는 기업적 능력, 조직의 숙련, 다양성에 대한 관용 등 민족사의 대안적 종족적 전통으로 소급될 수 있는 주제들을 강조하게 될 것이다.

그러므로 민족 정체성의 정의 가운데 '변화'가 포함될 수는 있으나 그것은 그 민족의 문화나 전통, 또 그 독특한 유산에 의해 만들어진 분명한 변수들 안에서 일어나는 것이다. 정체성이 시간의 흐름에도 불구하고 상당한 안정성과 동일성을 의미한다면 변화는 오직 명확한 한계 안에서 일어난다.

17 이 종류의 세대를 넘어선 분석의 필요성은 John Armstrong(1982 : 1장)이 제기한 핵심 논점이며, 역사적 종족-상징주의자들도 일반적으로 그렇다.

변화가, 민족의 완전한 파괴는 아니나, 갑작스럽고 분열적으로 일어난다 해도 그것은 그 구성원에 의해 문화적으로 받아들여질 수 있는 새로운 요소들만 만들어 낼 것이다. 혁명들조차도 기능주의자들이 사회의 '중심적 가치들'이라고 부르는 것으로 돌아가는 경향을 보인다. 이것은 민족의 변형에서도 마찬가지이다. 그리고 그 변화는 민족을 만드는 '매일의 국민투표'가 실제로는 우리가 한 세대에서 다음 세대로 이어지는 동일한 민족을 이야기하기에 충분할 정도로 그 본질적 요소들을 보존한다고 가정하게 만든다.

02

이데올로기

N A T I O N A L I S M

T H E O R Y

I D E O L O G Y

H I S T O R Y

민족주의는 원리는 말할 것도 없고 아무런 이데올로기를 가지고 있지 않다는 말을 자주 한다. 그것은 형태가 없는 감정 덩어리가 다소간 화려한 수사에 의해 채색된 것일 뿐이라는 것이다. 또 한편에서는 민족주의의 종류가 너무 많기 때문에 전체적으로 잘 짜인 이데올로기로 정의하는 것이 불가능하다는 말도 한다. 이런 주장들은 기껏해야 절반의 진리일 뿐이다.

민족주의가 다른 이데올로기와 비교하면 '철학적인 빈곤과 비응집성'에 의해 특징지어진다는 주장도 있다(Anderson 1991 : 5). 그러나 결코 민족주의의 옹호자가 아닌 엘리 케두리(Kedourie 1960)가 헤르더와 칸트의 독일 낭만주의적 민족주의의 철학적 전제들을 분석한 것을 보면 그것은 단순한 감정이나 수사 이상의 것이다.

민족주의 이데올로기들은 집단의 자율, 영토적 통일성, 문화적 정체성이라는 잘 정의된 목적과 함께 자주 이런 목적을 달성하기 위한 분명한 정치적 · 문화적 프로그램을 가지고 있다. 또 여러 종류의 민족주의 이데올로기 —종교적, 세속적, 보수적, 급진적, 제국주의적, 분리주의적 등의—가 존재한다는 것은 확실히 사실이고 그것들을 분석할 필요는 있다. 그러나 그것들은 동일한 품질보증 도장이 찍힌 공통의 기본적 요소들을 갖고 있다. 그것은 바로 민족nationhood을 추구하는 드문 행태이다.

이 공통의 요소들이 민족주의를 다른 종류의 운동이나 이데올로기로부터 구분시킨다. 이 여러 종류의 민족주의 이데올로기나 운동, 상징의 밑에 있는 '신념-체계'의 공통된 요소들을 구분해 냄으로써 우리는 민족주의 운동이나 '행동'에서 만나는 몇 가지 행위의 규칙성들을 설명할 수 있다.[1]

민족주의 신념-체계의 이 공통의 요소들은 세 가지의 주된 종류로 나뉜다.

1. 모든 민족주의자들이 신봉하는 기본적인 교의들과 거기에서 나오는 것들.
2. 정도는 다르더라도 모든 민족주의에 존재하는 몇 가지의 기본적인 이상들.
3. 민족주의의 핵심 내용에 보다 구체적인 의미를 주는 같은 계열의 개념들.

이 세 가지를 차례로 살펴보자.

민족주의의 기본적인 교의들은 몇 개 되지 않지만 범위가 넓다. 그것들은 다음과 같이 요약할 수 있다.

1 민족주의 이데올로기에 대한 지적, 도덕적 비판은 Minogue(1967), Dunn(1978 : 3장), Parekh(1995)를 보시오.

1) 세계는 민족으로 분리되어 있고 각 민족은 나름의 성격, 역사, 운명을 갖는다.
2) 민족은 정치적 힘의 유일한 근원이다.
3) 민족에 대한 충성심은 다른 모든 충성심을 넘어선다
4) 자유롭기 위해 모든 개인들은 민족에 속해야 한다.
5) 모든 민족은 완전한 자기표현과 자율성이 있어야 한다.
6) 지구의 평화와 정의는 자율적인 민족의 세계를 필요로 한다.

(이에 대해서는 Kedourie 1960 : 1 ; A. D. Smith 1991 : 74 참조)

우리는 이것을 민족주의의 '핵심 원리'로 부를 수 있을 것이다. 이것은 세계에 대한 민족주의적 비전의 기본적인 틀을 만들고, (아마도 마지막 것만 빼면) 루소, 헤르더, 짐머만, 버크, 제퍼슨, 피히테, 마치니 같은 민족주의 창시자들과 당대의 그 추종자들의 견해 속에 있는 공통된 요소들을 구체화한 것이다.

핵심 원리는 많은 민족주의적 행위들과 함께, 민족의 이상을 표현하는 상징과 기구들을 위한 이론적 근거와 힘을 제공한다. 그것은 정치 영역뿐만 아니라 사회나 문화 영역도 포괄한다. 그것은 또 개별 민족의 문화적 특수주의와 함께 '민족의 세계'라는 보편적 관점도 포괄한다.[2]

모든 민족주의자들이 이 원리 속에 있는 이상에 따라 행동하는 것은 아니다. 비판자들은 민족주의자들이 자주 첫 번째 주장인 '민족들의 세계'에서 표현되는 근본적인 생각을 부인하는 방식으로 행동한다고 지적해 왔다. 즉, 자신들의 이익이나 자기 민족의 이익이라고 주장하는 것과 부합

2 불완전하기는 하나 초기 민족주의 사상가들에 대한 일부 연구는 Baron(1960), Kohn(1965, 1967a, 1967b), Viroli(1995)를 보시오. 그리고 Sluga(1998)를 참고하시오.

할 때는 다른 민족의 자기표현이나 자율성, 그 성격조차 억압했다는 것이다.

그렇게 함으로써 그들은 민족들의 한정된 성격을 강조하고 비슷한 다른 민족들의 존재와 개별성, 권리를 명백히 인정해주기를 요구하는 민족주의의 핵심 원리를 부정하고 전복시킨다는 것이다.

그러므로 존 브릴리가 주장하듯이 많은 민족주의자들은 실천에 있어서 그들의 이데올로기가 단지 한 민족(그들 자신의)에만 관계되는 것처럼 행동할 때라도 이론상으로는(때로는 실천에서도, 예를 들어 19세기의 실지회복운동 시기에 창설된 그 자신의 청년이탈리아당과 같은 여러 개의 민족운동으로 구성된 마치니의 청년유럽운동같이), 한정되어 있으며 이론적으로 동등한 민족들의 세계라는 다중심적 비전을 가지고 있다는 것이다(Breuilly 1993 : 서론).[3]

지적인 비판은 더 심각하다. 민족주의는 자주 그것이 지닌 생각이나 신념의 오직 제한된 체계를 정치와 사회에 대해 제공하려 한다는 비난을 받는다. 그래서 달성할 수 없는 목적을 추구할 때 자주 설득보다는 힘에 의존한다는 것이다. 이것이 일찍부터 엘리 케두리가 민족주의 이념을 지상에서는 달성할 수 없는 완전성을 추구하는 집단 의지의 파괴적 · 혁명적 이데올로기라고 공격한 것의 주된 내용이다.

최근에는 마이클 프리든이 민족주의는 기껏해야 좁은 범위의 정치적 개념들에 덧붙여진 제한된 핵심을 가진 '중심이 빈약한' 이데올로기로 규정하며 이에 호응했다. 그것이 '개념들을 주의 깊게 제거하거나 대치함으로써 보다 폭넓은 관념화된 문맥에서 스스로를 인위적으로 단절'시키기

3 이것은 물론 민족의 한정된 성격에서 나온다. Anderson(1991)이 우리에게 상기시켜 주는 바와 같이 민족 밖에 존재하는 사람들은 항상 있게 마련이다.

때문이라는 것이다.

따라서 "사람들이 정상적으로 기대하는 일반적 · 추상적인 것으로부터 구체적 · 실천적인 것으로, 중심에서 주변으로, 또 그 반대 방향으로 움직이는 많은 생각의 사슬들이 결여되어 있으므로 복잡한 범위의 논의를 제공할 수 없다"는 것이다(Freeden 1998 : 750).

그러므로 민족주의 이데올로기는 사회정의나 자원 분배, 갈등 조정 등의 중요한 사회적 · 정치적 문제들을 다루는 것이 구조적으로 불가능하다는 것이다. 또 민족주의는 실제로 그것이 보다 주류적 이데올로기인 자유주의, 사회주의, 보수주의를 단순히 보충하기 때문에 자주 똑떨어진 이데올로기로 나타나지는 않는다고 본다.

그래서 그들은 민족의 이념은 어디에나 존재할 수 있는데 그 사실은 그것이 바로 많은 이데올로기에 대한 그 주변적 위치를 ―'중요한 것의 주변 어느 곳엔가 존재하는'― 반영하는지도 모른다고 믿는다(Freeden 같은 곳).

민족주의는 오직 민족 형성, 정복, 외적 위협, 영토 분쟁, 국내에서의 적대적인 종족 · 문화 집단의 지배라는 위기 속에서만 일시적으로 매우 중요해진다는 것이다(Kedourie 1960 ; Freeden 1998).

기본적인 이상들

이런 혹평에도 일부 진실은 있다. 그러나 그것이 보여 주는 민족주의의 상은 기껏해야 부분적일 뿐이다. 민족주의의 핵심 이데올로기들은 단지 폭넓은 추상적 틀만 제공할 뿐이다. 그것은 각 민족 공동체에 특수한 모든 종류의 2차적인 개념과 특수한 관념에 의해 채워져야 한다. 산악의 풍경 속에서 함양되는 인간성이라는 스위스의 이미지나 민족을 예수의 고통과 부활의 구현이라고 보는 폴란드인의 이상 같은 것이 그것이다.

이것은 스탈린 사후 시대의 민족적 공산주의에서 일어난 것처럼, 민족주의가 왜 자주 다른 이데올로기나 신념 체계 속에 자리 잡고 있고 그들의 이념이나 정책을 민족주의적 목표로 향하게 하는가 하는 이유이다.

민족주의가 다른 이데올로기를 보충하는지 아니면 다른 것들이 그것을 채우는지는 2차적인 문제이다. 그것은 상황에 따라 다르다. 따라서 우리가 민족주의의 의미를 파악하기 위해서는 핵심 원리를 넘어서야 한다. 그러면 이것은 매우 다른 그림을 보여 준다.[4]

이런 비판에는 실제로 두 형태의 답변이 가능하다. 하나는 이데올로기로서의 민족주의가, 신념 체계라고 하는 것이 더 좋겠지만, 그 철학적 응집성에서 다른 '주류'의 정치적 이데올로기와 맞수는 아닐지라도 비판자들이 받아들이는 것보다는 개념적으로 더 풍부하다는 것이다.

두 번째의 답변은 민족주의는 신념 체계로서뿐 아니라 문화의 형태나 종교 같은 것으로도 볼 수 있다는 것이다. 이것이 다른 주류 이데올로기들과 매우 다른 점이다. 그러므로 이 순수한 정치적 이데올로기들의 관심사나 교의의 관점에서 나온 비판들에서 대체로 벗어나 있다.

이데올로기로서의 민족주의에 대해 잠깐 살펴보자. 지난 장에서 보았듯이 세 개의 기본적인 이상이 핵심 원리에서 나오고 그것이 민족주의라는 이데올로기적 운동에 생명을 불어넣는다. 그 세 개는 민족적 자율성, 민족적 통합, 민족적 정체성이다.

이데올로기적 운동으로서의 민족주의의 보다 특수한 다른 목적들은 이

4 우리는 다음과 같은 질문을 할 수 있다. '민족적 공산주의들'은 민족적 방향의 공산주의인가 아니면 공산주의적 방향의 민족주의인가? 이에 대해서는 Kautsky(1962 : 서문과 Lowenthal의 글)를 보라.

세 개의 이상 위에 이런저런 방식으로 만들어진 변형들이다. 내가 앞에서 제안한 민족주의의 작업상 정의 ─그 구성원 가운데 일부가 그것이 실제적이건 잠재적이건 '민족'을 구성한다고 생각하는 어느 인구 집단이 자율성, 통합, 정체성을 확보하고 유지하려는 이데올로기적 운동─ 속에 그것들이 등장하는 이유는 그 때문이다. 민족주의의 세 이상을 보다 면밀히 살펴보자.

핵심 원리는 모든 민족이 완전한 자기표현과 자율성을 가질 것을 요구한다. 자율성이라는 민족주의적 이상은 여러 측면을 갖는다. 일반적인 의미에서 자율성은 어원이 뜻하는 대로 자기 규제, 자신의 내적인 법칙이나 리듬을 갖는 것, 그 자신의 내면의 소리에만 귀 기울이는 것, 모든 외부의 제약에서 벗어나는 것이다.

이는 19세기 초에 독일 낭만주의 지식인들이 발전시킨 자결의 개념으로 나아가게 한다. 그것은 그들의 집단적인 의지와 개별성의 실현을 추구하고 그 자신의 집단적 목적과 행동에만 책임을 지는 자율적인 집단적 '자아'를 의미한다.

그러나 자율성은 또한 정치적 자유와 함께, 집단적 의지의 민족적 자결과 민족적 자치를 위한 투쟁의 결과로서 '인민'의, 또 '인민'에 의한 집단적 자치를 의미할 수 있다. 그러한 민족적 자치는 주권적인 영토 국가에서처럼 총체적일 수도 있고 지방적 자치나 연방적 자치의 형태에서 부분적일 수도 있다.

막스 베버는 민족은 정상적으로는 그 자신의 국가를 필요로 한다고 말했다. '한 민족은 그 자신의 국가에서 자신을 충분히 표현할 수 있는 감정의 공동체이다. 그러므로 민족은 보통 자신의 국가를 만드는 경향이 있는 공동체이다'(Weber 1948).

그럼에도 많은 민족주의들은 그보다는 덜한 것을 바란다. 그리고 일부는 스페인의 카탈루냐 운동과 같이 부분적인 자율성 이상을 바라는 것 같지는 않다. 부분적인 자율성은 종교적 · 문화적 자치, 법적 자율성, 경제적인 자급자족, 정치적인 '자치'를 포함하여 종류와 정도가 다르다. 정치적 '자치'란 외교나 국방 같은 문제에 책임을 지는 보다 큰 국가 안에서의 내부적인 자치를 말한다.

여기에서의 의미는 민족적 자율성은 국가 주권과 구별해야 한다는 것이다. 이 점은 오늘날 유럽연합 안에서 민족적 주권이 상실된다고 하는 논란에서 보듯이 자주 혼동된다. 자율적인 민족들은 어떤 형태의 연방과도 양립할 수 있다.

자율성은 자주 집합적 통합이라는 생각과 밀접하게 연결된다. 이는 자코뱅파의 '하나의 분리할 수 없는 공화국'이라는 이상에서 처음으로 분명히 나타났다. 그리고 이는 프랑스혁명 기간 동안에 국내 관세와 여러 장벽들, 지방적 기구나 문화들의 폐지로 나타났다.

당시의 애국자들은 중앙집권화된 경제적 · 정치적 영토와 단일한 공공문화를 만듦으로써 모든 프랑스 시민들에게 재탄생한 공화적 프랑스 민족에 대한 강한 열정을 불어넣어 주려 했다. 그러나 영토적 통합은 내적 분열에 반대할 뿐 아니라 프랑스의 '자연적 국경'을 넘어선 외부의 적에게도 반대한다.

이탈리아, 그리스, 독일 같이 나중에 등장한 다른 유럽 민족들은 국경과 종족적 혈연 문제에 초점을 맞추었다. 그래서 통합을 위한 그들의 민족주의적 충동은 '역사적' 고토와 종족적 혈연을 '되찾으려는' 실지회복운동을 불러일으켰다. 왕이나 봉건 영주들에 의해 민족의 고토에서 분리된 이런 땅들을 필요하면 폭력을 사용해서라도 민족의 가슴에 되돌려 주려는 것이었다(Kohn 1967b ; Horowitz 1992를 보시오).[6]

영토적 통일은 민족 구성원들을 사회적 · 문화적으로 통합하는 보다 중요한 작업의 첫 단계에 불과했다. 그런 통합을 동질화와 혼동해서는 안 된다. 후대의 몇몇 학자들이 한 분석과 달리 통합이라는 민족주의 이상은 '객관적인' 문화적 통일성을 추구하는 것이 아니라 가족이나 개인적 의지와 감정의 사회적 문화적 통합을 추구했다.

민족주의자들은 연대의 깊은 결속감을 느끼고 따라서 민족에게 중요한 모든 일에 함께 참여할 수 있는 한, 개인 구성원들이 똑같게 되기를 요구하지는 않는다. 그래서 피히테나 뮐러같이 주로 독일 사람들인 몇몇 낭만주의 철학자나 역사가들은 개인적인 의지를 민족국가의 집합성 속에 흡수시키기를 바랐지만, 대부분의 민족주의자들은 개인적인 욕구를 사랑이나 형제애의 감정을 통해 통합시키려 했다. 그것을 민족 의지에 복속시키려 한 것은 극단적인 경우뿐이다.[7]

세 번째의 이상인 민족 정체성은 아마도 가장 모호한 것일 것이다. 일반적으로 정체성의 개념은 시간을 넘어서는 대상의 동일성을 의미한다. 일정 기간을 넘어서도 특수한 형태가 지속되는 것이다. 이는 문화적 정체성에도 마찬가지로 적용된다. 그러나 민족 정체성의 이상은 그것이 집단의 성격이나 그 역사-문화적 기초에 대해 관심을 가진다는 점에서 앞의 것과 구분된다.

이에 대해 루소가 첫 번째 특성을 마음에 두고 있었다. '우리가 따라야 할 첫 번째 규칙은 민족성이다. 모든 나라 사람들은 나름의 성격이 있고

6 유럽사에서의 실지회복운동에 대해서는 Seton-Watson(1977 : 3장)과 Alter(1989)를 보시오. 실지회복운동과 아프리카의 국경들에 대해서는 Asiwaju(1985) ; 코카서스 지역의 실지회복운동과 분리주의에 대해서는 Wright, Goldenberg, Schofield(1996)를 보시오. 실지회복운동과 분리운동의 차이에 대해서는 Horowitz(1992)를 보시오.

7 피히테, 얀, 뮐러의 사상에 대해서는 Kedourie(1960)와 Kohn(1965)을 보시오. 물론 우애적 사랑과 통일성은 프랑스혁명의 애국자들에게 최상의 관심사였다. 이는 Schama(1989 : 2장)를 보시오.

또 있어야 한다. 만약 결여되어 있다면 그것을 주는 데서 출발해야 한다' (Rousseau 1915, II : 319, Projet Corse). 그리고 그는 나아가 코르시카인과 폴란드인들에게 각자의 민족적 관습과 생활양식들을 어떻게 계발하고 그 민족의 집단적 성격을 어떻게 보존하는가에 대해 조언을 했다.

두 번째의 특성은 헤르더의 '문화적 대중주의(포퓰리즘)'에서 나온다. 그는 각 민족은 그 자신의 특유한 민족적 천재성이 있으며 그것을 따라야 한다고 주장했다. 이것은 이미 섀프츠베리, 비코, 몽테스키외가 말한 개념이다. 이런 맥락에서 헤르더는 그의 동료 독일인들에게 원래의 문화적 전통과 문학적 천재성으로 돌아갈 것을 권했다. "우리 자신의 길을 따르자 ……. 모든 사람이 우리 민족, 문학, 언어의 장단점에 대해 말하게 하자. 그것들은 우리의 것이고 그것들은 우리 자신이다. 그것으로 충분하게 하자"(Herder 1877~1913, Berlin 1976 : 182에서 인용).

이것이 의미하는 것은 모든 민족에게는 독특한 역사적 문화와 행동하고 의사소통을 하는 나름의 사고방식이 있다는 것이다. 이는 (최소한 잠재적으로) 그 구성원들이 공유하는 것으로, 구성원이 아닌 사람들은 그것을 공유하지도 공유할 수도 없다는 것이다. 또 그런 독특한 문화를 잃거나 잊거나, 또 그것이 사라져 버린 곳에서는 그것이 기억되고 되살아나도록 해야 한다는 것이다. 민족주의자들의 과제는 민족의 독특한 문화적 천재성을 재발견하고 그 구성원들에게 진정한 민족 정체성을 회복시켜 주는 일이다. 이것은 위대한 아프리카의 작가이며 교육자인 에드워드 블라이든이 아프리카 사람들에게 한 말과 같다.

> 그러나 모든 사람들과 모든 민족(race)의 의무는 그것을 지키고 발전시키기 위해 그 개별성을 주장하는 것이다. 그러므로 너의 민족을 영예롭게 하고 사랑하라. 그리고 신이 네가 그렇게 되기를 바라고 그렇지 않다면 너를 그렇게

만들지 않았을 모습으로의 너 자신이 되라. 우리는 신의 계획에 손을 댈 수 없다. 네가 너 자신이 아니고 또 너의 개성을 포기한다면 너는 이 세상에 아무것도 남겨 줄 것이 없다. 너는 아무런 즐거움도 없고 쓸모도 없으며 다른 사람들을 매혹시키고 기쁘게 할 아무것도 가지지 못할 것이다. 너의 개성을 포기함으로써 너는 너의 독특한 성격을 잃을 것이기 때문이다.(Blyden 1983, Wilson 1969 : 250에서 인용)

이 민족적 개별성의 강조가 왜 민족주의에 역사학, 고고학, 인류학, 사회학, 언어학, 민속학과 같은 학문들을 통해 민족의 '뿌리'와 '성격'을 찾으려고 하는 지식인들의 노고가 동반하는지, 또 그들이 그것에 동력을 제공하는지를 설명해 준다. 이 학문들은 과거 낭만주의 예술가, 작가, 저널리스트, 블라이든과 같은 교육자들이 민족 정체성의 이미지와 표상을 전달하고 확산시키려 애썼던 것과 같이 '우리가 누구인지', '언제부터 시작되었는지', '우리는 어떻게 성장했는지', '우리는 어디로 가고 있는지'와 같은 문제들을 발견하는 도구와 개념적 틀을 제공한다.[8]

물론 특정 민족주의나 어떤 역사적 시기에 이 세 가지 이상 가운데 하나가 보다 크게 부각될 수 있다. 실제적이거나 잠재적인 민족들이 자율성을 결여하고 있거나 분열되어 있다고 느끼거나 분명한 정체성을 보여 주는 데 실패하는 경우 민족주의자들은 민족적 자율성, 통일성, 정체성을 확보하고 되살아나게 하는 수단들에 의해 상황을 바꾸려고 시도한다. 그러나 일반적으로 장기에 걸쳐서 보면, 우리는 이 세 가지 민족적 이상의 완전한 표현을 달성하려는 민족주의적 이데올로기 운동들의 발견을 기대할 수

8 헤르더에 대해서는 Barnard(1965)와 Berlin(1976)의 탁월한 연구를 보시오. '민족적 각성'이라는 비유에 대해서는 Pearson(1993)을, 민족주의가 학문을 이용한 예는 A. D. Smith(1986: 7장)를 보시오.

있다.

핵심 개념들

자율성, 통일성, 정체성이라는 이 이상들은 높은 추상화의 단계에 있는 것이다. 그리고 그것을 실제의 문화적 · 정치적 프로그램과 연결하려면 다른 핵심 개념들이 필요하다. 그 가운데 가장 중요한 것은 진짜임, 지속성, 존엄, 운명, 애착('사랑'), 고토라는 개념들이다.

물론 특정한 민족주의들이 이런 요소들을 다 끌어내는 것은 아닐지라도 이 모든 것들은 민족의 과거와 현재 상태의 평가와 바람직한 목표에 도달하기 위한 기준을 제공한다. 그래서 그것이 오해와, 마침내는 갈등의 원인이 될 수도 있다(Gilbert 1998 ; 1장을 보시오).

우리가 보았듯이 민족은 자유롭게 되기 위해서 스스로를 표현할 필요가 있다. 그러나 '자아'란 정확히 무엇일까? 민족주의자들에게 이에 대한 유일한 답변은 진짜임이라는 개념에서 발견된다. '진짜로' 우리 자신이 된다는 것은 우리 존재의 '진짜' 요소들을 발견한다는 것을 의미하고 세월의 더께를 제거하는 것이다. 그래서 19세기에 레오폴트 랑케가 이끌었던 독일 역사학파의 역사가들은 그것이 본래 어떠했던가 Wie es eigentlch war 하는 진정한 과거를 밝혀 내려 애썼다.

현대의 음악학자들은 옛 음악을 그 시대의 진짜 악기를 가지고 진짜 스타일로 연주하는 것을 목표로 한다. 그리고 현대의 고고학자들이나 미술사가들은 고대의 유물이나 옛 대가들의 작품들이 진짜인지를 알아내려 한다.

여기에서 진짜임은 진짜를 가짜에 대립시키는 '진리'와의 대화가 될 뿐 아니라 어떤 사물, 양식, 생활방식의 원래 형태가 어땠는가 하는 것이 된다. 이것은 부지불식간에 기원성(起源性)으로서의 진짜임의 개념으로, 민족주의의 문맥에서는 기원과 혈통의 신화로 나아가게 한다. '우리는 어떤 사람들인가'는 우리는 시공간적으로 어디에서 왔는가 하는 물음의 한 부분이며 성격은 기원에 의해 결정된다.

그러나 이것은 처음 나타났다는 것만이 아니라 땅에서 비롯한 토착적이라는 의미에서 원래적이고 고유적이라는 다른 의미와 겹친다. 이것은 다시 진짜임의 다른 의미인, 순수하고 섞이지 않았다는 의미로 나아가게 한다. 여기에서 진정한 '우리'는 현재로는 한탄스러울 만큼 뒤섞여 있다 해도 순정한 기원을 만든다.

그러나 민족주의자들이 '진짜의'라는 형용사를 사용하는 가장 일반적인 의미는 아마도 어떤 다른 사람들의 것이 아니라 바로 '우리 자신의 것'이며, 그래서 독특하고 내적으로 결정되어 있다는 뜻에서이다. 여기에서 진짜임은 자율성의 개념과 겹친다. '진짜의' 공동체는 자결적인 민족이기 때문이다.[9]

이 모든 의미들은 민족주의자들이 사용하는 것이고 자주 매우 진지하게 사용하는 것이다. 문제는 개념의 빈곤이라기보다는 개념의 모호성이다. 이것은 다른 민족주의 개념에서도 나타나는 문제들이다.

지속성의 개념을 보자. 이것은 시간을 넘어선 동일성이라는 정체성의 일반적 개념과 비슷한 것을 의미한다. 즉, 시간의 파괴적인 힘 밑에서 재생의 때를 기다리는 변화하지 않는 민족이라는 의미이다. 그러나 그것은 또한 고고학적 발굴에서의 층위와 같이 변화와 변형의 점진적인 운동이

9 기원과 혈통에 대한 민족주의의 신화는 Hosking과 Schöflin(1997), 그리고 A. D. Smith(1999a : 2장)의 글에서 분석되었다. 또 '진정한' 농민 문화의 헝가리적 모델에 대한 매혹적인 설명은 Sugar(1980)에 실린 Tamas Hofer의 '농민 문화의 종족적 모델'을 보시오.

나 과거 지층의 축적을 의미하기도 한다.

이 진화적인 모델에서 지속성은 변화에 반대되는 것은 아니다. 오히려 변화는 지속적이며 지속성, 즉 성장의 지속성은 항상 미세하게 변화하고 있다. 여기에서 이 단어는 민족주의자들이 예민하게 느낄 뿐 아니라 그것을 이용할 줄도 아는 모호성을 만들어 내는 데 기여한다.[10]

민족적 존엄성이라는 개념도 보기만큼 그렇게 간단한 것은 아니다. 현재의 굴욕과 억압은 해방이 가져올 존엄성과는 대립하는 것이다. 그러나 굴욕과 억압 자체가 존엄성의 욕구를 가져오지는 않는다. 그것은 내부에서 '재발견'되어야 한다.

그리하여 외적인 훼손에 의해 감추어진 '진실한 가치'로서의 존엄성이라는 두 번째 의미가 나타난다. 그 목표는 그 내적인 가치를 찾아내고 진정한 자아의 존엄성을 실현하는 것이다. 이것은 아시아의 '중체서용(中體西用)' 같은 구호에서 때때로 표현된다. 이는 서양이 기술에서는 앞섰으나 정신적으로는 아시아가 우월하다는 의미이다.

그런 태도는 굴욕당한 사람들의 내적인 존엄성을 지켜 주며 억압받고 주변화된 사람들을 과거의 위대함으로 복귀하게 하는 지위의 역전과, 내적인 가치가 외적인 지위에 반영될 것이라는 점을 약속한다. 이것은 명치시대 일본 지도자들의 감정이다.

존엄성은 또한 존경심과 경건성을 불러내는 고귀한 혈통과 고대성에서도 나올 수 있다. 집단적 존엄성의 추구는 현재의 퇴보한 상태 및 무가치한 이웃들과의 비교를 통해 '진정한' 민족적 자아를 고양한다. 이것은 특히 잘 기록된 영웅적인 시대나 황금시대가 현재를 평가는 기준이 될 때 그

10 민족주의가 고고학에 미친 영향은 Diaz-Andreu와 Champion(1996)과 Jones(1997)를 보시오. 이스라엘의 민족 전통을 만드는 데 역사와 고고학이 사용된 데 대한 깊이 있는 설명은 Zerubavel(1995)을 보시오.

렇다.[11]

민족주의자들의 눈에는 민족은 역사와 운명의 공동체, 더 나아가서는 역사가 운명을 요구하고 만드는, 특수한 민족의 운명으로 묘사될 수 있다. 이 운명이라는 생각은 미래라는 관념보다 훨씬 강한 정서적인 무게를 갖는다.

운명은 역사에 의해 예정된다. 운명은 독특한 과정과 숙명을 그려 준다. 운명은 초월, 그리고 아마도 불사(不死)에 대해 말한다. 우리가 기억과 후대의 판단 속에서 살기 때문이다. 민족주의자들에게 민족의 운명은 먼 과거가 그런 것과 같이 항상 영광스럽다. 진실로 억압적인 현재의 밑에 감춰져 있는 과거의 황금기는 아직 태어나지 않은 사람들이 민족의 진정한 정신을 재생함으로써 다시 한 번 빛나게 될 것이다. 그러므로 모든 민족의 운명은 영광스런 과거로 돌아가는 것이 아니라 그 정신을 현대적인 조건 속에, 그리고 변형된 조건 속에서 재창조하는 것이다(Anderson 1999를 보시오).

민족주의자들에게 마찬가지로 중요한 것은 민족에 대한 의식적인 애착이라는 이상이다. 그렇게 의식적으로 욕구된 감정은 민족주의에만 특유한 것은 아니다. 페리클레스는 투키디데스의 기억할 만한 글에서 아테네의 동료-시민들에게 '그들의 도시와 사랑에 빠지도록' 요구하고 있다. 그리고 우리는 애착과 사랑, 자기희생을 권고하는 예들을 세속적이거나 종교적인 많은 글들에서 발견할 수 있다.

그러나 민족주의는 이 의식적인 집단적 애착을 매우 높은 수준으로 올려놓았다. '민족에 대한 사랑'은 그 최고의 정치적 덕성이다. 그러므로

11 집단 가치의 개념에 대해서는 Horowitz(1985 : 4~5장)가 연구했다. 몇몇 아시아의 예에 대해서는 Tonnesson과 Antlov(1996)의 글들과 Leifer(2000)의 글들을 읽으시오.

'친족', '벽난로와 가정'을 지키기 위해 거대한 '가족'의 구성원들에게 호소하는 것, 또 '우리나라'의 선을 위해 자기희생을 요구하는 것도 마찬가지이다.

시리아 바트(재생)당의 공동 창설자인 미셸 아프라크는 1950년대에 '민족주의는 사랑'이라고 말했다. 케두리는 이에 대해 이것이 테러의 위대한 행위들을 양육하는 추상적인 사랑이라고 언급했다(Binder 1964 ; Kedourie 1971 : 서론).[12]

정치적인 '사랑'은 민족의 추상화(抽象化)에 뚜렷한 표현을 제공한다. 그것은 결국 하나의 거대한 가족에 대한 사랑이다. 그러나 대중의 상상에서 '가족'과 '집'은 함께 나타난다. 그리고 사랑은 가족이 집을 가질 것을 요구한다. 집이 없는 가족들은 정치적 지붕을 필요로 한다. '고토'가 없는 민족은 천민과 같은 사람들이기 때문이다.

그러므로 '애착'과 '고토'는 뿌리로 돌아가려는 시도에서 서로를 보강한다. 자신의 고토에 사는 민족이라 할지라도 그들의 진짜 자신인 원래의 기원에 스스로를 붙들어 맴으로써 '다시 뿌리내릴 것'을 필요로 한다. 이것이 고토의 많은 의미 가운데 하나이다.

고토의 개념은 특정 지역의 토지와 자원에 대한 정치적 요구로서 자주 경쟁자의 주장에 맞서는 하나의 권리 증서로서도 기능을 할 수 있다. 이 관점에서 고토는 경제적 복지와 물질적 안전을 위해 불가결하다. 그리고 그 농업, 광업 자원의 이용은 민족주의의 가장 중요한 고려 사항이 된다.

12 이것은 아테네, 스파르타, 피렌체, 베네치아 같은 도시-국가들이 소규모 민족으로 간주될 수 있을지, 그들의 '애국주의'가 진정으로 시민적 형태의 민족주의인지, 또 그 원형으로 생각될 수 있을지에 대한 흥미 있는 문제를 제기한다(Cohen 2000을 보시오). 공화적 민족주의와 (독일의 종족-문화적) 민족주의의 차이를 기술하려는 시도에 대해서는, 전혀 성공적이지는 않지만, Viroli(1995)를 보시오. 고대 그리스 폴리스의 여러 맥락에서의 차이에 대해서는 Fondation Hardt(1962)와 Finley(1986 : 7장)를 보시오.

이것이 민족주의자들이 자급자족, 아니면 가능한 한 자력 성장을 하려는 이유의 하나이다. 그것은 또한 농업에 대한 민족주의자들의 목가(牧歌), '민중'에 대한 정서적인 애착, 농민의 생활방식과 관습에 대한 정서적인 애착을 설명해 준다. 그러나 실제로 민족주의는 자주 가차 없는 급속한 산업화 정책을 추구한다.[13]

다른 면에서 고토는 역사적인 영토이다. 즉, 조상의 땅이다. 그것은 우리들의 먼 할아버지, 할머니들의 땅이며 그들의 마지막 안식처이다. 그곳은 또한 위인들의 땅이며 민족사에서의 많은 전환점들 —전쟁과 조약, 종교회의, 의회, 영웅들의 공헌, 성인과 현인들의 사원과 학교들— 의 불가결한 배경이다.

그 다음에는 풍경 그 자체도 중요하다. 신이 축복을 내리는 '우리의' 산과 강, 호수, 들판의 특유한 아름다움을 칭송하지 않는 민족주의가 어디에 있는가? 우리는 이 '시적인 풍경'이 그들이 민족주의자이건 아니건 상관없이 많은 민족 구성원들의 자기 이해에 미치는 깊은 영향을 평가하지 않고는 민족주의의 세계관으로 들어가는 것이 거의 불가능하다. 이 측면은 최근까지도 다소 경시되었는데 이 문제는 나중에 다시 다룰 것이다.[14]

물론 나는 모든 민족주의 이데올로기나 운동들이 이러한 개념들 모두에, 또 같은 정도로 의존하고 있다고 주장하고 싶지는 않다. 그것은 확실히 그렇지 않다. 폴 길버트는 서로 경쟁하는 민족주의 사이에서 벌어지는 논쟁들의 일부는 민족에 대한 서로 다른, 또 경쟁이 되는 핵심 개념들을

13 고전적 분석은 Matossian(1962)을 보시오. 덴마크의 경우는 Eley와 Suny(1996)의 책에 나오는 Ulfe Ostergard : 'Peasants and Danes : The Danish national identity and political culture'를 보시오.

14 이것은 1990년대까지는 상대적으로 소홀했던 분야이다. 그러나 Hooson(1994), Herb와 Kaplan(1999)이 엮은 유용한 책들을 보시오. 캐나다와 스위스의 종족적 풍경에 대한 놀라운 분석은 Kaufman과 Zimmer(1998)를 보시오.

사용함으로써 나타난다고 올바르게 지적하고 있다. 예를 들어 한 민족주의가 영토와 고토에 기초한 민족 개념에 의존하고, 다른 민족주의가 종족과 문화에 기초한 민족 개념에 의존할 때에 그렇다.

그러나 그런 갈등에 대한 역사적 기록이 충분히 있다 하더라도 나는 왜 그 참여자들이 (그리고 우리가) 그 모든 것을 '민족주의들'로 분류해야 하나라는 질문에 대한 그의 답변이 충분한지는 확신할 수 없다.

베버로부터 실마리를 끌어내며 길버트는 그것들은 그가 '민족주의의 구성 원리'라고 부르는 것을 공유하고 있다고 주장한다. 그 원리는 민족은 민족적인 자결권을 갖는 집단이며 그것은 또한 독립적인 국가에 대한 민족의 권리를 포함하며 나아가 민족이란 이 권리를 가진 종류의 집단이라고 주장하는 것이다(Gilbert 1998 : 16).

그러나 모든 민족주의자들이 이런 주장을 하지는 않는다. 예를 들어 문화적 민족주의자들은 민족은 문화적인 자율에 대한 권리와 도덕적 재생의 권리가 있다고 주장하나 거기에 국가에 대한 권리는 빠져 있다. 그들은 그들 자신의 (또는 어떤) 민족이 독립적이 되고 자신의 국가를 가지는 것이 바람직하다는 생각마저도 하지 않는 것 같다. 보다 일반적으로, 국가에 대한 요구는 많은 민족주의들에게 중요하기는 하나 민족의 통합이나 정체성과 같은 다른 목표들과 함께 단지 하나의 목표일뿐이다(Hutchinson 1994 : 1장).

사실 민족주의 이데올로기들은 내가 지금까지 논의한 '민족주의'의 서로 겹치는 개념들의 군(群)으로 보는 것이 더 좋을지도 모른다. 이것은 '경기(競技)'라는 포괄적인 개념과 유사한데 그것이 겹치는 여러 요소들을 가지고 있지만 어느 경기에나 그 모든 요소들이 다 등장하지는 않기 때문이다.

이 점을 빼놓으면 우리는 아마도 모든 민족주의 이데올로기 가운데에서 정도가 다르기는 하지만 민족적 정체성, 통일성, 자율성이라는 세 개의 폭넓은 목표를 찾을 수 있을 것이다. 이렇게 보면 핵심 개념들은 민족주의 이데올로기들의 일반적인 세계관과 그것에서 나오는 정치적 강령을 형성한다. 그러나 이 개념들의 결합 형태에 따라 민족주의의 방향이 달라지며 우리가 잘 아는 다양한 형태의 민족주의들이 나타난다.

이 이데올로기들은 다른 정치 이데올로기들이 포용하는 모든 문제나 질문들을 포괄하지는 않으며 또 그럴 수도 없다. 그러나 그것들은 비판자들이 생각하는 것보다 개념적으로 훨씬 풍부하며 다른 '주류' 이데올로기들이 무시하는 폭넓은 문제들, 요구, 선입견들을 대신 제시한다.

게다가 케두리가 말했지만 '완전히 다른 이데올로기의 교의들을 검토하고 분류하기 위해 어떤 이데올로기의 범주'를 사용하는 것은 적절치 않다(Kedourie 1960 : 90). 많은 민족주의들이 매우 간접적이고 모호한 방식을 제외하고는 사회적 정의나 자원 분배 문제를 언급하지 않지만 그것은 그것이 다른 이데올로기들이 거의 건드리지 않는 정체성, 자율성, 통일성, 진짜임이라는 이상이나 문제에 관심을 두고 있기 때문이다.

문화와 종교로서의 민족주의

비판자들의 혹평에 대한 두 번째 대응은 민족주의가 정치 이데올로기 이상의 것이라는 사실을 보여 주는 것이다. 그것은 또한 문화와 '종교'의 한 형태이다. 이러한 식의 대응은 민족주의의 중심 개념인 '민족' 개념에 초점을 맞추게 한다.

민족에 대한 민족주의적 개념은 물론 단 하나만은 아니다. 나는 나중에 그것의 여러 이데올로기적 형태들을 검토할 예정이다. 그럼에도 이 모든 개념들은 민족을 원칙적으로 공동체의 누구에게나, 또 '민족국가'의 누구에게나 열려 있는 공공 문화의 형태로 보는 데 동의한다. 우리가 보았듯이 민족주의는 민족의 독특한 문화적 정체성을 재발견하거나 회복할 것을 요구한다. 그리고 이것은 그 조상들의 고토에 존재하는 역사적 문화 공동체의 진정한 뿌리로 돌아간다는 것을 의미한다.

문화의 한 형태로서 민족주의자들의 민족은 그 구성원들이 그들의 문화적 통일성과 민족사를 의식하고, 민족 교육이나 제도를 통해 자국어나 관습, 예술, 풍경 속에서 그들의 민족적 개별성을 배양하는 데 헌신하는 것이다. 루소의 글을 다시 인용해보자.

> 사람들의 천재성, 성격, 기호, 사기(士氣)를 만들어 내는 것은 민족적 제도들이다 …… 그것이 그들에게 조국에 대한 이 열렬한 사랑을 불러일으킨다. …… (Rousseau 1915, II : 431, 폴란드 정부에 대한 고찰)

민족주의자들에게는 토착적인 것이 사실상 대중적인 것이다. 그러므로 우리는 대중 교육을 통해 인민들에게 민족에 대한 사랑을 스며들게 하는 '인민'의 문화를 재발견해야 한다. 대부분의 민족주의에서 자주 눈에 띄는 강하게 대중적이며 낭만주의적인 요소들은 이때문이다(Nairn 1977 : 2장).[15]

그러나 이 대중적이고 민족적인 문화는 단지 사적인 일만은 아니다. 민족의 문화는 공공적인 표현을 요구하고 정치적 상징주의를 탄생시킨다. 진짜 역사와 자국어 문화로의 복귀는 공공의 형태를 취해야 하고 정치화

15 이러한 낭만적 · 대중주의적 요소들은 시민적 · 영토적 민족주의에서도 빌견된다. 예를 들어 미국과 멕시코에 대해서는 Tuveson(1968)과 Ades(1989), 그리고 멕시코의 종족 문화에 대해서는 Gutierrez(1999)의 매혹적인 글을 보시오.

해야 한다.

문화적 민족은 사회와 정치체의 틀과 척도인 공공 문화를 가진 정치적 민족이 되어야 한다. 그러므로 민족은 그 분명한 정치적 역할과 제도, 그리고 그 독특한 상징들—깃발, 송가, 축제, 의식 등— 을 가진 '정치 문화'에 의해 규정된다.

어떤 민족이 과거의 종족적 결속 위에서 등장한 곳에서는 폴란드에서처럼 자국어적 문화의 형태가 그 공공 생활에 스며들며 그 정치 문화를 확인한다. 민족이 다종족적이며, 보다 '시민적' 성격을 가지려고 하는 곳에서는 인도의 경우처럼 민족적 통합을 약간 희생해서라도 일부의 문화 형태는 빌려 올 수 있다.

과거의 문화가 민족의 시민적 개념과 영토적 민족주의의 밑바탕에 존재하는 프랑스와 같은 다른 경우에, 자국어적 문화 코드는 보다 보편적인 공화주의적 상징주의와 불안스럽게 공존할 수도 있다.

이러한 차이에도 불구하고 민족주의의 전체적인 모습은 분명하다. 민족은 공공 문화와 정치적 상징체계의 한 형태이고, 최종적으로는 그들의 민족을 사랑하고 그 법을 준수하고 그 고토를 지키도록 대중을 동원하려고 하는 정치화된 대중문화의 한 형태이다.

그러나 민족주의에는 세속적 문화 이상의 것이 있다. 그 모습이 얼마나 세속적이든지 민족주의는 최종적으로는 정치 이데올로기보다는 '정치적 종교'에 가깝다. 여기에서 나는 '따로 떨어져 있고 금지된 것인 신성한 것에 대한 믿음과 실천의 통합된 체계, 즉 그것을 신봉하는 모든 사람들을 교회라고 불리는 단일한 도덕적 공동체에 통합하는 믿음과 실천'으로서의 종교라는 뒤르껭의 정의를 사용하고 있다(Durkheim 1915 : 47).

이 기능적인 접근은 뒤르껭 자신이 신성한 것과 예식의 역할을 강조한 것과 같이 민족주의라는 대체 종교를 이해하는 데 유용하다. 이것은 민족주의가 위대한 지도자들 또는 전쟁에서 죽은 사람들, 즉 그들의 생명을 자신의 나라를 위해 희생한 '영광의 사자(死者)들'에 대한 기념 의식에 부여하는 중요성에서 잘 드러난다. 그런 순간에 우리는 민족을 '신성한 시민들의 공동체'로 파악할 수 있는데, 이런 규정은 민족주의를 '대체 종교'로서 해석하는 것과 부합한다.[16]

민족주의가 대체 정치종교라는 것을 드러내는 다른 측면들이 있다. 우리는 되풀이하여 선택된 민족, 즉 특수한 역사와 운명을 지닌 독특한 민족이라는 자기 이미지와 만난다. 이것은 종족적 선택, 또는 선민(選民)이라는 오래된 종교적 믿음의 세속적인 후예이다. 이것은 프랑스, 일본, 인도, 미국같이 서로 멀리 떨어져 있는 민족들에서도 함께 발견할 수 있는 자기 이미지이다.

그 다음에는 그들의 창설자나 지도자들에게 보여 주는 거의 구세주적인 열기가 있다. 네루, 수카르노, 엔크루마, 케냐타같이 아프리카나 아시아의 새 국가들에서 민족을 독립으로 이끈 인물들은 자유와 정의, 사랑의 새로운 시대를 엶으로써 그 국민들의 예언자와 구원자로서 당시에 거의 성스러운 지위를 얻었다.

보다 더 중요한 것은 앞에서 말했지만 민족의 운명과 종족적 후예라는 쌍둥이 신념이다. 이 신념들은 사후 세계에 대한 전통적인 종교적 믿음을 보충하거나 때로는 대신한다. 말하자면 종교적 믿음을 아직 태어나지 않은 민족의 후계 세대들에 의해 이어지는 집단적 불멸성의 약속으로 현세화한다(A. D. Smith 1999a : 3장과 9장을 보시오).

이 모든 것은 우리에게 민족주의의 복잡성을 말해 준다. 그것은 한 수준

---

16 뒤르껭과 민족주의에 대해서는 Mitchell(1931)을 보시오. 죽은 병사에 대한(특히 독일의 경우) 기념식의 역할에 대해서는 Mosse(1975, 1990, 1994)를 보시오.

에서는 정치 이데올로기로 나타나나 다른 수준에서는 공공 문화와 대체 정치종교의 한 형태로 스스로를 드러낸다. 그러므로 민족주의를 그것의 고향이자 주 무대인 서양에서조차, 다른 '주류' 정치 이데올로기와 전체적으로 비교하려 하는 것은 잘못이다. 민족주의는 여러 측면을 가진 지구적 현상으로 이해할 필요가 있다. 따라서 우리가 이렇게 변화무쌍한 현상을 파악하기 위해서는 그것들의 모든 측면을 탐구하는 것이 중요하다.

자발주의와 유기체주의

지금까지 나는 민족주의 이데올로기들을 매우 비차별적인 방식으로 다뤘다. 나는 공동의 교의, 공유하고 있는 이상과 핵심 개념들을 강조하려고 했다. 그러나 내가 지적했듯이 이것은 여러 민족주의 사이에 존재하는 큰 체계적 차이들을 간과하는 것이다. 이것은 민족주의 이데올로기를 여러 기본적인 형태들로 분류할 필요가 있음을 시사한다.

가장 친숙한 형태학은 가장 단순하고도 폭이 넓은 것으로 '자발주의적' 민족주의와 '유기적인' 민족주의의 구분이다. 이 구분은 역사가 가장 오래되었고 가장 극적인 결과를 낳았다.[17]

이 두 종류의 민족주의 이데올로기에 대한 논의는 에르네스트 르낭이 하인리히 폰 트라이치케를 비판한 1882년의 '민족이란 무엇인가'라는 강의에서 찾을 수 있다. 트라이치케는 분쟁 지역인 알사스-로렌 영토의 독일 병합을 정당화하기 위해 종족-언어적 기준을 사용했다. 분명하게 표현

17 민족주의의 형태학에 대해서는 A. D. Smith(1983 : 8~9장)를 보시오. 또 Plamenatz(1976)를 참조하시오.

된 정치적 의지와 역사적 기억에도 불구하고 알사스인들은 '객관적으로' 종족적 독일인이라는 것이다.

이에 반해 르낭은 보다 정치적이며 상당한 정도로 자발주의적인 접근법을 택했다. 그는 게르만족들(프랑크족)이 서유럽에 왕정과 지속적인 영토 구분을 가져다주었다고 하는 점에서 프랑스의 기원에 대한 '게르만주의' 테제의 일부를 받아들였다. 그러면서도 그는 민족의 정신적인 성격이나, 역사적 기억과 정치적 의지의 중요성을 주장했다.

그는 종족적 결정론에 반대하여 특수한 민족적 문화보다는 '인류 문화'가 우월하며, 공동생활을 지속하겠다는 분명하게 표현된 욕구로서의 동의가 필요함을 주장했다. '은유를 사용한다면 한 민족의 존재는, 개인의 존재가 생에 대한 지속적인 확인인 것과 꼭 같이 매일매일의 국민투표'라는 것이다(Renan 1882, Bhabha 1990 : 19에서 재인용).

잘 알려진 이 구절은 독일 낭만주의 이데올로기의 유기주의나 결정론을, 자유롭고 자발주의적인 민족의 이상과 대비하기 위해 자주 문맥에서 분리시킨 채 제시된다. 분명히 르낭은 결정론과 유기체를 통한 유추를 피하려고 했다. 그러나 그것은 자발주의적인 민족의 원리나 자신의 민족을 선택할 개인의 권리를 주장하는 것은 아니다. 오히려 그는 민족에 대한 역사적이고 행동주의적인 정치적 이해를 옹호하려고 했는데 그 이해는 '조상 숭배'와 '영웅적 과거'에 대해 정당한 비중을 두려고 하는 것이다. 민족을 개인과 유비한 것은 개인의 선택이나 집단 정체성을 상황적으로 분석하는 자유주의적 이론을 지지하거나 의도한 것이 아니다. 그것은 민족을 형성하는 데서 지속적인 정치적 의지와 함께 과거, 역사, 기억(그리고 망각)의 역할을 주장하는 데 사용되었다.

민족은 개인과 같이 노력과 희생, 헌신이 가져온 긴 역사의 절정이다. 모든

> 숭배 가운데 조상에 대한 숭배가 가장 정당하다. 왜냐하면 조상들이 현재의 우리를 만들어 주었기 때문이다. 영웅적 과거, 위인, 영광(나는 이것을 진정한 영광으로 이해한다), 이것들은 그 위에 우리가 민족적 사고를 세우는 사회적 자본이다. 과거 속에 공동의 영광을 갖는 것, 현재에 공동의 의지를 갖는 것, 위대한 행위들을 함께해 온 것, 앞으로도 더욱 많은 일을 하려는 생각 — 이것들은 민족이 되기 위한 기본적인 조건들이다.(같은 곳 : 19)

독일의 민족주의자이기는 하지만 막스 베버도 비슷한 결론에 도달했다. 그도 역사적 기억과 정치적 의지의 역할을 주장한다. 그는 콜마르의 박물관을 방문했을 때 다음과 같이 썼다.

> 알사스인들이 자신들을 독일 민족에 속하지 않는 것으로 느끼는 이유는 그들의 기억에서 찾아야 할 것이다. 그들의 정치적 운명은 너무 오랫동안 독일의 권역 밖에서 이루어져 와서 그들의 영웅은 프랑스 역사의 영웅들이다. 만약 콜마르의 관리인이 당신에게 그가 가장 아끼는 보물들을 보여 주기를 원한다면 그는 당신을 그룬발트의 제단이 아니라 삼색기, 창, 투구들, 그리고 겉으로는 별로 의미 없어 보이는 기념물들로 채워진 방으로 안내할 것이다. 그것들은 그에게 영웅적인 시대로 보이는 시대의 것들일 것이다.(Weber 1948 : 176)

그는 더 나아가 프랑스 공동체에 대한 알사스인의 감각, 그 유물들이나 '특히 프랑스혁명이라는 기억할 만한 사건'에 대한 그들의 애착에 주목했다. 그리고 이 공동체의 감각은 '봉건제 파괴의 상징으로서 대중들이 중요하게 여기는 공동의 정치적 경험, 간접적으로는 사회적 경험에서 비롯한 것이며 이 사건들의 이야기가 원시적인 종족들이 가지고 있는 영웅적

전설들의 자리를 차지하고 있다'고 썼다.(Weber 1968, I : 396)

민족과 민족주의에 대한 베버의 일반적 입장은 완전히 밝혀지지는 않았지만 그가 역사적 기억과 함께 정치적 행위와 제도의 중요성을 강조한다는 점에서 어떤 의미에서 르낭과 가깝다. 그러나 그것은 또한 한 세기 이상 독일 낭만주의 전통에서 중심적이었던 민족에 대한 종족-언어적 기준에 의해서도 크게 영향을 받고 있다. 그 전통은 헤르더와 칸트, 그리고 더 거슬러 올라가면 루소의 '자연주의'에서 영감을 끌어내고 있는데 그것은 18세기 말의 프랑스 정치철학자이자 정치가인 아베 시에예스가 말하듯이 비록 입법가는 본성에서 결함이 있는 것을 만든다고 할지라도 민족은 자연 상태 속에서 생각되어야 한다는 믿음이다.

이와 비슷하게 피히테, 아른트, 얀 같은 19세기 초의 독일 낭만주의자들은 (종족-언어적) 민족 속에 내재하는 자연성을 확신했다. 그러나 그들은 이 믿음을 올바른 민족적 의지를 가르치고, 진정한 자유를 얻고, 진정한 민족적 자결을 행사하기 위한 투쟁의 필요성을 가르치기 위한 국가 교육에 대한 확고한 태도와 결합시켰다(Kedourie 1960 : 3장을 보시오).

낭만주의자들에게는, 르낭과 마찬가지로, 민족은 정신적 원리인 민족정신Volksgeist이었다. 그리고 각 민족은 나름의 운명과 사명감, 그 독특한 문화, '대체할 수 없는 문화 가치들'을 갖는다고 믿었다. 베버는 민족주의의 진정한 의미를 이 믿음에서 찾았다.

그러나 르낭과 달리 독일 낭만주의자들은 민족정신의 원천을 역사나 정치가 아니라 '문화가 만든 의지', 즉 국가 속에서 자기실현을 추구하는 가운데 민족 의지의 행사를 통해 표현되는 유기적인 언어적 문화에서 그것을 찾았다.

이 민족정신이라는 기준은 독일어 지역의 역사와 당시 상황을 반영하는 것이다. 이 지역은 1871년까지도 많은 왕국과 공국들로 분열되어 유일한 공통적 요소는 오직 독일어와 그 문학뿐이었던 것이다. 일부 독일 낭만주의자들은 공통의 역사에 호소했다. 게르마니아라는 개념은 과거 독일어권의 르네상스 인문주의자들에게도 일반적이었으나 마지막 시기의 신성로마제국에서는 점점 더 독일어를 사용하는 지역을 의미했다. 그리하여 언어와 종족성은 곧 외부의 적인 프랑스 문화와, 유대인이라는 내부의 '인종적인 적'에 대항하여 큰 호소력을 갖게 되었다.

이 핵심 가치들의 불확실성과 문화적 결속의 힘이, 내부에서 점점 커진 문화적 · 종족적 오염의 두려움과 합쳐지며 독일 민족주의 이데올로기가 종족적 민족주의와 생물학적 결정론의 방향으로 가도록 영향을 미쳤다. 그러나 보다 일반적으로는 그러한 문화적 연쇄가 민족에 대한 보다 자연주의적이고 유기적인 이데올로기 방향으로 나아가도록 하는 경향을 부추겼다(Mosse 1964; Kohn 1965; Conversi 1997).[18]

종족적 민족주의와 시민적 민족주의

한스 콘이 '서유럽'의 민족주의와 '동유럽'의 민족주의를 구분한 데에는 독일 민족주의 과정의 고찰이 중요한 요소로 작용했다. 이 이분법은 아직도 민족주의의 구분 방식에서 가장 유명하고 영향력이 있는 것이다. 콘은 그의 주저인 『민족주의의 이념』을 1944년에 냈다. 그는 나치즘의 지배와 제2차 세계대전을 보며 보다 온건한 서유럽 민족주의와, 라인 강 동쪽에서 나타나는 보다 독성이 있는 민족주의들을 구분하려 했다.

18 게르마니아의 이상에 대해서는 Llobera(1994 : 1부)를 보시오. 베버의 민족주의에 대해서는 Beetham(1974)을 보시오. 독일 민족주의가 언어에서 종족으로 이행한 과정에 대해서는 Kohn(1965)과 Bracher(1973)의 분석을 보시오.

그는 서유럽형의 민족주의는 민족이 공동의 법과 영토로 묶인 시민들의 합리적인 결사체라는 생각에 기초해 있다고 주장했다. 반면 동유럽형은 공동의 문화와 종족적 기원이라는 믿음에 기초하고 민족을, 개인을 넘어서며 개인들에게 태어날 때부터 지울 수 없는 민족적 성격을 각인하는 유기적이며 틈새 없는 전체로 보는 경향이 있다고 주장했다.

사회학적으로 볼 때 이 구분의 근원은 양쪽에서 나타나는 서로 다른 계급 형성에서도 찾을 수 있다. 서유럽에서는 강하고 자신감 있는 부르주아지가 시민적 정신을 가진 대중적 시민-민족을 만들 수 있었다.

반면 그러한 부르주아 계급이 결여되어 있었고 전제군주와 반봉건적인 지주들이 지배한 동유럽은 민족의 유기적 개념을 위한, 그리고 날카롭고 권위주의적이며 때로는 신비주의적인 민족주의를 위한 비옥한 토양을 제공했다(Kohn 1967a).

콘의 이분법에 대해 많은 비판 —그 차이에 대한 윤리적인 과장, 아일랜드나 체코 같은 예외를 간과한 것, 두 형태의 지나치게 날카로운 구분—이 있기는 하지만 그것은 중요한 진실의 핵을 포함하고 있다.

'자발주의적' 민족 개념에서는 개인들이 어느 정도 자유로운 생각의 폭을 갖는다. 그들이 '민족들의 세계'에서 어느 민족에 속해야 하고 민족국가 안에서 살아야 한다고 해도 원리적으로는 그들이 속하고 싶은 민족을 선택할 수 있다. 그러나 '유기적' 개념에서는 그런 선택이 불가능하다. 개인들은 민족 속에 태어나며 어느 곳으로 이주하더라도 태어난 민족의 본질적인 부분으로 남는다.[19]

이는 물론 이데올로기적 기준이며 규범적인 분류이다. 그래서 보다 역

19 Kohn의 이분법의 비판에 대해서는 Hutchinson(1987 : 1장), 또 A. D. Smith(1983 : 8장)를 보시오.

사적이고 사회학적인 구분을 하려는 시도들도 있었다. 칼턴 헤이스나 루이스 스나이더의 작업에서부터, 그 뒤에 나오는 '서유럽의 오래된 지속적인 민족'과, 동유럽과 아시아의 '새로이 의도적으로 만들어진' 민족(찰스 틸리는 이것을 '디자인에 따른 민족으로' 묘사한다)을 구분하는 휴 시턴-왓슨의 분류 같은 것이 그것이다. 나는 '영토'에 기초한 민족주의와 '종족'에 기초한 민족주의를 구분한다.

이런 분류법들은 우리가 민족과 민족주의들의 중요한 차이를 느낄 수 있게 하기는 한다. 그러나 문제는 수많은 민족주의들의 성격이 시간이 흐름에 따라 변화하고 자주 양쪽의 요소들을 모두 갖는다는 것이다. 따라서 애초의 분석적 구분은 그 실용적인 가치의 많은 부분을 잃게 된다.[20]

그 외에 사회학적인 구분에 규범적인 판단을 도입하는 위험도 있다. 이는 오늘날 유행하는 것으로 민족을 '종족적' 민족과 '시민적' 민족으로 구분하는 문제이다. 일부 정치철학자들은 시민적 민족주의가 자유주의와 결합하고 그래서 상당히 훌륭한 것을 달성할 수 있을 것으로 본다. 반면 종족적인 '피와 땅' 형태의 민족주의는 윤리적인 울타리를 넘어선 것 같이 생각한다. 그래서 그 퇴영적인 특수주의는 주류 정치 이데올로기들과의 어떤 품위 있는 교류도 방해한다고 믿는다.

만약 민족주의가 같은 민족에 속하는 사람들의 요구에 더 주의를 기울인다면, 즉 이 논거가 혈연적인 계보나 종족-언어적 문화가 아니라 주거와 역사, 공공 문화에 근거한다면, 자유주의적 논거를 제공하는 것이 가능할지도 모른다.

이것은 데이비드 밀러의 민족 개념과 상당 부분 일치하는 것이다. 그는

20 Hayes(1931)와 Snyder(1976)를 보시오. 그리고 Tilly(1975 : 서장과 결론), Seton-Watson(1977 : 1장)을 참고하시오.

민족을 구성하는 요소들의 목록에 역사, 영토, 공공 문화를 포함시키나 종족적 혈통의 신화에 대한 모든 언급은 배제한다. 또 종족-문화적 민족주의의 요구에 반대하고 공화적 애국주의를 옹호하는 마우리치오 비롤리의 경우도 마찬가지이다(Miller 1995 ; Viroli 1995를 보시오. Barry 1999를 참조하시오).

그러나 그렇게 잘 다듬어진 형태의 민족주의라 할지라도 매우 옹졸하며 외국인 혐오적인 정책들을 만들 수 있다. 그 고전적 예는 시민적 민족주의의 고향이라고 할 프랑스 공화국에서 나라 안에 사는 유대인들을 다룬 방식에서 볼 수 있다. 1790년에 클레르몽-토네르Clermont-Tonnerre는 프랑스 국민의회에서 '개인으로서의 유대인에게 우리는 모든 것을 줄 수 있으나 유대 종족으로서의 유대인에게는 아무것도 줄 수 없다'고 선언했다.

프랑스의 시민적 민족주의가 소수 집단의 권리를 인정하는 데 실패한 것은 자유주의적 개인주의나 개인주의적 인권과 관련될지도 모르나 그것은 주된 (주인) 민족에게 허용된 집단적 권리의 힘을 자기 편한 대로 모른 체함으로써만 가능했다. 이 권리나 의무는 시민들이 주류 프랑스어를 배우고 그것을 통해 일을 처리하고, 주류 (프랑스) 역사와 문학을 배우고 암송하며, 프랑스인의 관습을 지키고 그 정치적 상징과 제도 등을 인정할 필요성을 포함하고 있는데도 말이다.

이것은 유대인들에게는 그들의 단일적인 자아 개념을 분열시키고, 그들의 종족적-종교적 공동체를 종교와 종족으로 분리시켜 후자를 제거함으로써 그들을 주인 민족에게 동화시키는 것을 의미했다. 이것은 오늘날에도 많은 민족국가에서 자유주의적 시민적 민족주의가 소수 집단에게 자행하는 일이다(Vital 1990 1장 ; Preece 1998을 보시오).

이렇게 시민적 민족주의는 다른 문화 집단들의 요구를 결코 받아들이지 않는다. 그러므로 진정한 다문화주의는 다양성을 찬양하고 가장 꼭대기에 있는 민족국가의 정치적 제도와 상징 안에 그것을 구성하는 다른 문화들을 포함시키는 '다'민족의 틀 안에서만 존재할 수 있다.

미국의 경우도 이것은 1960년대 말에 멜팅폿melting-pot 이데올로기를 폐기한 후에야 상당 부분 그렇게 되었다. 그래서 미국이 프로테스탄트 잉글랜드 종족의 문화적 기초 위에 건설되었으나 노예제, 원주민 정복, 연속적인 이민의 물결이 그것을 진정으로 다종족적인 다민족으로 만들었으며 이제 단지 공동의 언어와 법, 공유하는 정치적 상징과 '세속 종교' —국기에 경의를 표하고 국경일을 기념하고 헌법과 건국의 아버지들을 숭배하고 전사자들을 추모하는 등의— 에 의해서만 묶여 있는 나라라는 것이다.

이렇게 미국의 섭리적인 민족주의와 프랑스 · 영국 · 러시아의 '신의 사명에 따른' 민족주의 사이에는 분명한 차이가 있으나 그럼에도 '위대한 민족', '진보의 횃불', '무식한 원주민'에 대비되는 '문명인'을 내세운다는 점에서 놀랄 만한 유사성이 있다.

이것은 유기주의적 형태와 자발주의적 형태의 민족주의 이데올로기, 그리고 종족적 민족과 시민적 민족 개념의 분명한 대비에도 불구하고 그것들이 고무하는 정책들이 우리가 그러리라고 믿는 것보다 훨씬 더 가깝다는 것을 확인해 준다. 결국 우리가 민족주의에 대한 인과 분석을 할 때 그 다양한 형태의 이데올로기적 차이를 염두에 두기는 해야 하나 그것을 단일한 현상으로 볼 필요가 있다는 것이다.

민족주의의 기본적인 교의, 이상, 핵심 개념들은 시간적인 차이나 문화적인 차이에도 불구하고 거의 항상 그대로이다. 그리고 이것이 공통의 개념을 가지는 용어나 공통의 설명 패러다임을 만드는 데 성공하지 못함에도 불구하고 많은 학자들이 민족과 민족주의에 대한 모든 것을 포괄하는 설명을 만들 수 있다고 느끼는 이유이다. 또 서로 경쟁 상대인 민족주의자들이 함께 토론에 참여하는 이유이기도 하다.

03

패러다임

NATIONALISM

THEORY

IDEOLOGY

HISTORY

1789년 초에 아베 시에예스는 『제3신분이란 무엇인가』라는 소책자를 냈는데 그 안에서 그는 귀족과 성직자의 특권을 공격하고 제3신분을 민족과 동일한 것으로 단정하고 민족 주권을 선언했다.

> 민족은 모든 것 이전에 존재했고 모든 것의 근원이다. 그 의지는 항상 합법적이며 그것은 법 자체이다. …… 지구상의 민족들은 사회적 결속에서 벗어나 있는 개인으로, 혹은 사람들이 말하는 대로 자연 상태 속에 있는 것으로 생각되어야 한다. 그 의지의 행사는 자유롭고 어떤 사회적 형태로부터도 독립적이다. 그들의 의지는 자연적 질서 속에서만 존재하므로 완전한 효력을 갖기 위해서는 단지 의지의 자연적인 특징들만을 소유할 필요가 있다. 한 민족이 어떤 방식으로 의지(意志)하든 간에 그가 의지를 가지고 있다는 것으로 충분하다. 모든 형태가 유효하며 그 의지는 항상 최상의 법이다.(Cobban 1963, 제1권: 165. 줄친 부분은 원래 이탤릭으로 된 부분)

그해 10월에 나온 '인간과 시민의 권리 선언'은 문제를 한결 더 간결하게 제시하고 있다. '모든 주권의 원천은 본질적으로 민족에게 있다. 어떤 사람들의 집단이나 개인도 분명히 거기에서 나오지 않는 권위를 행사할 수는 없다'(Baker 1988 : 271을 보시오).

1년 후인 1790년 여름에 프랑스인 남녀들은 연맹 축제를 벌였다. 국민방위군과 충성스러운 시민들은 함께 모여 새로운 프랑스 연맹을 축하했다. 모든 곳에 '시민은 조국을 위해 태어나고 살고 죽는다'라는 글귀가 새겨진 제단이 마련되었다. 그리고 행진을 하고 찬양하는 노래들을 부르고 자크-루이 다비드의 '호라티의 맹서'(1784)라는 그림을 본떠서 팔을 벌려 서로를 엮으며 맹서를 했다.

시민들은 이렇게 '신성한 우애' 가운데에서 서로 껴안으며 프랑스에 대한 영원한 충성과, 민족적 통일성을 지키고 주권적인 인민에게 복종할 것을 서약했다. 7월 14일 파리에서는 샹 드 마르 광장에서 라파예트가 선서를 이끌었고 탈레랑은 펄럭이는 깃발들 밑에서 미사를 드리고 감사 기도를 했고 '노래하고 기쁨의 눈물을 흘리라. 오늘 프랑스가 다시 태어났느니'라는 시를 읊었다. 그리고 노트르담에서는 애국적인 유디트서(書)의 구절에 맞추어 반은 성스럽고 반은 세속적인 칸타타인 '바스티유 송가'가 연주되었다(Schama 1989 : 502~512).

혁명이 진행되며 대중적인 열기는 더해졌다. 새 깃발인 삼색기가 정해졌고 새로운 민족적 노래인 라 마르세예즈가 채용되었다. 이 노래는 나중에 국가가 되었다. 왕의 칭호는 '신의 은총에 의한 프랑스와 나바르의 왕, 루이'에서 '신의 은총과 국가의 헌법에 따른 프랑스 왕 루이'로 바뀌었다. '불가분의 공화국'을 만들기 위해 지역주의에는 정치적·문화적으로 재갈이 물려졌다. 로베스피에르가 의장인 자코뱅파 공안위원회의 위원들인 아베 그레구아르와 바레르의 노력으로 1793년부터 프랑스어가 전국으로 확산되었다.

또 교황령인 아비뇽과 브네생에서는 그 주민의 (프랑스인으로서의) 의지를 확인하기 위해 최초의 주민 투표를 실시했다. 시민으로 구성된 첫 민족적 징병대가 동원되어 1792년 9월에 발미에서, 그리고 그 후에도 침입하는 외국 군주들의 군대를 무찔렀다. 그리고 승리의 감격 속에서 애국자(혁명가들은 스스로를 그렇게 불렀다)들은 그들이 정복한 해방 지역에 자유, 평등, 우애라는 혁명의 이상을 수출하기 시작했다.

이 민족적 재생을 축하하기 위해 1793년과 1794년에 대규모 대중 축제가 열렸다. 이것은 다비드가 기획한 것으로 고세크가 음악을 만들었고 앙드레 셰니에는 시를 지었다. 대규모 행진과 송가, 자유와 자연을 상징하는 거대한 조각상 세우기, 땅에 다시 물로 세례를 하는 의식, 수천 마리에 달하는 평화의 비둘기 날리기 행사 등이 벌어졌다. 그리고 로베스피에르가 고대의 모세를 본떠 석고와 판지로 만든 큰 산에서 내려오는 장면이 연출되었다. 산꼭대기는 원기둥 위에 세워 놓은 헤라클레스의 상과, 자유의 나무로 치장되었다(Schama 1989 : 746~750, 831~836).[1]

근대주의

프랑스의 부르주아가 기념한 것은 정확하게 무엇일까? 그것은 그들의 권력 장악과 귀족과 성직자들의 특권을 끝낸 것이 아니다. 그들은 프랑스 공화국이라는 형태로 프랑스라는 새로운 민족이 탄생한 것을 기념했다.

1 혁명 축제에 대해서는 Herbert(1972)를 보시오. 혁명 전과 혁명 중의 다비드의 예술, 그것과 정치와의 관계에 대해서는 Crow(1985 : 7장)를 보시오.

국민의회와 그것을 이은 혁명기 의회들의 작업 가운데에서 헌법적 변화를 통한 새로운 민족의 건설 과정은 계몽사상가들의 합리적인 청사진에 따라 큰 활력과 열기 속에 진행되었다.[2]

그렇게 계획된 '민족-형성'은 기본적으로 근대적인 과정으로 1789년 이전에는 비슷한 것을 찾을 수 없었다. 그전에도 계몽적 군주들의 복지 계획이나 대규모 건설 공사, 심지어 행정의 '근대화'를 위한 대규모 계획은 있었다. 이는 고대 바빌로니아의 함무라비 법전이나 로마 시대 아우구스투스의 개혁에서 러시아의 표트르 대제나 오스트리아의 요제프 2세의 근대화 계획에 이르는 것이다.

그러나 집단적인 계획에 따른 작업들은 없었다. 그것은 개인이나 지배계급의 이름으로, 또 그들을 위해 실행되었다. 또 그것을 위해 최고의 충성을 바치고 큰 희생을 치러야만 하는 공동의 역사와 문화를 갖는 주권적인 인민이라는 이데올로기도 없었다. 그 이전 시대에는 중앙의 정치에 참여하도록 사람들을 동원하는 문제가 존재하지 않았다. 또 여성은 말할 것도 없으나, 남성들이 정치적으로 의식이 있고 적극적인 '시민'이 되어야 할 필요도 없었다.

결과적으로 시민들의 모든 필요와 이해관계를 만족시킬 하부구조나 제도들을 제공하는 데 대해서는 어떤 관심도 존재하지 않았다. 또 진실로 민족의 힘과 복지를 최대화하고 시민들에게 민족의 법에 대한 순수하게 세속적인 존경심을 불어넣기 위해, 주민들 전체에게 대중적이고 강제적인 표준화된 공공 교육을 통해 시민으로서의 필요한 태도와 기술을 주입할 필요도 없었다.[3]

2 혁명의 계몽사상적 배경과 그 영향에 대해서는 Baker(1988)를, 프랑스혁명과 민족주의에 대해서는 Cobban(1963), Kohn(1967b), O'Brien(1988b)을 보시오.

이 모든 것은 새로운 것으로, 16세기에서 18세기 말까지의 유럽 절대군주들의 중앙집권화 프로그램의 산물이다. 또 그것은 17세기에 네덜란드와 잉글랜드에서의 청교도 반란에서 처음 나타나고, 미국과 프랑스의 혁명에서 절정에 달한 데서 보듯이 그들의 요구에 대한 점점 커지는 반동들이었다.

페리클레스가 기원전 430년의 장례 연설에서 동료 아테네인들에게 '도시와 사랑에 빠져야 한다'고 한 권고가 살아 있는 신조가 된 곳은 무엇보다도 18세기 말의 프랑스였다. 오직 그곳에서만 적극적인 공공 정신을 갖춘 아테네 시민이라는 그의 이상이 대중의 심금을 울렸다. 그러므로 루소와 그의 추종자들이 시민적 연대와 역사 속의 공동체에 대한 모델로 고전 시대의 아테네나 스파르타, 또 공화정 시대의 로마를 머리에 그린 것은 결코 놀라운 일이 아니다.

뒤르껭은 프랑스혁명에 대해 언급하며 '이때에, 사실 큰 열정 속에서 그 본성에서 순수하게 세속적인 것들이 신성한 것으로 바뀌었다. 그것은 조국, 자유, 이성이다. 어떤 것이든 교리와 상징, 제단과 축제를 가지게 되면 하나의 종교로서 성립하는 경향이 있다'고 말했다(Durkheim 1915 : 214).

'민족-형성'의 과정으로서 그리고 이데올로기와 운동으로서, 민족주의와 그 이상인 민족적 자율성, 통합, 정체성은 비교적 근대적인 현상으로 그것은 주권적이고 통일된 독특한 민족을 정치 무대의 중심에 놓았고 세계를 그 이미지에 따라 만들어 냈다.[4]

3 혁명 이후 프랑스의 시민권에 대해서는 Brubaker(1992)를 보시오. 혁명과 낭만주의 이후 민족과 민족주의의 여성화는 Sulga(1998)가 잘 기록해 분석하고 있다.

4 루소와 민족주의에 대해서는 Cobban(1964)과 Cohler(1970)를 보시오. 프랑스에서 고전적 모델로 돌아간 것에 대해서는 Cobban(1963 : 162~169), Kennedy(1989 : 4장)를 보시오.

내가 지금까지 그 개요를 말한 견해와 그것에 실체를 제공하는 역사적인 발전이 '근대주의적'이라고 불릴 수 있는 것이다. 근대주의는 연대기적이고 사회학적이라는 두 형태에서 말할 수 있다. 첫 번째로, 이데올로기, 운동, 상징으로서의 민족주의는 내가 지금까지 말했듯이 비교적 최근의 것이라는 것이다. 두 번째로, 민족주의는 질적으로 새로운 것이다. 여기에서 민족주의는 매우 오래된 것을 단순히 새로운 버전으로 만들어 낸 것이 아니라 혁신이다. 그 비슷한 것은 과거에는 없었다.

그러나 이것은 단순히 역사의 영속적인 운동에서 나온 것이 아니다. 그것은 완전히 새로운 시대와 완전히 새로운 조건들에 의해 만들어진 현상이다. 간단히 말하면 민족주의는 근대성의 산물이며 다른 것이 아니다. 진정한 근대주의를 보여 주는 것은 바로 이 마지막 주장이다.

근대적인 것은 민족주의만이 아니다. 민족, 민족국가, 민족 정체성, 전체 '민족 사이의' 공동체도 마찬가지이다. 근대주의자들에게는 이 모든 것이 시대로 볼 때만 근대의 것이 아니고 질적으로도 새로운 것이다. 프랑스혁명은 새로운 이데올로기를 만든 것만이 아니고 새로운 인간 공동체, 새로운 종류의 집단적 정체성, 새로운 형태의 정체, 그리고 마지막으로 새로운 종류의 국제 질서를 만들었다. 이 새로운 현상들의 연결 속에서 근대성의 새로운 질서가 반영된다. 그러나 그것들은 똑같이 근대성을 특징짓는 새로운 조건들도 반영한다.[5]

이 민족적 현상의 특수하게 근대적인 특징들은 무엇일까? 그리고 민족과 민족국가, 민족주의를 나타나게 한 주된 조건들은 어떤 것일까? 이런 질문들에 대한 대답에서 근대주의는 여러 형태로 갈라진다. 그리고 거기

5 실제로, 사회학적인 근대주의는 (a)민족주의는 매우 최근의 새로운 일이고 (b)민족과 민족국가도 또한 최근의 새로운 일이며 (c)모든 민족적 현상은 근대성이나 또는 근대화의 산물이라고 주장한다. 보다 충분한 논의를 위해서는 A. D. Smith(1998 : 1부)를 보시오.

에서 비롯하는 이론이나 논쟁은 다음 장에서 다룰 것이다. 그러나 우선 근대주의 패러다임을 몇 가지로 간단히 나눌 수는 있을 것이다.

1. **사회경제적 근대주의** 여기에서는 민족주의와 민족이 산업자본주의, 지역적 불평등, 계급 갈등과 같은 새로운 경제적 사회적 요소들에서 나왔다고 생각한다. 톰 네언과 마이클 헤치터에 따르면 특히 민족적 감정과 이상은 근대국가 안의 지역과 계급 사이의 상대적인 박탈감에 의해 나타났다. 즉, 발전된 중심부 지역과 그렇지 않은 주변부 지역 사이, 또는 새롭게 동원된 주변부 '대중들'에 의해 지지받는 중심부와 주변부 엘리트 사이에서 나타났다(Hechter 1975 ; Nairn 1977).[6]
2. **사회문화적 근대주의** 어니스트 겔너에 의하면 민족주의와 민족은 '근대화'의 이행 속에서 등장하는 근대적 · 산업적인 시대에 사회학적으로 필요한 현상이다. 민족은 문자를 해득할 수 있고 학교 교육을 통해 전달된 '고도 문화'의 표현인데 이는 전문가들과, 대중적이고 표준화되고 강제적인 공공 교육체계에 의해 지탱되는 것이다. 쉽게 옮겨 다닐 수 있고 문자를 해득할 수 있는 노동력을 훈련시킴으로써 산업화가 민족주의를 고무하는 것과 똑같이 민족도 산업화를 돕는다(Gellner 1964 7장 ; 1973과 1983).
3. **정치적 근대주의** 여기에서 민족과 민족주의는 근대의 전문화된 국가 안에서, 또 그것을 통해 직접적으로나 또는 특정한 (제국적 / 식민적) 국가에 저항하며 성립한다. 존 브릴리, 앤서니 기든스, 마이클 맨과 같은 이론가들에게 근대국가는 민족과 민족주의의 최고의 예보자이다.

6 네언의 최근 책(1977)은 사회심리학과 문화인류학에, 특히 민족의 문화적 · 사회적 힘에 대해 보다 큰 비중을 두고 있다. 반면 Hechter(1992, 2000)는 민족주의의 좀 더 정치적인, 합리적 모델로 옮겨 가고 있다.

또 그것과 사회와의 관계는 재통합적인 민족주의를 위한 도가니이며 그 민족주의는 국가 주권의 불가피한 부산물이다(Giddens 1985 ; Breuilly 1993 ; Mann 1995).

4. **이데올로기적 근대주의** 여기에서의 초점은 민족주의 이데올로기의 유럽적 기원과 그 근대성이다. 또 제국을 분해하거나 민족이 존재하지 않는 곳에서 민족을 만들어 내는 의사(疑似)-종교적 힘과 역할이다. 엘리 케두리는 민족주의 이데올로기를 계몽사상의 영향에서, 그리고 자율이라는 칸트의 생각 속에서 찾으며 최종적으로는 중세의 기독교적인 천년왕국 원리에 귀착시킨다. 그리고 그는 비유럽 지역의 불만 투성이 인텔리겐치아들이 이 천년왕국적 원리를 그들의 토착적인 종족적 종교적 전통에 적용했을 때 그 지역 사람들에게 미친 파괴적인 영향을 보여주었다(Kedourie 1960 ; 1971의 서문).[7]

5. **구성주의적 근대주의** 이것은 민족과 민족주의가 완전히 근대적인 것이라고 주장하나 그것이 사회적으로 구성된 성격을 강조함으로써 다른 근대주의와는 좀 다르다. 에릭 홉스봄에 의하면 민족은 '발명된 전통'에 상당 부분 기인하는 것이다. 그것은 사회공학의 산물로, 새로 투표권을 갖게 된 대중의 에너지를 끌어내어 지배 엘리트의 이익에 봉사하게 하는 것이다. 반면에 베니딕트 앤더슨은 민족을, 시간에 대한 새로운 개념과 '인쇄 자본주의'가 민족이 직선적인 시간을 따라 움직인다고 상상하게 만든 지점에서, 우주적 종교와 군주제가 몰락한 빈 공간을 메우는 상상된 정치 공동체로 본다(Hobsbawm and Ranger 1983 ; Anderson 1991).

7 민족주의 이데올로기의 힘과 역할을 강조하는 다른 학자들로는 Kapferer(1988), O'Brien(1988a), Juergensmeyer(1993), Van der Veer(1994) 등이 있다.

이런 차이에도 불구하고 근대성 패러다임의 여러 형태들은 '구조적 근대주의'라고 부를 믿음을 함께 지니고 있다. 그것들은 '우발적 근대주의'도 아니고 민족주의와 근대주의 사이의 역사적 상관관계를 단순하게 관찰하는 것도 아니다. 그것들은 근대성에 내재해 있는 민족적 또는 민족주의적 본질을 믿는다. 그 외에는 달리 될 수 없다고 본다. 이 견해에 따르면 근대성은 반드시 민족들의 형태를 띠고 마찬가지로 필연적으로 민족주의의 이데올로기와 운동을 만든다.

영속주의

오늘날 근대주의는 민족주의의 주된 정통 이론이다. 많은 사람들은 민족, 민족국가, 민족주의의 근대성을 단순하게 가정한다. 다른 사람들에게 이것은 다소간 강하게 주장되어야 하는 내용들이다. 그러나 항상 그랬던 것은 아니다.

제2차 세계대전 이전만 하더라도 많은 학자들은 민족주의 이데올로기가 최근의 것이라 해도 민족은 역사의 어느 시대에나 존재해 왔다는 견해를 보였다. 많은 민족이 기억할 수 없는 오래전부터 존재해 왔다는 것이다. 이것을 '영속주의'라고 부른다. 오늘날에도 아마 많은 대중들은 특히 자기 나라에 관한 한 영속주의적 견해를 유지하고 있다고 말해도 괜찮을 것이다.

19세기에 그리고 1940년대까지도, 많은 학자들은 어떤 형태의 영속주의를 믿고 있었다. 이것은 민족주의의 보다 '자발주의적' 형태를 좋아하던 르낭 같은 사람들도 마찬가지이다. 이것은 부분적으로는 대중들이 '인종'과 '민족'을 같은 것으로 보았기 때문이다. 당시에는 '인종'이라는 단어가 유전적이며 바꿀 수 없는 생물학적인 특징이나 유전인자가 아니라, 자주 어느 혈통 집단의 개별적인 문화를 의미했기 때문이다(오늘날 우리는 뒤의 의미를 종족성ethnicity이라는 용어로 대치할 수 있을 것이다).

영속주의는 또한 점진주의와 단계적인 진보, 사회적 · 문화적인 누적적 효과를 강조하는 사회 진화라는 생각에 의해서도 고무되었다. 특히 유기체에 대한 유추에 끌리는 사람들에게는 민족을 바로 이러한 점진주의, 발전, 누적적 특질을 보여 주는 집합적인 예로 보는 것이 쉽고도 자연스럽다.

우리는 또한 민족주의 역사학과 고고학이 이룬 큰 진전을 간과해서는 안 된다. 이런 학문들은 민족주의적 개념들로 채워지는 한 그 개념들을 확실한 자료와 먼 과거의 물질문화가 남긴 유물들로 고취하고 뒷받침했다.[8]

영속주의는 또한 민족이 '자연적' 공동체라는 생각에 의해서도 고무되었는데 일부 사람들에게는 그것이 의심의 여지 없이 그 매력 가운데 일부였다. 그러나 영속주의는 민족의 자연주의적 개념과 혼동되어서는 안 되는데 그것이 나중에 만들어지는 '원초주의'의 기초이다. 영속주의자들은 민족의 '원초적' 개념을 받아들일 수 있으나 마찬가지로 거부할 수도 있다.

영속주의에게 반드시 필요한 것은 일부 경험적인 관찰에 의존하여 민족이, 최소한 일부 민족이, 어떤 이유에서건 장시간 유지되어 왔다는 믿음이다. 그들은 민족을 자연적이거나 유기적, 또는 원초적이라고 보지는 않는다. 실제로 그들은 자주 그런 비역사적인 설명을 거부한다. 영속주의자는 원초주의자가 될 필요가 없고 또 자주 그렇게 되지도 않는다. 우리는 그 차이를 머릿속에 새겨 둘 필요가 있다.

영속주의는 두 가지의 주된 형태를 갖는다. 첫 번째의 좀 더 일반적인

8 민족주의와 고고학의 관계에 대한 최근의 관심 증가와 고고학의 정치적 문맥에 대해서는 Kohl과 Fawcett(1955), Diaz-Andreu와 Champion(1996), Diaz-Andreu와 A. D. Smith(2001)를 보시오.

것은 우리가 '지속적인 영속주의'라고 부를 수 있는 것이다. 여기서 주장하는 것은 특정한 민족이 길고 지속적인 역사가 있으며 그 기원이 중세나 드물게는 고대까지 거슬러 올라갈 수 있다는 것이다.

여기에서 강조점을 두는 것은 지속성이다. 중간에 단절과 불연속이 있기는 하나 그것들은 집합적인 민족적 정체성의 느린 리듬을 강조함으로써 상대화된다. 실제로 어느 민족의 정체성과 역사는, 예를 들어 스웨덴이나 네덜란드, 러시아의 경우, 르네상스나 중세 말기를 넘어서기 힘들다. 다른 곳에서는 훨씬 더 위로 올라갈 수도 있다.

휴 시턴-왓슨은 '오래된, 지속적인 민족들'과 나중에 주의 깊게 만들어진 민족들을 구분할 수 있다고 주장했다. 전자에는 프랑스, 잉글랜드, 스코틀랜드, 스페인 등이 속한다. 그리고 기억할 수 없을 정도로 오랜 민족이라는 그 주민들의 감각에 역사적 실체를 부여하는 것이 그 장구성이다. 앞으로 보겠지만 이것은 최근에 새롭게 지지를 받고 있는 입장이다.

그러나 이것을 가지고 영속주의의 일반적인 모델을 제시할 수는 없다. 그것은 단지 특정 민족의 긴 역사와 지속성을 보여 주는 사료를 증거로 내세울 수 있는 특수한 예들만을 제시할 뿐이다. 그럼에도 이 종류의 영속주의가 특정 민족의 전근대적 기원을 보여 줄 수 있는 한 그것은 근대주의적 주장과, 민족이 근대성의 산물이라는 그 믿음에 대한 심각한 도전이 된다 (Seton-Watson 1977 : 2장 ; Gillingham 1992 ; Hastings 1997).

다른 주된 형태는 우리가 '재발적 영속주의'라고 이름 붙일 수 있는 것이다. 이것은 민족의 고대성에 대한 훨씬 대담하고 일반적인 진술이다. 특정 민족들은 역사적이고 그것은 시간의 흐름에 따라 변한다는 것이다. 르낭의 말을 빌리면 '그것들에게는 시작이 있고 끝이 있다'는 것이다.

그러나 인간 집단의 한 범주로서의 '민족 일반'은 영속적이고 어디에나 존재한다. 그것이 역사의 모든 시기에 재차 나타날 뿐 아니라 지구상 모든 대륙에서도 발견되기 때문이다. 여기에서 우리는 동일한 형태의 집합적인 문화적 정체성이, 그것이 역사의 각 시기에 다른 방식으로 표현될지라도, 재발하는 것과 마주친다.

특정 민족들이 등장하고 사라질지라도 민족이라는 생각 자체는 보편적인 것이고 깊이 뿌리박힌 현상이다. 따라서 모든 시대와 지역의 많은 문화적 · 정치적 공동체에 적용할 수 있다는 것이다.[9]

원초주의

영속주의는 (일부) 역사가들에게 특유한 패러다임이다. 이에 비해 '원초주의'는 사회과학자들과 유기적 민족주의자들의 영역이 되는 경향이 있다. 그 기원은 도시의 타락에서 벗어나 잃어버린 순수함을 되찾기 위해 '자연'으로 돌아가라고 외친 루소에게로 거슬러 올라갈 수 있다. 이 '자연주의적' 정신은 곧 민족 개념 안으로 파고들어 왔다. 우리는 내가 이 장의 앞부분에서 인용한 아베 시에예스의 글에서 이미 그것이 나타나고 있는 것을 볼 수 있다.

그는 민족을 사회적 결속 밖에 있는, 즉 '자연 상태'의 개인들로 보아야 한다고 주장했다. 그것은 오직 '자연적 질서 속'에만 존재한다는 것이다. 실제로 그것은 모든 것 이전에 존재했고 모든 것을 만들어 낸다는 점에서

9 분석적으로는 분리가 가능하나 실제로 지속적 영속주의와 재발적 영속주의를 나누는 분명한 선은 없다. John Amstrong(1982) 같은 학자의 글에서 우리는 두 형태를 모두 발견할 수 있다. 그는 중세의 중동이나 유럽에서 민족체나 민족의 재발을 연구함과 함께 페르시아나 아르메니아 같은 특정한 민족의 기원을 추적하고 있다. 즉, 한편에서는 중세의 뿌리로부터 근대 민족 정체성의 느린 등장을, 다른 한편에서는 장기간에 걸친 종족 정체성이나 민족 정체성의 항시적인 형성과 재형성을 다루고 있다.

신과 같은 속성이 있다. 다른 말로 하면 민족은 원초적이다. 그것은 시간이 시작된 처음부터 존재해 왔고 그 후의 과정과 발전의 뿌리 속에 있다.

시에예스는 (그리고 루소의 다른 추종자들은) 자신을 원초주의자로 생각하지 않았을 것은 물론 이 말을 사용하지 않았을 것이다. 그러나 그의 중요한 주장은 이미 1789년에 민족 의지의 절대적인 주권을 정당화하기 위해 사용되고 있었다. 이것은 피히테나 다른 낭만주의자들이 독일 민족에 대해 비슷한 주장을 하기 이전의 일이다.

민족을 '자연화하는' 이런 종류의 논의는, 내가 앞에서 다룬 바 있지만, 민족주의의 본질주의적이며 유기적 형태로 나아가는 길을 닦았다. 그러나 그것은 또한 보다 자발주의적인 형태의 민족주의에도 영향을 미쳤다.[10]

생물학과 문화

이것은 원초주의의 한 형태로서 유기적 민족주의의 한 형태이다. 좀 더 최근에 우리는 두 개의 다른 원초주의가 등장하는 것을 보고 있다. 첫 번째 것은 사회생물학적인 행태로 그것은 민족이나 종족 집단, 인종을 개인 속에 내재하는 유전적인 재생산 충동에, 또 개인들의 유전자 풀을 최대로 하기 위해 '족벌주의'나 '내포적 적합화' 전략을 사용하는 것에 귀착시킬 수 있다고 주장한다.

피에르 판 덴 베르허에게 이 전략들은 개인의 유전자 풀을 직접적인 친족관계를 넘어서서 보다 넓은 종족적 집단으로 확대하기 위해 사용된다. 이 경우에 문화 집단은 보다 넓은 친족 네트워크로 취급되며 문화적 상징들(언어, 종교, 피부색 등)은 생물학적 친연성의 표시로 사용된다.

10 민족주의적 자연주의와 본질주의에 대한 비판은 Penrose(1995)를 보시오. 또한 Brubaker(1996 : 1장)를 참고하시오. 그리고 민족주의에 대한 구성주의적이고 여성주의적인 비판은 Yuval-Davis(1997)를 보시오.

판 덴 베르허에게 이것은 매우 합리적인 선택이다. 왜냐하면 종족적 기원에 대한 신화들은 대부분 실제의 생물학적 기원과 일치하기 때문이다. 이것은 왜 직접적 관계가 없는 사람들이 면식 없는 종족 구성원들을 '친족'으로 받아들일 준비가 되어 있으며, 마치 친족이나 되는 듯이 돌보고 지킬 준비가 되어 있는가를 설명해 준다(Van den Berghe 1978, 1995).

이런 설명에는 여러 어려움이 따른다. 가장 분명한 것은 개인의 재생산적 행동의 수준을 집단적이고 정치적인 행위의 수준으로 일반화하는 문제이다. 확대 가족의 경우에도 그 규모는 몇몇 경우를 제외하면 정치적으로 의미가 있기에는 너무 작다. 또 대규모의 사회정치적 발전을 어떻게 개인이나 친족의 행위에 의해 설명할 수 있는지도 알 수 없다.

이와 관련한 두 번째의 어려움은 기원의 신화는, 그것이 추적될 수 있다고 주장하지만, 실제의 생물학적 기원과 별로 관계가 없다는 것이다. 워커 코너가 밝혔듯이(Connor 1994 : 202) 기원의 신화는 일반적으로 우리가 실제의 혈통으로 알고 있는 것과는 일치하지 않는다. 전형적인 모습에서 민족은 여러 종족적 혈통과 기원이 있는 것으로 보인다. 그러나 기원과 혈통에 대한 신화는 동의된 것이든 아니면 공적으로 만들어진 것이든 간에 단일한 기원을 이야기한다.

마지막으로, '문화적 기호'의 수준을 도입함으로써 판 덴 베르허는 그의 환원주의적인 생물학적 설명의 엄격함과 순수성을 희석시킨다. 그리고 필연적으로 유전자적 요인의 영향을 감소시킬 것인 문화적 · 사회적 요소들에 훨씬 더 큰 역할을 제안한다.

두 번째의, 그리고 보다 더 영향력 있는 형태의 원초주의는 종족 집단과 민족이 사회적 존재의 '문화적으로 주어진 바'에 대한 애착에 기반을 두고 형성되었다고 주장한다. 에드워드 쉴스와 클리퍼드 기어츠는 산업사회에서조차 어떻게 '원초적' 결속이 세속적이고 시민적인 결속과 함께 움직일 수 있는지를 보여 주었다.

특히 기어츠는 원초적인 결속을, 근대 정치체와 사회의 합리적인 질서 속에 있는 시민적 결속과 비교한다. 그는 아프리카 · 아시아의 신생국가들 속에서 두 가지의 강력한 충동을 찾아냈다. 하나는, 친족, 인종, 언어, 종교, 관습, 영토에 대한 강한 애착이 계속 유지되는 것에 기초를 둔 개인적 정체성이다. 다른 하나는, 효율성과 안정성을 위한 것으로 그것은 그 표현을 새로운 정치 질서의 시민적 결속 속에서 찾는다.

실제로 질서와 효율성에 대한 욕구는 신생국가들의 종족 집단들 안에서 원초적인 애착을 더 심화시킨다. 주권적인 국가권력과 그것의 보호가 그것을 얻기 위해 싸워야 할 새로운 상(償)과 도전이 되기 때문이다(Shils 1957 ; Geertz 1973).

오늘날 '원초주의'는 고정성, 본질주의, 자연주의라는 경멸적인 의미를 갖게 되었다. 이 이미지는 부분적으로는 원초주의와 유기적 형태의 민족주의를 부당하게 결합시킨 데에서 나온 것이다. 또 부분적으로는 기어츠의 유명한 글인 「통합 혁명」을 잘못 읽은 데서도 비롯했다. 종족적 애착과 민족이 사회적 존재의 '문화적으로 주어진 바'에서 나온다고 주장함으로써, 또 많은 사람들의 '자아 감각이 혈통과 인종, 언어, 지역성, 종교 또는 전통의 모든 현실성과 결합해 있다'고 주장함으로써 기어츠가 유기적 자연주의를 껴안고 있는 것은 아니다. 왜냐하면 바로 뒤에 그는 그 주장에 대해 제한을 가하고 있기 때문이다.

> 원초적 애착이란 '주어진 바'에서 나오는 것을 의미한다. 보다 정확하게는 문화가 필연적으로 그런 것들과 관련되므로 사회적 존재의 가정된 '주어진 바'에서 나온다. …… 혈통과 언어, 관습 등의 이 일치는 말로 표현할 수 없을 만큼 신성한, 그리고 때로는 압도적인 강제성을 그 자신 안에, 또 그 자신

에게 갖고 있는 것으로 보인다.(Geertz 1973 : 259~260)

이 구절에서 '가정된'이나 '보인다' 같은 단어나, 문화에 대한 언급은 원초적인 애착이 기어츠에게 개념이나 믿음에 의존해 있다는 것을 말해 준다. 또 그것들을 '주어진' 것으로, 강력한 것으로 만드는 것이 이 애착의 본질적인 성격이 아니라고도 말해 준다. 오히려 이 결속을 주어진 것으로 보고 그것에게 압도적인 강제성을 부여하는 것은 인간 존재이다.

기어츠가 주장하는 것이지만 원초주의의 공헌이 그렇게 중요한 것은 우리가 개인이나 또 집단의 성원으로서 우리 종족과 민족의 원초성 ―그 자연성, 장구성, 힘― 을 느끼고 믿고 있기 때문이다. 만약 우리가 이 믿음과 느낌을 무시한다면 우리는 종족성과 민족주의 영역의 설명에서 중심적인 문제의 하나를 회피하게 된다.

민족과 민족주의의 어떤 이론도 부딪히는 하나의 핵심 문제는 왜 그것들이 그렇게 많은 열정과 강한 애착을 불러일으키는 것인가 하는 것이다. 이 질문에 대해 답하기 위해 원초주의자들은 이 애착의 지속성, 명백한 강제성과 함께 우리가 '참여자들의 원초주의'라고 부를 수 있을 것을 고려할 필요가 있음을 지적한다.

이것은 참여자들이 그들의 집합적 · 문화적 정체성의 원초적인 성격에 대해 갖는 생생한 느낌이다. 그러나 그것은 엘러와 쿠글런이 지적한 것과 같이 그 자체로는 답변이 아니다. 우리는 왜 그렇게 많은 사람들이 이 원초성의 감각을 함께 가지고 있으며 그런 애착을 느끼는지를 알 필요가 있다. 이것은 종족적 애착의 선험적인 성격이나 감정적인 내용에 대해서 주장하는 것이 아니라 합리적 · 경험적인 분석을 필요로 한다.

이에 대한 답변으로 스티븐 그로스비는, 사람들은 그 애착의 감정을 그런 집단성이 지닌 생을 고양시키는 성격, 친족이 지닌 생을 유지시키는 자산, 보다 특수하게는 영토에 대한 믿음 위에 기초하게 한다는 흥미로운 주장을 펴고 있다.

이것은 사고를 자극하는 주장이기는 하나 단지 어떤 한 방향만을 가리킬 뿐이다. 그 자체로 그것이 여러 종류의 문화 공동체에 대한 역사적 · 사회학적인 설명을 하지는 못한다. 또 시간에 따른 변화도 설명하지 못한다.

이런 패러다임은 또 사람들이 어떤 역사적 집합성에 대해서는 그렇게 애착을 느끼지만 다른 것에 대해서는 왜 그렇지 않은지(예를 들어 프로이센보다는 독일), 그리고 그런 애착들의 범위나 강도, 시간에 따른 차이를 설명하지는 못한다.[11]

도구주의적인 비판

여기가 바로 도구주의적 접근이 도와줄 수 있는 부분이다. 도구주의적 접근은 원초주의처럼 민족이나 민족주의보다는 종족성의 관점에서 연구가 시작되었다. 그것은 1960년대와 1970년대에 미국에서 세력을 확보했는데 그것은 효과적인 멜팅폿이라고 상상되었던 나라에서 (백인들의) 종족성이 계속 유지되는 것과 관련된 논의를 통해서이다.

윌 허버그는 프로테스탄트, 가톨릭, 유대교라고 하는 미국 안의 세 멜팅폿에 대해 이야기했고 네이선 글레이저와 대니얼 모이니핸은 왜 뉴욕의 여러 종족 집단들이 미국적인 생활양식에 적응하면서도 그들의 정체성을 유지하는가를 보여 주었다.

이것은 1970년대에 정치 시장(市場)에서 미국의 종족 집단들을 —이 집

11 원초주의에 대한 소개는 Stack(1986 : 서론)를 보시오. 생을 고양시키는 힘으로서의 영토라는 생각은 Grosby(1995)에 의해 제시되었다. 원초주의에 대한 Eller와 Coughlan(1993)의 비판과 그에 대한 Grosby(1994)의 응답, 그리고 그에 대한 A. D. Smith(1998 : 7장)의 논의를 참고하시오.

단들은 다음 세대에는 점점 더 그 문화적 독특성을 잃어버리고 그것을 대체로 상징적이거나 취사선택할 수 있는 것으로 취급할 것이다— 어느 정도로나 도구주의적으로 행동하는 이익집단이나 압력집단으로 보아야 하느냐 하는 문제를 둘러싼 활발한 논의를 불러일으켰다.

이것이 의미하는 것은 그것들이 사회계급보다 더 효과적이라는 것을 발견한 종족 지도자나 엘리트들이 그들의 문화적 집단을 권력이나 자원을 위한 경쟁에서 대중 동원을 위한 장소나 유권자들로 이용했다는 것이다.[12]

이리하여 얼마 안 가 민족 형성의 논의에 도구주의적 접근법이 사용되었다. 특히 분명한 한 가지 예는 파키스탄의 기원에 대한 폴 브래스와 프랜시스 로빈슨 사이의 생산적인 논쟁이다. 브래스는 무슬림의 이해관계에 반하는 영국 정책에 대해 무슬림 엘리트들이 인도 서북부의 무슬림 대중을 동원하기 위해 이슬람교의 상징적 자원들을 조작하는 가운데 파키스탄이 탄생했다고 주장한다.

로빈슨은 다르게 본다. 그는 이미 존재하고 있던 무슬림들의 애착과 이데올로기(특히 움마)가 무슬림 엘리트들에게 북서 연합주들과 벵갈의 무슬림들이 보다 큰 자율성을 얻음으로써 무슬림 공동체와 문화를 지키도록 설득했다고 생각한다.

그러나 이 상황에 대한 두 해석의 차이는 보기보다는 작다. 예를 들어 브래스는 특히 풍부한 문화적 유산과 제도적 틀(예를 들어, 종교적 틀)이 존재하는 곳에서의 기존 전통의 중요성을 인정했다. 또 로빈슨은 무슬림 엘리트들의 행동 속에 나타나는 정치적 합리성을 조심스럽게나마 주장했다 (Brass 1979와 1991 ; Robinson 1979).

12 미국에서의 종족성과 도구주의에 대한 문헌은 매우 많다. 특히 Herberg(1960) ; Glazer와 Moynihan(1963 : 서론) ; Bell(1975) ; Gans(1979) ; Okamura(1981) ; Scott(1990)을 보시오.

그럼에도 다른 한편에서 도구주의적 접근은 엄격한 근대주의 패러다임을 지지하는 데 사용될 수 있다. 이것은 존 브릴리가 민족주의 정치 이론에 대해 쓴 글에서 그 예를 볼 수 있다. 이것은 다음 장에서 좀 더 상세히 다루겠지만 여기에서는 우선 그의 방법론적인 목적에 대해 살펴보자. 그는 이것을 『민족주의와 국가』의 1993년도 개정판의 마지막 장에서 다루고 있다.

민족주의에 대한 그의 정의가 문화에 대해 언급하고는 있으나 브릴리는 민족주의를 규정하는 성격으로서의 문화적 정체성이라는 생각은 거부한다(그는 민족주의를 엄격하게 정치적이며 근대적인 현상으로 보았다). 왜냐하면 그것이 우리를 '어디에 귀속시키려 하는' 비합리적인 원초주의로 끌고 갈 수 있다고 생각하기 때문이다. 그럼에도 그는 민족주의가 '그 힘의 많은 부분을 그것이 구현하고 있는 절반의 진리'에서 끌어낸다는 점은 인정한다.

> 사람들은 공동체에 속하기를 염원한다. 또 그들은 우리와 다른 사람들을 나누는, 고토로서의 영토에 대한, 그리고 그들의 삶에 의미를 부여하는 문화적으로 정의되고 구획된 세계에 속한다는 강렬한 감각이 있다. 결과적으로 이것의 많은 부분은 합리적인 분석을 넘어선다. 또 역사가의 설명 능력을 벗어나는 것이라고 나는 믿는다.(Breuilly 1993 : 401)

아마도 그럴 것이다. 그러나 브릴리의 의견에 따를 때 그 결과는 민족주의 개념의 의미 범위를 순수하게 정치적 —그리고 엄격히 도구적— 사용법으로 제한하는 것이다. 민족주의는 단순히 하층 엘리트가 근대국가에서 권력을 장악하고 유지하기 위해 그것을 가지고 대중을 동원할 수 있고 다양한 사회 집단의 이해관계를 조정하고 그들의 행위를 정당화할 수 있는 논의가 된다.

그것은 성격이 분명하고 독특한 민족이 존재하고, 그 이해관계와 가치는 다른 모든 것에 대해 우월하며, 민족은 가능한 한 독립적이어야 한다고 말하는 순수하게 정치적인 논의이다. 브릴리에게 민족주의는 정체성, 통일, 진짜임, 위엄, 조국 등에 관한 이야기가 아니다. 그것은 단지 근대국가의 정치적 목적인 정치권력에 관한 것일 뿐이다.

민족주의는 단순히 정치적 목적을 달성하기 위한 도구이며 그러므로 그것은 근대적 상황 속에서만 등장할 수 있다. 그 외의 모든 것은 합리적인 분석의 울타리를 넘어선 것이다(Breuilly 1993 : 2).

합리성, 근대성, 정치의 이 삼위일체는 도구주의에서 계속 나타나는 특징으로 논의의 폐쇄성을 보여 준다. 그래서 다른 접근법들의 정당성을 부정하고 근대주의 이외의 모든 패러다임을 부적합한 것으로 판정한다.

그러나 실제로 이런 자기부정적인 규정은 정밀하게 따져 보아야 하는 합리적 분석의 근거를 없애는 데만 기여하는 것은 아니다. 그것은 오늘날 그렇게 많은 근대주의자들이 제시하는 위에서 아래로의, 엘리트가 이끄는 합리적인 선택의 정치적 모델보다 훨씬 더 많은 것을 탐구할 근거를 없애 버린다.

종족–상징주의

그런 대안적 접근 가운데 하나가 '종족-상징주의적' 패러다임에 의해 고무된 사회-역사적, 그리고 문화적 접근법이다. 이것은 이 영역 연구에서 주된 네 개의 패러다임 가운데 마지막 것이다. 아마 다섯 번째라고도 할 수 있을 포스트모더니즘적 접근은 아직 패러다임이라는 말을 붙이기에는 너무 파편적이고 큰 틀만 있으므로 이 책의 마지막 장에서 다루려고 한다.

종족성과 민족주의에 대한 근대주의, 영속주의, 원초주의적 패러다임과 달리 역사적 종족-상징주의는 종족의 지속성, 민족의 형성, 민족주의의 영향과 관련해 특히 주관적인 요소들에 초점을 맞추고 있다.

이것은 그것이 '객관적'인 요소들을 당연한 일로 받아들인다든가 그것을 분석의 범위에서 배제한다는 것을 의미하는 것은 아니다. 그것은 단지 기억, 가치, 감정, 신화, 상징의 주관적인 요소들에 더 큰 비중을 두고 그에 의해 종족성과 민족주의의 '내적인 세계'로 들어가 이해할 것을 추구한다는 것을 의미한다.

종족-상징주의적 관점에는 여러 개의 관심사가 있다. 첫 번째 것은 근대주의를 특징짓는 배타적으로 엘리트 중심적인 분석에서 벗어나는 것이다. 이와 반대로 종족-상징주의는 다양한 엘리트들과 그들이 대변하려고 하는 하층계급(민중) 사이의 관계를 강조한다. 그러나 이것은 일방통행적 관계는 아니다. 비엘리트층은 부분적으로는 그들의 문화적 전통을 통해, 부분적으로는 자국어를 통한 동원을 통해, 어떤 문화적 변수들 안에 그 혁신을 제한시키고 또 그들의 문화적 기획과 정치적 목적을 위한 주제와 참여자들을 제공함으로써 인텔리겐치아와 정치 지도자들, 그리고 부르주아지에게 영향을 준다.

그 좋은 예가 존 허친슨이 잘 연구해 놓은 19세기 말 아일랜드의 지적이며 대중적인 게일 부흥 운동이다(Hutchinson 1987 : 4~5장). 여기에서 농민과 가톨릭 하층계급의 전통들이 아일랜드 지식인들의 부흥 운동에 매개변수와 문화적 원재료를 제공한다.

두 번째의 공통 관심사는 장기적인 분석이다. 이는 장기간에 걸친 사회적 문화적 패턴을 분석하는 것이다. 여러 세대나 세기에 걸친 연구를 수행함으로써만 학자들은 과거, 현재, 미래의 복잡한 관계와 역사 속에서의 종족과 민족의 위치를 밝혀 낼 수 있다.

이것이 우리들로 하여금 과거의 조건과 정치에서 현재의 집단적인 목적과 민족주의적 열망을 읽는 '회고적 민족주의'의 시대착오를 피할 수 있게 한다. 이와 함께 이전 시대를 특징짓는 많은 다양한 형태의 집단적·문화적 정체성에 대해서도 올바른 판단을 하게 할 것이다.

무엇보다도 종족-상징주의적 접근은 역사 기록상에 나타나는 많은 단절과 비연속성을 인정하면서도 과거의 집단적 정체성들이 민족의 흥기에 미치는 영향에 관심을 돌려 줄 것이다.[13]

셋째로, 이것은 민족과 민족주의의 흥기에 대한 분석이 과거의 집단적 문화적 정체성, 특히 종족적 공동체인 에트니의 틀 안에 놓인다는 것을 의미한다. 그러나 종족에 대한 민족의 관계는 복잡하다. 거기에는 단순한 일직선적인 발전은 없다. 한 시각에서 민족은 종족의 특수화된(영토화되고, 정치화되고 대중적이 되는 등의) 형태로 보인다. 다른 시각에서 보면 민족과 종족은 서로 공존하거나 경쟁하는 집단적·문화적 정체성의 두 형태이기도 하다. 이것은 민족이라는 정치 공동체의 울타리 안에 여러 종족들이 함께 거주하는 경우 자주 일어나는 일이다.

이 패러다임에서 민족주의와 민족은 근대성에 배타적으로 묶여 있기는커녕 내가 앞의 제1장에서 민족의 개념을 정의하며 제시했듯이 집단적 정체성과 열망의 보다 넓은 종족-문화적 '군(群)'의 일부분이다.

이것은 또한 왜 민족주의자들이 그렇게 자주 그들과 깊은 문화적 연속성이 있는 것으로 주장하는 선조들에게서 문화적·상징적 저장고를 재발

13 이것은 John Amstrong(1982)이 전근대 이슬람 문명과 기독교 문명에서의 종족적 정체성에 대한 개척적 연구에서 특별히 관심을 보인 부분이다.

견하고 거기에 호소하려 하는가를 설명해 줄 것이다.[14]

여러 사람들이 함께 갖고 있는 다른 중요한 관심사는 집단적 열정과 애착의 문제이다. 근대주의자들은 보통 이 문제를 언급하지 않거나 일반적으로만 다룬다. 영속주의자들은 이것을 문제로 다루지조차 않는데 그것은 어느 곳에서나 민족이 지속되고 다시 나타난다고 가정하기 때문이다. 그러나 종족-상징주의자들은 그것을 종족성과 민족주의를 이해하기 위한 핵심 문제로 간주한다.

기껏해야 형이상학적 답변만을 내놓을 원초주의자들과는 달리, 종족-상징주의자들은 그렇게 많은 사람들이 그들의 종족 공동체와 민족에 대해 품고 있는 지속적인 감정적 애착과, 광신적인 테러리즘에 몸을 바치게 하는 힘에 대한 역사적 · 사회학적인 설명을 제시한다.

마지막으로, 종족적 · 민족적 정체성의 대중적이며 도덕적 · 감정적 차원에 대한 관심 때문에 종족-상징적 접근은 우리가 이 집단적인 문화 정체성의 지속과 변화를 파악하는 것을 도와준다. 민족 정체성을 그 이전의 종족적 결속과 관련지음으로써, 그리고 공유하고 있는 상징, 신화, 기억이라고 하는 주관적 차원의 영향을 보여 줌으로써, 종족 상징주의는 근대 민족들이 오늘날 그렇게 많은 사람들에게 행사하는 지속적인 힘을 이해할 수 있게 해준다.

같은 이유로, 종족-상징적 패러다임은 현재 빈발하는 종족적 갈등의 강도와 내용에 대해 보통의 경제적 · 정치적 설명과는 다른 대안적인 설명들을 고무할 수 있다. 이 대안적인 설명은 아요디아에 있는 모스크를 둘러싼 무슬림과 힌두교도의 충돌, 얼스터의 오렌지 교단 행진, 그리고 예루살

14 종족성과 민족의 이 '양파 껍질 같은' 성격에 대한 고전적인 초기의 분석은, 식민지 시대의 나이제리아에 대한 상세한 연구를 통해 이를 수행한 Coleman(1958, 특히 부록)을 보시오.

렘의 지위 같은 매우 파악하기 어려운 핵심적인 상징적 문제들을 이해할 수 있게 해준다.

왜냐하면 '종족-상징주의는 그 이름이 시사하듯, 분석의 초점을 순수하게 외적인 정치적 · 경제적 또는 사회동물학적 요소로부터 상징, 기억, 신화, 가치, 전통이라는 문화적 요소들로 옮겨 주기 때문이다.[15]

다른 패러다임과 마찬가지로 종족-상징주의에도 여러 형태가 있다. 존 암스트롱은 비록 그가 민족주의의 분수령인 1800년을 기준으로 그 전후의 민족을 구분하기는 하지만, 민족과 종족적 정체성 사이의 구분을 낮추어 보는 좀 더 영속주의적 입장에 기울어 있다. 이것은 부분적으로는 암스트롱이 현상학적인 설명을 하기 때문인데 그것은 종족적 정체성을 지각, 감정, 태도의 변화하는 덩어리로 보기 때문이다. 동시에 그는 프레드릭 바스가 시작한 문화적 · 상징적 경계 분석을 받아들인다. 그리고 종족의 지속성을 이해하기 위해 장기에 걸친 '신화-상징 복합체'에 대한 연구 필요성을 강조한다(Armstrong 1982와 1995를 보시오. Barth 1969 : 서론).

반면에 존 허친슨은 근대의 문화적 형태의 민족주의를 정치적 형태의 민족주의와 구분하는 보다 베버적인 접근법을 채용한다. 그리고 문화적 형태의 민족주의가 지닌 역학을 밝힌다. 그는 또한 전근대의 종족 재생과 근대 민족주의에서 과거가 하는 역할에 대해 관심을 두고 있다. 그리고 신화, 기억, 상징이라는 전근대적 문화의 저수지가 제도에 의해 근대로 '옮겨질 수 있는' 방식에도 관심이 있다.

나 자신의 분석은 세 번째 문제인 역사에서의 민족의 성격 및 역할과 관

---

15 그럼에도 주관적인 요소들은 과대평가되어서는 안 된다. 종족은 종족-상징주의자들에 의해 사회학적 분석을 필요로 하는 사회문화적 구성물로 취급된다. 그것들은 담론적인 구성물이 아니라 느껴지고 행위되는 현실을 만든다. 행위의 형태로서의 민족주의에 대해서는 Beissinger(1998)를 보시오.

련되어 있다. 나는 민족주의와 그 이데올로기, 그 운동과 상징의 근대성과 함께 대부분의 민족이 근대에 만들어졌다는 사실을 인정한다. 그러나 최소한 몇몇 경우에는 민족주의 이전에 민족이 존재했을 가능성과 그 의미에 관심이 있다. 그러나 일반적으로 나의 접근은 과거 전근대의 종족적 결속과 종족이 후대의 민족과 민족주의에 영향을 주고, 어떤 경우에는 그 기초를 만든 방식에 초점을 맞추고 있다(Hutchinson 1987과 1994; Smith 1986과 1991).

결론

종족-상징주의는 그와 경쟁이 되는 근대주의와 영속주의 패러다임에 대한 불만족, 원초주의적 설명의 실패에서 비롯한 것이다. 만약 한편에서 민족이 기억할 수 없을 정도로 오랜 것이 아니고 또 재발하는 것이 아니라면, 또 다른 편에서 민족이 모두 최근의 새로운 것이 아니라면, 자주 언급되는 민족과 민족주의의 이중성인 야누스적 성격을 포괄하고 그것을 정당하게 대접해 주는 다른 패러다임을 찾는 일이 필요하게 될 것이다.

그런 패러다임은 외적인 정치적 · 지정학적 · 경제적 요소들을 소홀히 하지는 않지만 주관적인 상징적 · 사회문화적 요소들에 초점을 맞출 것이고 보다 미묘한 관점과 접근을 고취할 것이다. 그리고 그럼으로써 너무나 자주 파악할 수 없는 것으로 치부되는 종족적 정체성, 신화, 기억의 중요한 문제들을 제기할 것이다.

영속주의도 근대주의도, 민족주의의 내적인 세계에 들어서려고 하지는 않는다. 그러나 종족-상징주의자들이 보기에 거기에 초점을 두지 않고는 다른 사람들의 민족주의를 이해할 가능성이 없으며 결과적으로 그들의 갈등에 불을 붙이는 불만과 감정들에 대해서도 이야기할 수 없다.

네 패러다임을 지지하는 사람들 사이의 논의는 지금까지 이론과 역사라는 두 수준에서 이루어졌다. 간략히 말하면 네 패러다임 가운데서 근대주의자들은 이론에 강하나 역사에는 취약하다. 반면 영속주의자들은 역사에는 강하나 이론에는 약하다. 원초주의는 이론에서 결점이 있거나 이론이 아예 없다. 그것은 환원주의(사회생물학적인)이거나 대체로 추상적, 또는 비역사적(문화적 원초주의)이다.

종족-상징주의자들은 접근 방법만 발전시켰을 뿐이지 이론을 발전시키지는 못했다. 그러나 그들은 사람들이 기대하듯이 거시사와 그 사회문화적 요소들에 관심이 있고 그래서 내가 보기에는 다른 주된 패러다임 옹호자들의 잦은 일방적 주장에 대해 필요한 교정책을 제공한다.

04

이론

NATIONALISM

THEORY

IDEOLOGY

HISTORY

이 장에서 나는 네 가지 패러다임의 신봉자들이 제시한 민족주의의 여러 설명과 그것들이 만들어 낸 문제와 논의들을 검토하려 한다. 이렇게 방대한 연구 영역에서는 어떤 포괄적인 시도도 가능하지 않다. 그러나 나는 이렇게 문제를 선택적으로 다루면서도 이 영역의 주된 문제들이나 논쟁의 선에 대해 몇 가지 생각을 제시할 수 있기를 희망한다.

모든 주된 설명들을 차례대로 이야기하기보다 나는 그것들을 상상의 '토론' 형태로 보여 주려고 한다. 이런 방식으로 나는 민족주의에 대한 1960년대 이후 최근 연구들의 혁신적이고 활력 있는 모습을 보여 주고, 서로 다투는 입장들의 윤곽을 생생하게 드러내려 한다.

이데올로기와 산업주의

사회동물학의 주장들을 제외하면 이 영역에서는 매우 최근까지도 하나의 이론밖에 없었다.[1] 그 이론은 1964년에 어니스트 겔너가 『사상과 변화』 제7장에서 제시한 것이다. 그의 이론은 그가 인류학적 현장 조사를 한 모로코에서 홍기하던 민족주의에 대한 경험적 관찰에서 나온 것이기도 하나 그의 런던경제대학 동료인 엘리 케두리에 대한 지적 도전이기도 하다.

케두리는 민족주의를 '19세기 초에 유럽에서 발명된 원리'라고 주장했다(Kedourie 1960 : 1). 보다 정확하게는 1806~1807년에 독일에서 요한 고틀리프 피히테가 한 '독일 민족에게 고함'이라는 유명한 강연에 의해 만들어졌다는 것이다. 그것의 원인은 지적(知的)이기도 하고 사회적이기도 하다. 한편에서 민족주의는 독일 낭만주의자들에 의해 설교된 의지의 원리이다. 그것은 이마누엘 칸트가 말하는 의지의 자율성이라는 이상을 집단화한 것이고 그것을 문화적 집단, 특히 언어 집단에 적용한 것이다. 이것은 문화적 다양성에 대해 요한 고트프리트 헤르더가 가졌던 관심의 초점이기도 했다.

케두리가 보기에 칸트가 자유의지로서의 선한 의지를 강조한 것이나 헤르더가 토착 문화 집단의 진정한 경험에 헌신한 것은 도덕적 · 지적 확실성을 합리주의적으로 추구하는 계몽사상의 산물이었다.[2]

다른 한편에서 민족주의는 전통이나 그들의 선조와 사이가 틀어졌고, 계몽주의 교육을 통해 권력이 자신들의 몫이라고 생각하나 관료적 절대

1 최근에 마이클 헤치터(2000)는 간접 지배에서 직접 지배로 이행한 결과와 관련하여 하나의 민족주의 이론을 발전시켰다. 이는 전체적으로 근대주의적인 패러다임 안에서 합리적 선택을 정치 구조적 접근과 결합한 것이다. 다른 최근의 접근들은 제6장에서 다룬다. 그들 모두는 여러 방식으로 거기에서 벗어나려 하지만 근대주의 패러다임 안에 머문다.

2 케두리에게 칸트와 헤르더의 원리는 확실성과 완전성을 추구하는 계몽사상의 산물이었다. 그러나 실제로 문화적 다양성과 진정성에 대한 헤르더의 사상은 루소의 자연주의와 함께 계몽사상의 합리주의와 보편주의에 대한 비판을 대변한다. Bernard(1969)와 Berlin(1999 : 3장)을 보시오.

주의에 의해 그 권력에서 배제된 독일과 유럽의 지식인들이 느낀 불안과 소외에 대한 전복적이고 혁명적인 응답이었다.

케두리에게(1960) 민족주의는 소외된 젊은이들, 즉 '아이들'의 십자군이었다. 그렇게 태어난 원리가 징조가 좋을 수 없었다. 그리고 결국 좋지 않게 끝났다. 방향을 잃은 지식인들의 천년지복설적인 민족주의는 그 결과로, 특히 인종적으로 혼합된 지역에서 테러와 파괴만을 가져왔을 뿐이다.

겔너는 케두리의 주장 가운데 몇 가지를 문제 삼았다. 먼저, 그는 민족주의의 주된 설계자의 자리에서 칸트를 빼냈다. 칸트가 말하는 선의의 자율성은 개인에게만 적용되는 것이지 집단에게 적용되는 것은 아니었다.

두 번째로, 그는 민족주의를 보다 긍정적인 관점에서 보았다. 즉, 확실히 그것 자체를 평가하는 면에서가 아니라 ―겔너는 그것을 거부했다― 사회 발전을 위한 이데올로기적 도구로 보았다.

세 번째로, 비판적인 지식인들이 그 운동의 지도자들인 것은 틀림없으나 그들은 하층계급인 프롤레타리아의 지지를 필요로 했다. 겔너가 말하는 프롤레타리아트는 농촌에서 쫓겨나 도시로 이주하여 빈민촌에 사는 농민들이다.

마지막으로, 그는 케두리가 민족주의가 근대적이라고 주장하는 것에는 동의했으나 그것은 우연적인 것도 아니고 '발명'도 아니라고 생각했다. 대신 그것은 18세기 이후에 세계의 모든 사회들이 연관된, 근대성으로 이행함에 따른 필연적인 결과였다. 따라서 민족주의는 근대 세계에서 논리적으로는 우발적이나, 사회학적으로는 필연적이었다(Gellner 1964 : 7장).

겔너는 다음에 그것이 왜 그렇게 되었는가에 대해 자신의 이론을 제시했다. 산업화와 그 사회적 · 문화적인 부수물인 근대화는 신석기 혁명이 8,000년 전에 그랬던 것처럼 모든 사회들을 변화시키고 있었다. 그것은 새로운 형태의 산업사회를 만들어 내고 있었다. 그리고 그것은 의미론적 노동과, 문맥에서 자유로운 의사소통에 종사할 수 있는 유동적이고 문자를 해득하고 셈을 셀 수 있는 노동력을 필요로 했다. 그 이전의 농업사회에서 문자 해득은 소수에게만 제한되어 있었고 인간들은 자주 친족 관계에 기초한 역할과 제도의 구조에 묶여 있었다. 그러나 근대의 산업사회에서는 문화가 구조를 대치했다.

그것은 '언어와 문화'가 원자화된 사회의 새로운 결합제가 된 사회이다. 그리고 그것은 또한 산업적 기계에 통합되어야 하고 그의 새롭고 유일하게 받아들일 수 있는 정체성이라는 것이 문자 해득과 문화에 기초한 시민권인, 뿌리 뽑히고 전통에서 벗어난 개인들의 사회이다.

그러므로 근대화는 전통과 전통 사회를 침식해 들어간다. 그리고 언어와 문화를 정체성의 유일한 기초로 만든다. 겔너는 오늘날 '우리는 모두 사무원이다'라고 말한다. 그리고 사무원과 시민이 되기 위해서는 국가에 의해 제공되는 새롭고 대중적이고 강제적이며 표준화된 공공 교육체계 속에서 교육을 받아야 한다(Gellner 같은 곳).

그러나 근대화의 거대한 물결에는 다른 어두운 측면도 있다. 그것이 중심부인 서유럽에서 시작하여 다른 곳들을 휩쓸며 모든 지역들에 다른 시간대에 다른 비율과 강도로 충격을 준다. 그리고 그 운동의 고르지 않은, 들쑥날쑥한 성격에 따라 지역들을 나눈다.

그것은 또한 사람들도 큰 도시의 중심부에 사는 오래된 거주자들과, 주거 · 고용 · 교육 같은 활력 있는 도시의 자원들로부터 점점 더 배제되는 새로운 프롤레타리아트로 나눈다. 이 상태에서 만약 배제된 사람들이 오래된 거주자들과 언어와 문화가 같다면 그에 따른 불만이 아마도 계급 갈등을 가져올 가능성이 있다.

그러나 그렇지 않고 만약 신참자들이 옛 도시 거주자들과 피부와 언어, 종교가 다르다면 계급 갈등에 종족적 적대감이 덧붙여질 것이다. 이런 상황에서 프롤레타리아 신참자들은 자기네와 문화가 같은 인텔리겐치아들이 기존의 민족에서 떨어져 나가 완전히 새로운 민족을 만들자고 외치는 소리에 귀를 기울이게 될 것이다. 이 지점에서 두 개의 민족주의는 분할선 양쪽에서 두 개의 민족을 만들어 낸다. 그래서 그 화려한 수사 밑에서 민족주의는 객관적으로 필요하고 실용적인 프로그램이 된다(Gellner 같은 책 제7장 ; 또한 Gellner 1973을 보시오).

겔너는 나중에 그의 이론을 몇 가지 방식으로 재구성했다. 첫째, 그는 왜 전근대 시대에는 민족이나 민족주의가 있을 수 없는지를 보여 주었다. 소규모의 엘리트들이 다스리는 '농업-문자 해득' 사회에서 그들은 자신 밑에 있는 식량 생산자의 대중들과 다른 문화를 갖고 있는 한 그런 것이 필요 없었을 뿐 아니라 쓸데도 없었다. 또 그렇게 할 이유도 없었다. 대중들도 또한 여러 언어문화 집단으로 나뉘었으므로 그들의 불만이 민족적 형태를 취할 수는 없었다. 문화를 독점하려는 욕구를 가진 유일한 계층인 성직자들조차도 그렇게 하기에 충분한 자원이 있지는 않았다(Gellner 1983).

두 번째로, 그는 산업사회를 특징짓는 문화 형태를 보다 상세히 설명했다. 여기에서 그는 엘리트 문화가 아니라 문자 해득적이며 표준화된 공공의 '정원' 문화라는 의미에서 '고도 문화'라는 용어를 사용했다. 이것은 전문가들에 의해 지원을 받는 '외부-사회화', 즉 공공 교육체계이다. 이것을 그는 전근대 사회를 특징짓는, 그리고 근대적 조건에서는 살아남을 수 없는 많은 야생의, 교화되지 않은 '저급' 문화와 대비시켰다. 그것들은 고도 문화 속으로 합쳐지든가 사라져야 했다.

세 번째로, 겔너는 민족주의적 이데올로그들의 주장을 비웃는 것을 통해서만이 아니라, 민족과 민족주의가 사회학적 · 역사적으로 새롭다는 것을 강조함으로써 영속주의자들이나 원초주의자들과 자신을 날카롭게 구분했다. 민족과 민족주의가 기존의 (전근대) 문화들로부터 나오는 요소들을 이용할 수 있을지는 몰라도 실제로 그것들을 필요로 하지는 않는다는 것이다. '민족주의가 사용하는 문화적인 실이나 천 조각들은 자주 인위적인 역사적 발명품이다. 그러므로 어떤 옛날의 실이나 천 조각이라도 똑같이 도움이 되었을 것'이라는 것이다(Gellner 1983 : 56).

그는 이 주제에 대한 마지막 공개 강연에서 같은 이야기를 보다 강한 어조로 했다. 민족은 18세기에 만들어졌고 그 이전에는 진정으로 중요한 것이 없으며 민족은, 아담과도 같이 배꼽을 가질 필요가 없다는 것이다(Gellner 1996). 이 모든 것은 겔너의 이론의 마지막 형태(1983)가 훨씬 더 물질주의적이고 결정론적인 모습이 되게 만들었다.

산업적 근대성이 필연적으로 민족주의적이 된 것과 똑같이 민족과 민족주의는 이제 산업적 근대성을 위해 필요하고 그것을 위해 기능을 하는 것으로 보였다. 특수한 형태의 사회경제적 양식은 어떤 종류의 문화나 이데올로기를 필요로 하며 그 반대도 마찬가지라는 것이다(역시 Gellner 1997을 보시오).[3]

이것은 톰 네언이 『영국의 분해』에서 취한 입장이기도 하다. 거기에서 그는 발전의 불균등이 민족주의의 원동력이라고 주장했다. 네언에게는 산업화보다는 단지 자본주의의 불균등한 물결이 문제였다. 게다가 자본주의는 그것만으로 주변부에 도달하지는 않았다. 그것은 제국주의의 '족쇄' 속에서 왔다.

중심부의 자본주의적 부르주아는 식민지를 착취하는 데서 서양 강대국의 관리나 군대의 큰 도움을 받았다. 이 공격에 대해 식민화된 주변부의

3 완전한 비판을 위해서는 Hutchinson(1987 : 1장)과 A. D. Smith(1998 : 2장)를 보시오. 겔너의 이론에 대한 최근의 날카로운 비평은 O'Leary(1998)의 것으로 그의 후기 글들을 다루고 있다. 근대주의적 입장에서 겔너의 이론을 본 다른 평가는 Dieckhoff(2000)를 보시오.

엘리트들은 무력했다. 그들은 제국주의자들에게 맞설 총, 부(富), 기술, 숙련을 갖추고 있지 못했기 때문이다. 그러나 그들은 하나의 자산을 가지고 있었으니 그것은 '사람'이다. 그래서 그들은 이렇게 무력한 상황 —이것이 저발전의 진정한 의미이다— 속에서 그들이 풍부하게 가진 그 요소에 호소했으나 그것은 잠재적인 무기일 뿐이었다.

그래서 그들은 사람들을 동원하고 역사 속으로 초대했으며 그 초청장을 그들의 언어와 문화로 쓰고 그들의 '대중적 감정'을 민족 저항운동으로 나아가게 했다. 이것이 왜 민족주의가 항상 대중적이고 낭만적이고 계급을 넘어서는 운동인가, 또 왜 그것이 대중의 종족적인 감정 위에 서 있는가에 대한 이유라는 것이다(Nairn 1977 : 2장과 9장).[4]

그러면 이것은 민족주의의 성격과 이상이 항상 그 사회적 위상과 지정학적 상황에 따른 기능이라는 것을 의미할까? 엘리트들은 대중과 마찬가지로 진정한 힘과 선택지를 갖고 있지는 않으며, 그들의 생각은 지구적인 사회경제적 과정에 의해 최종적으로 결정되는 상황과 관련이 없을까 ?

겔너가 '저발전된 세계의 철학자-왕들은 모두 서양화론자들처럼 행동하고, 모두 나로드니키처럼 이야기한다'고 했듯이 이것은 의심의 여지 없이 근대화 이론이 함축하고 있는 내용이다(Gellner 1964 : 171).

케두리의 이데올로기적 결정론에 대해 근대화 이론은 사회경제적 결정론을 대응시킨다. 특히 겔너에게 이데올로기적 —민족주의 이데올로기— 설명은 대체로 초점이 맞지 않으며 결함이 있는 것으로 보인다. 민족은 미리 예정된 것도 아니고 인간은 민족을 자연적으로 필요로 하지도 않는다는 것이다.

4 그러나 네언의 좀 더 나중에 나타나는 사회심리학적 · 인류학적인 분석은 Nairn(1997 : 특히 서론과 제5장)을 보시오.

민족을 필요로 하고 민족을 자연스럽게 만드는 것은 근대성이다. '민족주의'의 모습으로 필연적으로 나타나는 것이 근대성이고 민족을 만들어 내는 것이 민족주의라는 것이다. '민족주의는 …… 그것이 존재하지 않는 곳에서 민족을 발명한다. 그러나 그것이 작동되기 위해서는 비록 그것들이 순수하게 부정적이라 해도 기존의 일부 구별이 되는 표식을 필요로 한다'(Gellner 1964 : 168).

나는 나중에 이 구별이 되는 표식의 문제로 되돌아올 것이다. 지금은 겔너의 이론에서 이념들, 특히 '(민족주의) 이데올로기들'이 인과적인 연쇄에서 제거되는 방식을 집중하여 다루려 한다.

여기에서의 어려움은 단순히 결정론이 가지고 있는 어려움이나 엘리트의 선택이 결여되어 있다는 사실이 아니라 핵심 요소들과 함께 의미 있고 인과적으로 충분한 설명이 필요한 중요한 단계들이 생략되는 방식이다.[5]

겔너는 민족이 '민족주의'에 의해 만들어진다고 주장한다. 그리고 그것은 근대성, 즉 근대적인 산업주의가 취한 문화적 형태이다. 이 이론에서 민족주의는 필요한 문화적 형태인 '고도 문화'가 된다. 그것은 능동적이거나 지배적 힘을 갖지는 못하며 또 별개의 인과적 역할도 하지 못한다. 그것은 단순히 산업주의를 문화라는 프리즘을 통해 매개한다.

이것이 시사하는 바는 '민족주의'가 어떤 형태이고 어느 정도의 강도인가 하는 것은 중요하지 않다는 것이다. 산업주의가 어떤 민족을 언제 어디에서 만들어 내느냐는 것도 마찬가지이다. 이 모든 것은 '민족주의-일반'의 지구적인 필연성에 비하면 부차적이며 그 필연성을 설명하는 것에 의해 밝혀질 수 없다.

5 1989년 이후 유럽의 최근 민족주의에 대한 설명은 겔너의 이론에 많이 빚지고 있다. Dieckhoff (2000)를 보시오.

그러므로 이 이론은 우리에게 왜 어떤 민족주의가 어떤 민족이나 국가에서는 부드러우나 다른 곳에서는 더 악성이 있으며, 왜 그것이 어떤 민족들을 만들어 내나 다른 민족들을 파괴하는지, 또 왜 우리가 여기서는 종교적 민족주의를, 다른 곳에서는 혁명적 민족주의를, 또 다른 곳에서 인종주의적이거나 파시스트적 민족주의를 만날 수 있는지를 말해 줄 수 없다.[6]

다른 말로 하면 겔너의 '민족주의'는 이 용어에 의해 대부분의 사람들이 생각하는 것과는 거의 또는 전혀 관계가 없다. 사람들은 민족주의를 그 깃발 밑에서 그들의 민족을 위해 통일, 정체성, 자율성을 추구하는 이데올로기와 운동으로 보기 때문이다.

반면 케두리가 이러한 이념과 운동들에 너무 큰 비중을 둔 것은 분명하다. 비록 그가 나중에 아프리카와 아시아의 민족주의적인 글들을 모은 책의 서문에서 이 불균형을 고치려고 하기는 했지만 말이다(Kedourie 1971).

그러나 우리는 다음과 같은 질문을 할 수도 있을 것이다. 민족주의 이데올로기의 메시아적 약속이, 그들 공동체의 전통과 서양의 환상적인 약속 사이에 갇혀 방향을 잃고 소외된 젊은 '주변부 사람들'에게 어떻게 열렬히 받아들여졌는지를 보여 주었을 때 그가 요점을 짚지는 않았을까?[7]

케두리에게 민족주의는 의지의 원리이다. 그러나 겔너에게 그것은 산업주의가 받아들인 문화적 형태이다. 케두리에게 민족주의 이념은 그 자체로 강력하다. 사실 그것은 사람들을 미혹시키고 방향을 잃게 하고 결국

---

6 내가 보기에 근대 민족주의를 신앙 지상주의적인 중세 기독교의 천년지복설에서 끌어내려는 케두리의 시도는 잘못되었다. A. D. Smith(1979 : 2장)를 보시오. 그러나 케두리는 민족주의를 종교와 연결하므로써 민족주의의 여러 변형과 그것이 일으키는 정열에 대한 좀 더 만족스러운 설명의 길을 열었다.

7 헤치터는 예로서 아미시와 집시의 흥미 있는 예를 제시한다. 그 둘은 선택에 의해서건 필연성에 의해서건 상대적으로 폐쇄적인 공동체이다(Hechter 1988 : 275~276). 집시에 대해서는 Kenrick과 Puxon(1972)을 보시오.

자신들을 파괴할 만큼 강력하다.

겔너에게 이념은 그렇게 강력한 힘을 가지고 있지 않다. 민족주의 이데올로기는 단지 산업적 문화의 진정한 작용들을 은폐할 뿐이다. 그리고 만약 사실이 그렇다면 사람들은 민족들의 세계에서 더 많은 통일성, 보다 많은 규칙성을 기대할 수도 있었을 것이다. 특히 민족의 성격이나 그 이데올로기의 내용, 그 결과에서 그렇다.

이것이 명백히 그렇지 않다는 사실은 근대화 이론이 지닌 눈에 띄는 결함이다. 그것은 개인의 역할이나 그들의 이상을 위한 자리를 갖추고 있지 않다. 이 점에서 케두리의 설명은 그 모든 결점에도 불구하고 가치 있는 대안을 제시한다. 그것은 우리에게 민족주의 이데올로기와 지식인들과의 사이에 벌어지는 상호작용에 대해 더 많은 것을 말해 줄 뿐 아니라 더 큰 통찰력을 가져다준다. 또 민족주의의 전파에 대한 그의 확산주의적 테제가 매우 불충분하기는 하나 그것은 유럽 민족주의의 철학적인 배경과 함께, 아프리카와 아시아의 교육받은 젊은 층들의 동기와 상황의 많은 부분을 드러내 준다. 케두리의 설명은 그것이 지닌 이데올로기적 결정론이라는 성격에도 불구하고, 우리에게 사상은 한번 태어나면 그 자신의 삶을 살아간다는 뒤르껭의 유명한 금언을 상기시킨다.

이성과 감성

케두리와 겔너 사이의 논쟁은 근대주의 진영 안에서 실제로 벌어진 일이다. 그러나 아래에서 나는 경쟁적인 패러다임들을 가진 학자들의 다른 입장에서 나오는 나머지 논의들을 상상적인 토론의 형태로 재구성할 것이다.

그런 입장의 차이와 논쟁은 동기의 문제와 관련된다. 특히 사람들이 왜 민족주의자로 느끼고 그렇게 되는지에 대한 문제이다. 마이클 헤치터에게 이것은 대체로 '합리적인 선택'의 문제이다. 그는 초기에는 발전된 서양에서 나타나는 '내부 식민주의'와 관련해 순수하게 구조적인 설명을 했다. 그러나 뒤에는 거기에서 벗어나서 합리적 선택 분석과 그 방법론적인 개인주의에 많이 의존하는 연대성의 일반적인 이론을 받아들였다(Hechter 1988).

물론 '개인들의, 좋아하거나 싫어하는 주체적인 태도'는 어느 정도 그들의 행위를 제약하는 구조 안에서 나타난다. 그러나 이 한계 안에서 개인의 이 합리적 선택 행위의 과정은 비용과 이익의 계산에 따른 것이다. 종족 집단들은 사적으로 상벌을 하고, 정보를 통제하며, 범죄자와 무임승차자에게 제재를 가할 수 있는 연대 집단의 눈에 띄는 예이다.[8]

이런 일반적인 도식이 민족적인 분리나 민족주의적 폭력 같은 문제들을 조명할 수 있을까? 분리란 보통 위험한 행위 과정이다. 그리고 일자리를 얻을 수 있을 전망 같은 사적인 유인만이 중산계급이 그런 대의에 참여하도록 설득할 수 있다. 그리고 그때에조차 분리의 가능성은 자신들이 속해 있는 국가의 힘을 어떻게 이해하는가에 따를 것이다(Hechter 1992 : 273~275).

민족주의적 폭력은 보통 반대 집단에 대한 국가의 억압 기능이다. 따라서 주의 깊게 계산된다. '민족주의적 집단들이 그들의 공동선을 위한 수단으로 폭력을 전략적으로 채용한다는 많은 증거가 있다. 그 가운데서 주

8 그러나 반대 예도 생각할 수 있다. 예를 들어 강력한 이스라엘 국가에 대한 팔레스타인인의 인티파다나 1916년의 부활절 폭동 이후 강한 영국의 억압에 대한 아일랜드 민족주의자들의 반항이 그것이다. 게다가 1980년에 티토가 죽은 후 유고슬라비아에서 종족-민족주의적 폭력의 길을 연 것은 덜 집권화된 집단지도체제로의 이행이다. Ramet(1996, 특히 1부와 4부)을 보시오.

권은 불안하게 다가오는 문제이다'(Hechter 1995 : 62).

헤치터에게 있어 북아일랜드의 경우는 민족주의적 폭력이 제한된 경우를 보여 준다. 취약한 민족주의적 집단이 분리를 막을 수 있는 힘을 가진 강한 국가기구와 부딪치고 있기 때문이다. 폭력은 약화된 국가가 강한 민족주의와 만날 때에만 확대될 수 있다.[9]

이것이 이 문제에 대한 헤치터의 가장 최근의, 그리고 지속적인 주장이다. 여기에서 그는 민족이 통치의 단위(반드시 국가는 아니다)와 일치해야 한다는 원리인 민족주의는, 그것이 직접적 지배를 향한 지구적인 근대화 운동의 한 기능이기 때문에 근대적이라고 주장한다.

전근대의 제국적 정체(政體)에서 주변부의 엘리트들은 일반적으로 제국의 느슨한 권위 밑에서 자신의 지역 주민들을 다스리도록 허용된다. 이것은 간접 지배로서 모든 당사자들을 만족시킨다. 그러나 근대 세계에서는 중앙집권적 국가가 표준이며 지역(주변부의) 주민들은 그들의 요구를 잘 모르는 타인들에 의해 지배된다. 그러므로 이때에만 주변부의 엘리트들이 독립을 추구하는 민족주의적 정책을 받아들이는 것이 의미 있게 된다. 그리고 그것은 우리가 근대 세계에서만 민족주의를 발견할 수 있는 이유이다(Hechter 2000, 특히 2～3장).

여기서 헤치터는 그가 이전에 말한 '합리적 선택' 주장, 즉 그 도식이 어떤 종류의 반란이나 폭력에도 적용될 수 있다는 주장이 특수한 민족주의에 대해 거의 또는 아무런 언급도 하지 않는다는 비판에 직접 답변한다.

이제 지배 형태의 변화 때문에 중앙집권적 국가에 대항하여 공통의 '민

9 여기에서 다시 유고슬라비아의 예가 머리에 떠오른다. 우스타샤 학살에 대한 세르비아인의 기억을 포함하여 제2차 세계대전 시기에 함께 겪은 기억을 고려하지 않고 그 민족주의와 폭력의 강도를 설명할 수 있을까? 아일랜드에서의 기억의 역할에 대해서는 Lyons(1979)와 Hutchinson(1987 : 2～4장)을 보시오.

족'으로서의 주변부 주민들을 그 엘리트와 결합하기 위한 수단으로 특히 '민족주의'에 호소하는 것은 의미가 있다는 것이다. 그러나 우리는 그 주민들이 왜 엘리트들의 지도를 따를까 하는 질문을 할 수도 있다. 헤치터의 여러 설명들은 민족주의에 내재해 있는 '개인주의적' 합리성을 가정한다. 그리고 거기에 집단적인 가치나 기억, 상징, 정서를 위한 자리는 없으며 오직 부와 지위, 권력 같은 대체재(代替財)를 위한 자리만이 있다고 생각한다.

그러나 민족주의의 정열과 광범한 호소력을 설명하는 데 진정 이것만으로 충분할까? 예를 들어 어떤 정치적 위기가 생겼을 때, 특정한 민족주의적 반란이나 운동에 가담함으로써 개인에게 생기는 이익과 관계없이, 과거 전쟁이나 잔학 행위의 기억이 그들에게 미치는 영향을 무시할 수 있을까?[10]

이것은 워커 코너와 조슈아 피시맨에게는 문젯거리가 아닐 것이다. 그들에게 민족주의는 결코 집단적인 선을 위한 합리적인 선택이 될 수 없다. 왜냐하면 그것은 무엇보다도 영토 국가에 대한 충성심인 애국심(패트리오티즘)과는 반대로, 종족적-민족에 대한 사랑이기 때문이다.

코너는 근대주의자들이 좋아하고 그것만을 애국심이라고 생각하는 '시민적 민족주의'는 '합리적'인 종류의 충성심이고 합리적으로 설명될 수 있다고 말한다. 그러나 유일한 민족주의인 '종족-민족주의'는 결코 합리적으로는 설명될 수 없다. 그것은 오직 분석되고 환기될 수 있을 뿐이다. 그리고 이것이 바로 민족주의 지도자들이 한 일이고 그 점에서 그들은 학자들보다 훨씬 더 성공적이었다. 왜냐하면 그들은 '종족심리학의 핵심에

10 이것은 Joshua Fishman(1980)이 강력하게 주장하는 것이다. 피시맨은 민족주의에 대한 근대주의적인 오해에 반대하여 '동원되지 않은 종족성'의 보편적이고 지속적인 성격을 강조했다. Nash(1989)도 보시오.

는 공통의 피에 대한 감각이 있다는 것을 직관적으로 이해하고 그것에 호소하는 데 주저하지 않았기' 때문이다(Connor 1994 : 197). 워커 코너에게 민족은 '조상이 같다고 믿는 사람들의 집단이고 그런 믿음을 공유한 가장 큰 집단'이다(같은 책 : 212).

민족은 최종적으로는 친족적 결속에 대한 느낌에 기초해 있다. 그 본질은 그 구성원들의 무의식적인 확신 속에서 어떤 사람들을 포함시키고 다른 사람들을 배제하는 심리학적인 결속이다(같은 책 : 92).

물론, 같은 친족적 결속이 있다거나 같은 종족적 혈통에 속한다는 신화는 진정한 생물학적인 혈통이나 우리가 아는 실제의 역사와는 일치할 필요가 없고 보통 일치하지도 않는다. 그러나 민족주의 연구에서 중요한 것은 사실이 무엇이냐가 아니라 어떻게 느끼느냐이다.

같은 조상에 대한 믿음은 사실이나 이성에 기초한 것이 아니라 그 구성원들의 강력하고 비이성적인(비합리적인 것은 아니다) 느낌에 기초한다. 그것이 가져다주는 호소력이나 자극은 연구할 수는 있으나 합리적으로 설명할 수는 없다. 그렇게 하려고 하면 민족적 확신의 깊이와 힘을 놓치게 된다.[11]

이것은 독창적이고 강력한 관점으로 원초주의는 아니라 해도 극단적인 영속주의의 한 예처럼 보이기도 한다. 그러나 이것은 종족 집단과 민족의 관계에 대한 코너의 분석에 의해 강화된 것이다. 코너에게 민족은 진정으로 유일한 자의식적인 종족 집단이다. 종족 집단은 외부인들에 의해 구분되고 정의될 수 있으며 자의식적이 될 필요가 없지만, 민족은 스스로를 규정하여야 한다.

따라서 종족 집단들이 '민족 이전의 사람들'로, 그리고 잠재적인 민족으로 보일 수 있는 반면, 민족은 완전히 자의식적인 공동체이다. 그리고 그것은 대중적인 현상이므로 그 구성원의 다수가 민족적으로 의식할 때에만 존재할 수 있다. 실제로도 그렇고 민주주의 사회에서 이것은 다수가 민족의 생활에 참여해야 한다는 것을 의미한다. 그리고 이것은 코너에게 그들이 시민권을 가져야 한다는 것을 의미한다(같은 책 : 98~103).

코너의 관점은 원초주의는 말할 것도 없지만, 영속주의의 정반대 지점에서 끝난다. 그것은 특수한 종류이기는 하지만 근대주의의 과격한 형태이다. 왜냐하면 그는 민족이 여성을 포함한 그 구성원 대다수가 투표를 통해 공공 생활에 참여하게 된 20세기 초에야 겨우 만들어졌다는 결론을 내리기 때문이다.

물론 그 이전에 농민 대중이 어떻게 생각하고 느꼈는지 우리는 결코 알 수 없다. 그러나 민족이 단계적으로 등장한 것은 분명히 '외국인의 지배는 불법적인 지배'라는 도그마가 종족적인 의식이 있는 사람들에게 전파되기 시작한 1789년 이후의 일이다. 그리고 이 과정에서 근대화와 대중적 의사소통은 중요한 촉매제 구실을 했다. 왜냐하면 사람들을 정규적으로 서로 접촉하게 함으로써 근대화는 역설적으로 그 이전에는 제국적 지배 아래 문화적으로 동화되었던 곳에서 그들을 서로 분리하고 자의식을 갖게 만들었기 때문이다(같은 책 : 169~174).

그러나 이것은 그의 문맥에서 보면 괴상한 결론이다. 이것은 코너가 작업해 온 정신과는 맞지 않는 것 같다. 또 여러 개념들과 역사적 해석의 문제를 제기한다. 그것은 마치 민족적 근대주의가 종족적 영속주의의 등 위

11 여기에서 코너의 논의는 Eugene Weber(1979)의 테제에 많이 의존하고 있다. 베버는 프랑스인의 대다수인 농민이 문화나 관점에서 프랑스적이 된 것은 제3공화국의 근대화 정책의 결과로 19세기 말이라고 주장했다. 이것을 인정한다 해도 그것은 우리가 19세기 말 이전에 프랑스 민족을 이야기할 수 없다는 것을 의미하지는 않는다. 제도적 · 문화적 · 정치적으로 프랑스 '민족'은 그 이전부터 존재했으며 교육받은 계급의 의식이나 행동에서 최소한 16세기부터 살아 움직였다. 예를 들어 Hastings(1997 : 4장)를 보시오. 그리고 좀 더 이른 시기에 대해서는 Beaune(1985)을 보시오.

에 올라탄 것 같다. 그러나 자세히 검토해 보면 우리는 단지 연대(年代)에서만, 또는 '우연적인' 근대주의와만 만날 뿐이다.

진실로 코너에게 민족이란 종족 집단과 질적으로 다른 것이 아니다. 또 사회학적인, '구조적인' 근대주의가 주장하는 것과 같이 근대화의 산물도 아니다. 그 근본적인 이유는 민족은 종족 집단과 마찬가지로 대중심리학적인 현상이고 최종적으로는 친족으로 느끼는 현상이기 때문이다.

그러면 민족주의에 합리성이라고는 전혀 없을까? 그것은 낭만주의자들이 주장하듯 단순히 피와 정서의 문제일까? 조슈아 피시맨이 종족성이란 '아는 것'과 '행하는 것'과 마찬가지로 '존재'의 문제라고 주장했을 때 그는 아마 핵심을 짚은 것 같다. 다음과 같은 그의 이야기도 마찬가지이다.

> 종족성은 항상 친족 현상으로 경험되어 왔다. 그것은 자기 자신이나, 공동의 조상에 대해 세대를 넘어서는 연결성이 있는 사람들 안에서의 지속성이다. 부분적으로 종족성은 '그들의 뼈의 뼈이며, 그들의 살의 살이고, 그들의 피의 피'로 경험되었다. 인간의 몸 자체는 종족성의 표현이고 종족성은 보통 피, 뼈, 살 안에 있는 것으로 느껴진다.(Fishman 1980 : 84~85)

그러면 헤치터가 주장하는 대로 민족주의자들을 포함하여 인간은 민족주의적 반란의 성공 가망성, 민족주의 운동에 가담할 때 치러야 하는 비용, '우애'Fraternite (그리고 이제는 여성 사이의 연대)가 가져다주는 이익을 주의 깊게 계산하지는 않을까? 민족과 민족주의에는 강력한 주관적인 요소들이 있고 사람들은 때때로 '그들의 피를 생각하며', 코너의 말을 따르면, '합리적인 것을 위해 자발적으로 목숨을 바치지는 않는다'(1994 : 206)는 사실을 인정한다고 하더라도 ―나는 그것을 인정해야 한다고 생각한다― 이 현상이 비합리적이며 구조적이고 문화적인 면에서 설명될 수 없는 것은 아니다.

또 민족과 민족주의를 사회심리학적 용어로 정의한다고 해서 원리상 우리가 그것을 합리적인 용어로 설명할 수 없는 것도 아니다. 그것이 어렵기는 하겠으나 양자가 결코 양립 불가능하지는 않다.

겔너나 헤치터 같은 근대주의자들이 사회심리학적인 변수에 거의 관심을 기울이지 않았다고 해서 우리가 민족과 민족주의를 분석하기 위해 사회심리학적(그래서 합리적이 아닌) 입장을 취하고 역사적 사회학적인 설명을 하지 말아야 한다는 것을 의미하지는 않는다. 그 반대이다. 만약 그에 대한 '설명'에 워커 코너가 정당하게 강조하나 도구주의자들이 무시하거나 거부하는 정서, 의지, 상징, 기억, 친족 감정 등 여러 문화적 · 사회적 · 사회심리적 요소들이 포함된다면 이 주제의 성격은 우리가 그렇게 하는 것을 무엇보다도 더 중요하게 만든다.[12]

정치와 문화

내가 고려하고자 하는 세 번째 문제는 민족의 형성과 민족주의의 발전에서의 근대국가의 역할과 관련된 것이고 보다 일반적으로는 정치와 관련된 것이다. 우리는 이것을 문화적 민족주의, 또 보다 넓게 문화적 정체성의 문제라고 부를 수도 있을 것이다.

1980년대 초부터 몇몇 포스트맑스주의 이론들이 국가의 상대적 자율성을 강조하기 시작했고 정치의 우위와 관련한 보다 베버적인 관점을 받아

12 다른 방식으로 Bell(1975)과 Brass(1991)는 '이해관계'와 '정서'를 균형 잡으며, 폭넓은 도구주의적 틀 안에 감정과 상징주의를 통합하려 시도했다.

들였다. 그 모든 접근법과 모델은 근대주의적이고 도구주의적인 것이다. 이것은 앤서니 기든스의 민족주의 해석과 같이 마이클 맨의 경우에도 마찬가지이다. 두 사람 모두에게 민족주의를 만들어 낸 것은 중앙집권적이고 전문화되고 단일 영토를 가진 근대국가이다. 또 기든스는 그 근대국가가 민족-국가의 국경 내부 전체에 행정력을 미치게 한 행위의 결과로 주권이라고 하는 문화적 감수성을 만들어 냈다고 주장한다(Giddens 1985 : 219).

이와 비슷하게 맨도 영국과 프랑스의 국가를 지원하는 민족주의에 대해 똑같이 분명하게 말한다. '국가와 민족의 경계선이 동일하다는 사실에 초점을 맞추면 주로 정치적 설명이 요구된다'(Mann 1995 : 48).

이것은 합스부르크 제국의 '지역적' 민족주의(크로아티아인, 헝가리인, 체코인의)의 경우에도 마찬가지로 진실이다. 그곳에서는 종족성보다는 지역적 행정의 존재 여부가 민족이 등장할 수 있을지를 훨씬 잘 예측할 수 있게 해준다(같은 책 : 50).[13]

맨이 그 전에 유럽 민족주의 발전의 네 단계에 대해 훨씬 더 미묘한 테제를 제시했던 것은 사실이다. 이에 따르면 첫 단계는 성격상 종교적인 것으로 16세기에 유럽에서 시작된 것이다. 그것은 프로테스탄트 종교개혁과 가톨릭의 반동-종교개혁이 문자 해득을 하는 엘리트들의 새로운 네트워크를 고무함으로써 높은 수준의 '집약적인 힘'을 동원했을 때였다.

두 번째 단계는 상업 팽창과 국가 군사주의에 의해 문자를 해득하는 사람들이 확대된 1700년경이다. 이것이 상층계급에게 '시민으로서의 시민권'의 감각을 만들어 주었다.

13 국가 중심의 다른 근대주의적 접근은 Tilly(1975: 서론과 결론)를 보시오. 보다 지정학적 접근은 Orridge(1982)와 Mayall(1990)을 보시오. McCrone(1998 : 5장)은 '국가와 민족' 논의에 대해 균형 잡힌 설명을 하고 있다.

1792년 이후인 세 번째의 결정적인 국면에서 군사적인 위기는 이 '원(原)-민족들'을, 비록 제한된 범위에서이기는 하나, 대규모 징집과 전쟁세, 역진적인 전쟁 국채를 통해 계급을 넘어서는 진정한 민족으로 전환시켰다. 이 모든 것은 자산계급이 보다 큰 정치적 권리를 요구하게 만들었고 '민족'과 '인민'의 개념을 정치화했다.

19세기 말부터 시작되는 마지막 국면에서는 산업자본주의가 팽창하는 국가라는 기구를 통해 민족을 뒷받침하기 시작했고 그것이 국가의 보다 다양한 기능들을 만들어 냈다. 그것은 또한 국가가 좀 더 대의제적이고 동질적이며 '민족적'이 되게 했으나 다른 한편에서는 보다 공격적이고 광신적인 민족주의가 되도록 고무하기도 했다(Mann 1993 : 216~247).

그러나 여기에서조차 맨은 가장 처음의 준비적인 단계 이후에 나타나는 국가의 역할과 그 군사적 · 재정적 힘을 강조한다. 여기에서 맨 자신이 1700년 이후에야 최초의 충격이 있었고 1792년 이전에는 진정한 개입이 없었다고 주장하는데, 왜 국가들에게 민족-형성이라는 크나큰 역할이 부여되었을까 하는 의문이 제기된다.

최소한 잉글랜드의 경우에 그리고 아마도 프랑스, 스코틀랜드, 스페인, 스웨덴의 경우에 민족의 감각은 이미 16세기에 귀족과 상층계급 사이에서 분명히 존재했다. 이것들이 '진정한' 민족이 아니라고 주장하는 것은 우리는 19세기 말까지는 민족에 대해 말할 수 없다는 것을 의미한다. 이때에 와서야 워커 코너가 주장하듯이 대중들이 처음으로 시민권을 갖게 되었기 때문이다. 우리가 여기까지 나아갈 준비가 되어 있지 않다고 해도, 우리는 아마도 그 용어의 어떤 의미에서 군사적-자본주의적 국가가 나타나기 이전에, 그리고 그것과는 별개로, '민족들'이 존재했음을 인정해야 할 것이다.[14]

의심의 여지 없이 이 일반적인 접근의 가장 정교하고 날카로운 주장은 존 브릴리가 제안한 민족주의의 정치적 모델이다. 브릴리에 의하면 민족주의는 근대적이고 순수하게 정치적 운동으로 가장 잘 나타난다. 그리고 근대 세계에서 정치는 국가의 통제에 대한 것이다. 민족주의는 그 통제를 확보하고 유지하는 것에 대한 논의이다. 그 중요성은 다양한 하위 엘리트들에게 그들의 목표와 이해관계의 동원, 조율, 정당화를 통해 공동의 강령을 제공하는 능력에 있다. 민족주의 운동은 국가를 통일하거나 새롭게 혁신하거나 또 가장 흔하게는 기존 국가에 저항하는 것을 목표로 한다. 이에 대해 브릴리는 다음과 같이 이야기한다.

(민족주의 논의는) 세 가지 주장 위에 서 있는 정치적 원리이다.

a. 성격이 분명하고 특수한 민족이 존재한다.

b. 이 민족의 이해관계와 가치는 다른 모든 이해관계와 가치에 우선한다.

c. 민족은 가능한 한 독립적이어야 한다. 이것은 보통 최소한 정치적 주권의 확보를 필요로 한다.(Breuilly 1993 : 2)

민족주의적 주장은 근대적 조건이 —이것은 특히 절대주의 국가가 시민사회로부터 분리된 상황이다— 많은 교육받은 사람들 사이에 소외와 좌절의 감각을 만들었을 때 광범한 호소력을 가질 수 있다. 이때 그들은 국가와 사회의 재통합을 약속하는 원리들에 기대를 건다. 그래서 헤르더

14 아일랜드와 웨일스 '민족'의 초기 예들도 있다. 이 민족들은 단일 국가로 실제로 통합되지는 못했으나 독특한 언어 문화, 영토, 그 많은 구성원들을 위한 어떤 법적 권리와 외부인에 대한 분명한 감각이 있다. Hastings를 보시오(1997 : 3장). 스위스의 예도 흥미로운데 스위스는 최소한 15세기부터 구연맹 속에서 느슨하게 통합되어 있었다. 이 연맹은 합스부르크 지배자들이 그들이 과거부터 누리던 자유를 침해한 데 대한 항의로서 1291년에 만들어진 뤼틀리(Rütli) 선언에 기초한 것이다. 이에 대해서는 Steinberg(1976)와 Im Hof(1991)를 보시오. 또 스위스 민족 정체성의 '종족적' 요소와 '시민적' 요소에 대한 생각을 자극하는 분석에 대해서는 Zimmer(1999)를 보시오.

의 주장과 같은 역사주의적 논의가 호소력을 가진다.

헤르더는 문화적 민족을 정치적 민족과 하나가 되도록 함으로써 진정한 자아의 재발견과, 공동체를 자연적 상태로 회복시키는 일을 추구했다. 브릴리가 보기에 그런 재정의 시도는 엉터리였으나 그럼에도 민족주의는 매우 현실적인 문제를 제기하려는 진지한 시도를 보여 준다(같은 책 : 55~64).

그러나 결국 이데올로기는 정치에 부차적일 뿐이다. 민족주의의 목표를 만드는 것은 정치적 관계와 제도들이다. 예를 들어, 1871년의 독일 민족-국가 창설은 문화와 거의 관련이 없고 낭만주의나 그 이데올로기들과는 더 관련이 없다. 그것은 권력 정치, 지정학, 경제, 특히 프로이센과 오스트리아 사이의 경쟁과 관련된 것이다.

그러나 그럼에도 등장한 것은 독일 민족인 '게르마니아'였다. 그것은 분명히 비스마르크가 지배하는 프로이센의 보호 아래 있기는 했으나 프로이센 '민족-국가'는 아니었다. 독일어를 사용하나 수많은 소국가로 분열되어 있던 광범한 대중의 충성심을 지배하고 열정을 불러일으킨 것은 독일이었다.

우리는 비스마르크의 **소독일주의** 정책에 의해 만들어진 독일 국경선을 설명할 수는 있다. 그러나 이 국경선 너머까지 휩쓴 열정은 어떻게 설명할 수 있을까? 또 이 국경선 안팎의 수많은 종족적 독일인들과 '게르마니아'라는 범독일적 비전과의 강력한 일체화를 어떻게 설명할 수 있을까?(Breuilly 1996a)[15]

하나의 답변은 첫 단계의 민족주의에 대한 브릴리 자신의 주장 속에, 그

15 르네상스 인문주의자들 사이에 있었던 초기의 독일 민족감정에 대해서는 Kohn(1967a : 4장)을 보시오. 중세 시대의 '게르마니아' 영역의 형성에 대해서는 Llobera(1994 : 1부)를 보시오.

리고 그가 1776년 미국의 독립에 민족주의라는 명칭을 허용하기를 거부한 데 있을지도 모른다. 브릴리가 보기에 아메리카의 13개 식민지는 자신들을 모국과, 또 그 통치자들로부터 구분할 수 있는 (분명하고 특수한 성격의) 문화적 일체성을 결여하고 있었다. 그들은 영국인의 후손이었고 기독교인이었고(주로 신교파), 그들의 압제자들과 마찬가지로 영어를 사용했다. 그러나 이렇게 그가 정체성의 문화적 기준을 강조하는 것은 민족주의에 대한 순수하게 정치적인 정의와는 잘 어울리지 않는다.

신화와 의식(儀式)에 대한 브릴리의 인식도, 이것은 내가 제2장에서 언급했는데, 이와 비슷하게 민족주의에 대한 그의 엄격하게 정치적인 설명과 조화되지 않는다. 이것은 다른 정치적 근대주의자들에게 똑같이 할 수 있는 비판이다.[16]

우리는 여기서 앞으로 더 나아갈 수 있다. 미로슬라프 흐로흐(1985)는 동유럽의 여러 민족주의들을 연구하며 민족주의 운동의 공통된 발전 형태를 찾아냈다. 처음에는 학자, 작가, 예술가들의 작은 패거리들이 민족의 이념을 정교하게 만든다(A 국면). 두 번째에는 선동가, 교육자, 저널리스트 등 애국적인 집단들이 이 이념을 널리 전파한다(B 국면). 세 번째에는 훨씬 넓은 범위의 사람들이 중산층이나 하층을 대중운동으로 끌어들인다(C 국면). 여기에서는 문화로부터 엘리트 정치를 거쳐 대중운동으로 나아가는 일직선적 발전이 나타난다. 이 경우에 '문화'는 '정치'에서 분리될 수 없다.

그러나 상황은 보다 복잡할 수 있다. 존 허친슨은 아일랜드 민족주의와 게일 부흥 운동 연구에서 그 초점이 국가와 독립 추구에 있는 정치적 민족

16 독일과 아프리카의 민족주의, 그 신화에 대한 매우 다른 설명에 대해서는 Kohn(1965)과 Cauthen(1997과 2000)을 보시오. 미국과 그 섭리적 사명('명백한 운명')에 대해서는 Tuveson(1968), O'Brien(1988a), Greenfeld(1992 : 5장)를 보시오.

주의가 적절하게 문화적 민족주의에 의해 보완된다는 사실을 보여 주었다. 그런데 문화적 민족주의의 목적은 그 자신의 땅 위에 사는 민족이라는 도덕적 공동체를 재생하는 것과는 전혀 다른 것이다.

문화적 민족주의는 문화적 정체성, 사회적 조화, 도덕적 목적의 문제들과 주로 관련을 맺고 있다. 그리고 그것들은 그들에게 어떤 정치적 행위나 표현보다 앞서고 또 그것과 독립적인 것이다.

실제로 민족주의의 문화적·정치적 형태들은 자주 서로 뒤이어 나타나며 민족주의자들은 그 사이를 오갈 수 있다. 정치적 민족주의가 그 목적 달성에 실패하는 경우, 문화적 민족주의가 틈을 파고들어 공동체의 집단적인 문화적 근원을 만들어 낼 수 있다. 그리고 그 활기가 사라지면 새로운 정치적 민족주의 운동이 나타난다. 그러므로 민족주의는 정치적인 것이거나 어느 특정 영역에 제한될 수는 없다. 그리고 이런 방식으로 '정치'를 '문화'나 '종족성'에 대립시키는 태도는 민족이나 민족주의 같은 복잡한 현상에 대한 이해의 진전을 불가능하게 한다(Huchinson 1987 : 1장과 1994 : 1장).[17]

허친슨의 폭넓은 비판은 두 번째 문제인 근대주의에 대한 문화의 관계를 건드린다. 문화적 재생과 종족적 재흥의 운동들은 근대 세계에 보다 일반적일 수 있으나 어느 시대에나 발견될 수 있다. 실제로 근대의 문화적 민족주의자들은 '대중'이 민족의 재생에 참여하도록 동원하기 위해 전부터 내려오는 종족적 상징, 신화, 기억의 저장고로부터 취사선택할 필요가 있다. 그들이 자주 그렇게 한다는 사실은 다음과 같은 것을 시사한다.

17 그러나 똑같이, Hutchinson(1987 : 1장)에게, 문화적 민족주의와 정치적 민족주의는 혼동되면 안 된다. 이것이 케두리에 대한 그의 비판의 핵심 요소이다.

> 전근대와 근대사회의 큰 차이에도 불구하고 오랫동안 존재해 온 문화적 저장고들(신화, 상징, 기억)은 강력한 기구들(국가, 군대, 교회)에 의해 근대로 이끌려 와서 재생되고 다시 발전한다. 이것은 사람들이 주기적으로 그들의 물리적이거나 상징적 생존에서 비슷한 도전에 부딪히기 때문이다.(Hutchinson 2000 : 661)

이것은 회고적인 민족주의에 대해 의심쩍어하고, 정체성의 문화적 요소들이 전근대 시대부터 근대까지 지속된다는 주장에 대해 역사적인 면에서 회의적인 브릴리의 근대주의를 다시 한 번 살펴보게 한다. 브릴리가 보기에 제도가 결여된 상태에서 만들어진 정체성, 특히 사람들을 넓은 사회적 · 지리적 공간을 넘어서 한데 묶는 제도들에 의해 만들어지지 않는 정체성의 문제점은 그것이 반드시 파편적이고 불연속적이고 종잡을 수 없다는 것이었다(Breuilly 1996b : 151).

또 종족적 정체성을 안고 갈 수 있는 유일한 전근대 기구들인 국가와 교회는 민족적 정체성에 의해 위협을 받았든가 아니면 보편주의적이었다. 그래서 그는 다음과 같이 말한다.

> 전근대의 종족적 정체성은 지역적 수준을 넘어선 제도가 만들어지는 과정에서 거의 역할을 하지 못한다. 민족적 정체성을 구성하고 보존하고 전달하며 이 정체성을 이해관계와 연결하는 거의 모든 주된 기구들, 즉 의회, 대중 문학, 법정, 학교, 노동시장 등은 근대적이다. …… 민족적 정체성은 기본적으로 근대적이다. 그러므로 이 주제에 대한 어떤 유용한 접근도 이 전제에서 출발해야 한다(같은 책 : 154).

이것은 민족주의가 생성될 때 제도, 문화, 종족성이 하는 역할에 대한 불필요하게 좁고 제한적인 생각이다. 위에서 열거한 기구들 가운데 많은 것은 전근대에도 발견할 수 있다. 그것들이 오늘날과 같이 응집적이지는 않다 해도 종족적 정체성과 문화를 대중들에게 전달하는 역할을 했다.

게다가 언어 코드, 예식과 축제, 정기시(定期市), 시장, 군대, 그리고 '고토' 같은 다른 기구들은 보다 더 응집적이다(그리고 결코 단편적이고 종잡을 수 없는 것이 아니다). 이 모든 것들은 많은 세대를 거쳐 근대에까지 공동의 종족적 감각을 주입하는 데 도움을 주었다. 다시 말하자면 '문화'와 '정체성'은 전근대 기구들과 분리될 필요가 없으며, 우리는 그것들이 뒤에 나타나는 민족들의 기초를 제공할 수 없다고 미리 가정할 필요도 없다.[18]

구성과 재해석

내가 다루려고 하는 마지막 문제는 지금까지의 관심사에서 직접적으로 나오는 것이다. 즉, 민족은 민족주의 인텔리겐치아에 의해 어느 정도나 새롭게 구성되는가 아니면 기존의 문화적 원자재들과 종족적 감정에 의해 어느 정도나 재구성되는가 하는 것이다. 이것은 복잡한 논의로서 여러 측면을 지닌다.

민족이 '사회적으로 구성되었다'는 생각은 그것이 모든 형태의 근대주의에 공통적이므로 하나의 공리(公理)가 되지 않으려면 원초주의나 영속주의의 단순한 부정을 넘어서야 한다. 이 생각에서의 새로운 요소는 사회공학과 기술 혁신, 문화적 인공물이나 텍스트 만들기, 그리고 새로운 형태를 만들기 위한 숙련과 상상력의 사용들을 강조하는 것이다.

18 국가와 종족 각각의 비중에 대한 보다 확대된 논의는 A. D. Smith(1992 : 4장과 8장)를 보시오.

이 사회적 구성주의라는 '강력한' 형태는 겔너를 넘어선다. 왜냐하면 그것은 민족이란 창조된 것과 마찬가지로, 마치 인공물이나 텍스트와 같이 해체될 수 있고 그 상상과 담론이 사라질 수 있다고 시사하기 때문이다.

민족이란 무엇보다도 그 상상의 형태와 표현 양식에 의해 구분되는 문화적 인공물이라는 생각은 포스트모더니즘의 흥기와 함께 나타났으나 원래는 포스트맑스주의적 사고 틀에서 시작된 것이다. 베니딕트 앤더슨에게 민족주의는 주로 담론의 한 형태이다. 즉, 제한되어 있고 주권적이며 계급을 넘어서는 수평적인 정치 공동체를 상상하는 담론의 한 형태이다.

민족은 자국어(自國語)의 '인쇄 공동체'에 기초해 있다. 그것은 자국어의 문어(文語)나 문헌 —주로 소설이나 신문인데 이것이 상상된 정치 공동체를 사회학적으로 생생하고 쉽게 보여 줄 수 있는 방식으로 그려 낸다—을 읽는 대중을 말한다. 이 인쇄 공동체는 최초의 대중적인 상품인 인쇄된 책들로부터 자양분을 얻었는데 특히 엘리트를 위한 라틴어 시장이 보다 큰 자국어 시장에 의해 대치된 후에 그렇게 되었다.

독서 대중의 성장은 자국어 번역판으로 성경을 읽는다는 프로테스탄트 교파의 이상에 의해, 또 국가의 주된 언어가 만들어지며 도움을 받았다. 이런 것들이 영토적으로 통합되어 있지 않은 지역들에서 특정 언어들에게 고정성과 안정성의 감각을 갖게 만들어 준 것이다.

앤더슨에게 똑같이 중요한 것은 시간 개념의 혁명이다. 시간은 그 이전 시기에는 사건을 미리 예시하고 완성하는 메시아적이고 우주론적인 것으로 생각되었다. 이제 시간은 점차 '텅 빈 동질적인 시간'을 따라 움직이는 공동체와 함께 직선적이고 동질적인 것으로 생각되었다. 그리고 사건들은 시계와 달력에 의한 시간 측정과 결합했다(Anderson 1991 : 3장).

이런 근대 초의 역사적 발전 뒤에는 보다 큰 사회적 변화와 지속적인 조건들이 존재한다. 이 광범한 변화는 신성한 성경 공동체 —거대 종교들—

와 신성한 왕권 —대제국— 의 쇠퇴를 포함하며 그것이 그 뒤에 민족이 흥기할 수 있는 정치적 공간을 남겨 주었다.

그럼에도 민족의 존재는 최종적으로는 두 개 더 남아 있는 지속적 조건에 의존한다. 하나는 바벨탑 이야기로, 세계의 사람들은 숙명적으로 서로 다른 언어를 가지고 있다는 것이다. 다른 하나는 죽음의 망각에서 벗어날 수 있는 불사에 대한 일반적인 추구이다. 민족이 그 후손들을 통해, 그리고 아직 태어나지도 않은 공동체의 사람들을 통해 줄 수 있는 것이 바로 이 불사성이다.

이것이 바로 무명용사의 묘 앞에서 이루어지는 모든 '유령 같은 상상'이다. 그리고 이것이 왜 이 세대를 넘어서는 우애가 지난 두 세기 동안 수백만의 사람들로 하여금 그런 제한된 상상을 위해 스스로 목숨을 바치도록 했는가 하는 이유이다(Anderson 1009 : 7).[19]

여기에서 앤더슨은 민족에 대한 정열과 애착이라는 중심적인(원초주의적인) 문제를 잠깐 끄집어낸다. 그러면 그는 그것을 어떻게 다루고 있을까? 그는 우리가 가족이나 —혹은 민족 같이— 고귀하고 사심 없이 느끼는 것에만 자신을 희생할 준비가 되어 있다고 주장한다.

그러나 워커 코너가 생생하게 보여 주고 있듯이(1994 : 8장) 민족은 자주 가족에 비유되기는 하나('우리 가족', '우리 민족'이라는 식으로), 가족이나 민족이 희생을 이끌어 내는 것은 그것들이 순수하고 사심 없는 것이기 때문은 아니다.

19 홉스봄과 달리 앤더슨은 민족과 민족주의는 포스트모던 시대에 사라질 것이라고 생각하지 않는다. 그러나 그런 주장은 그의 이론의 근대주의에서 쉽게 도출되지는 않는다. 이 예측이 의미 있게 되기 위해서는 다른 요소, 즉 숙명성 —망각의 두려움과 지구적 언어의 바벨탑— 이라는 다른 요소에 호소하는 것이 필요하다. Anderson(1999)을 보시오.

사실은 정반대이다. 그것은 우리의 정체성, 요구, 이해관계, 우리의 생존이 '우리' 가족이나 '우리' 민족의 그것과 묶여 있고 거기에 의존하고 있다고 믿기 때문이다. 그래서 거기에 헌신해야 한다고 느끼고 희생을 바칠 준비가 되어 있다. 이것은 민족을 상상이나 인식의 공동체임과 마찬가지로 감정이나 의지의 공동체로 만든다(Anderson 1991 : 141~143, 또한 A. D. Smith 1998 : 140~141).[20]

집단적인 의지와 감정의 역할에 대한 관심이나 범위가 이와 비슷하게 결여되어 있기는 에릭 홉스봄과 테런스 레인저 등이 쓴 책에 나오는 근대주의적 주장에서도 마찬가지이다. 『전통의 발명』이라는 그 책은 앤더슨의 『상상된 공동체』의 첫 판이 나온 1983년에 출간되었다.

홉스봄에게 있어 민족과 민족주의는 1830년경 이후, 그리고 특히 1870년 이후에 유럽에 널리 번진 민족사, 신화학, 상징주의에 대한 문학적 · 역사주의적 발명에 크게 의존했다. 1914년 이전의 수십 년 동안에는 민족적 축제, 전사자나 국기, 국가에 대한 기념, 국가에 대한 열광, 운동 경기 등과 같은 그런 '발명된 전통들'이 범람했다.

변화에 적응하며 만들어진 그 이전의 전통들과 달리 이 '발명된' 전통들은 문화공학자들의 세심하고 변치 않는 창조물이다. 이들은 산업화와 민주주의가 동원하고 정치화한 근대 대중의 요구에 맞추어 상징과 의식, 신화와 역사들을 벼려 냈다. 다른 말로 하면 그것들은 지배계급에 의한 사회통제의 사려 깊은 수단이었다. 그러므로 홉스봄은 발명된 전통의 연구는

20 앤더슨이 민족주의의 인식적 측면을 강조한 것은 다른 사람들이 민족주의 속에서 특수한 정치적 실천과 범주화로 이끄는 '담론적 형성'을 보도록 고무했다. 특히 Brubaker(1996)와 Calhoun(1997)을 보시오. 앤더슨을 보다 역사적이고 구조적으로 이용하고 있는 예는 Kitromilides(1989)를 보시오.

> 비교적 최근에 나타난 혁신인 민족이나 그와 연관된 현상들인 민족주의, 민족-국가, 민족적 상징, 민족사 등과 매우 관련이 깊다. 역사에서 새로운 것이 혁신을 의미한다면 이 모든 것은 자주 사려 깊고 항상 혁신적인 사회공학의 실천에 의존한다.(Hobsbawm and Ranger 1983 : 13~14)[21]

그래서 다시 한 번 '발명'의 개념은 민족과 민족주의를 기껏해야 '역사 운동'에서 후회할 만한 일탈로, 나쁘게 말하면 대중적 허위의식의 가장 좋은 예로 보는 많은 사람들의 마음을 움직인다.

그러나 민족이 바로 그런 혁신인지는, 이 영역에서 정교한 사회공학이 어느 정도 범위에서 이루어졌는가와 마찬가지로 의문이다. 여기에서 홉스봄의 비유는 분명히 기계주의적이다. 그는 민족을 기술적인 발명과 마찬가지로 사회공학자들의 구성물이나 날조로 본다. 그것들은 계획되고 엘리트 기술자들에 의해 조립된다. 거기에는 감정이나 도덕적 의지가 들어설 여지가 없으며 대중에게조차 그럴 여지는 없는 것으로 생각된다. 대중은 새로이 해방된 에너지에게 통로를 마련해 주려는 엘리트 계층의 사회적 계획의 수동적인 희생자이다. 민족과 민족주의는 근대적인 발명품이다(같은 책 : 7장).

그러나 대중은 단순히 그들의 정신과 가슴에 통치자들의 민족주의적 메시지가 아로새겨지기를 기다리는 백지(白紙)에 불과할까? 홉스봄은 전적인 '위에서 아래로'식 접근법의 문제점을 알고 있었다. 그럼에도 그의 해결책은 지역이건 종교건 언어건 대중의 원(原)-민족적 결속과, 독립적인 영토 국가를 추구하는 근대 민족주의와의 어떤 연관성도 차단하는 것

21 홉스봄의 주장은 매우 영향력이 있다. 예를 들어 이스라엘 민족주의에 대한 Ram(1995)의 설명과 19세기 말 스위스 민족주의에 대한 Kreis(1991)의 설명을 보시오. 좀 더 진전된 분석은 제5장을 보시오.

이었다.

그는 전근대 시대에 지역적인 언어와 종교에 의존하는 많은 '원-민족적' 공동체들이 있었다는 것을 인정한다. 그럼에도 이것들은 우리가 오늘날 '민족'으로 이해하는 기본적인 기준인 영토적인 정치조직의 단위와 아무 필연적 관계가 없었거나 없으므로 민족의 조상이 될 수는 없다고 주장한다(Hobsbawm 1990 : 47. 줄친 부분은 원래 이탤릭으로 된 부분).

잉글랜드, 프랑스, 러시아, 세르비아의 경우는 국가나 교회 같은 큰 기구들이 살아남거나 또는 과거 정치 공동체의 기억이 근대까지 유지되며, 그 후에 나타나는 대중적 민족주의에 기초를 제공한 몇 안 되는 예들이다. 달리 주장되는 그 외의 어떤 역사적 연관도 다 가짜인데 그것은 그것들이 홉스봄이 '효과적인 역사적 연속성'이라고 부르는 것을 넘어서기 때문이다(Hobsbawm and Ranger 1983 : 7장 ; 또한 Hobsbawm 1990 : 2장).

그러나 그것이 그렇게나 허위적인 것일까? 그리고 '효과적인 역사적 연속성'이란 정확히 무엇일까? 게다가 그것들은 민족이 만들어지는 데 진정으로 중요할까? 객관적인 역사성은 장기적으로는 중요할지 모른다. 그러나 하나의 담론은 대중들에게 진리-내용과 마찬가지로 감정적인 반향을 줄 수 있어야만 한다. 이것이 나 자신과 같은 종족-상징주의자들에게는 중심이 되는 이론적 고려이다.

민족과 민족주의의 힘과 지속성을 설명하는 데에 중요한 것은 민족에 대한 담론과 이미지가 그 호소 대상으로 삼는 사람들의 심금을 울리는 일이다. 그리고 그 결과, '그 사람들'과 그 문화가 이번에는 민족을 재구성하는 과정에 기여할 수 있게 하는 것이다. 이렇게 엘리트들이 대중에게 민족과 관련하여 받아들일 수 있고 그들을 고무하는 담론과 이미지를 '재(再)제공'할 수 있을 때만 그들은 영향력과 지도력을 행사할 수 있다.

이 논의의 중심은 인식과 감정의 관계이다. 만약 우리가 민족주의의 뿌리 깊은 지배력과 넓은 호소력을 이해하려면 순수하게 인식이나 이해관계에 기초한 모델에서 출발할 수는 없다.

우리는 민족주의를 윤리적 공동체의 집단적인 의지와, 아마도 조상으로부터 내려오는 공동체적 감정에 기초를 둔 집단적 행위의 한 형태로 이해할 필요가 있다. 이것은 민족을 시민들의 신성한 공동체의 한 정치적 형태로 파악할 필요가 있다는 것을 의미한다.

앤더슨은 상상된 정치 공동체의 언어적 기반을 인정하고 또 민족 정체성의 보다 깊은 종교적 기반에 대해 간단히 언급하기는 했다. 그러나 그것의 윤리적인 힘은 그만두고라도, 감정적인 면에서의 잠재력을 드러내는 데는 실패했다. 대신 그는 '상상'이라는 개념을 가지고 민족을 그 지적이고 예술적인 전달자들의 렌즈를 통해 보았다.

같은 방식으로, 홉스봄도 민족주의자들에게는 깊은 역사적 연속성이 중요하다는 사실을 인정하기는 하나 그들의 담론을 거짓된 것으로 봄으로써 그것이 지닌 감정적 호소력을 파악할 가능성을 제거했다.

그러나 감정은 민족주의의 진리-내용은 말할 것도 없고 그것의 '혁신적인' 질과도 아무 관계가 없다. 그리고 그 모든 것은 민족주의가 습관적으로 불러내는 대중적인 종족 신화, 상징, 기억의 전통들과 관련되어 있다. 이것들을 배제하거나 무시하는 것은 민족과 민족주의의 대중적인 기초에 대한 깊이 있는 이해를 막는 일이다.

내가 제3장의 뒤에서 잠깐 언급했지만 이것이 종족-상징주의자들이 민족 형성 과정을 사려 깊은 발명이나 구성으로 보지 않고 기존 문화적 모티브의 재해석이나 기존 종족적 결속이나 감정의 재구축으로 보는 이유이다.

근대주의자들과 구성주의자들이 '회고적 민족주의'에 대해 지나친 우려를 하고 있다면, 종족-상징주의자들은 과거를 바라보는 데에 현재 세대의 관점과 이해관계를 전적으로 중시하는 '차단적 현재주의'와 같은 심각한 위험성을 지적한다.

이것은 종족적 과거가, 그 안에서 그리고 그것을 통해 현재의 필요나 이해를 만들어 내고 분명히 하는 문화적 틀과 변수들을 제공함으로써, 현재적 관심을 만드는 데 기여하는 여러 방식을 이해하지 못하게 하거나 어렵게 만든다. 현재주의적 관점은 역사적으로 볼 때 천박할 뿐 아니라 역사적인 검증을 이겨 내지 못한다. 어디에도 타불라 라사tabula rasa(白紙)는 없는 법이다(Peel 1989 ; A. D. Smith 1998 : 8장을 보시오).

암스트롱, 허친슨, 그리고 나와 같은 종족-상징주의자들에게 민족과 민족주의는 오직 장기에 걸친 집단적인 문화적 정체성의 분석을 통해서만 이해할 수 있다. 그러나 과거를 현재나 미래와 연결하는 것은 단일한 일방통행적 인과관계는 아니다. 외부적인 상황이나 공동체의 자원(資源)들에 따라 여러 종류의 연결이 존재한다(Armstrong 1982와 1995; Hutchinson 1994; A. D. Smith 1986과 1999a 서론).

그 출발점으로서 우리는 그와 같은 관계 세 가지를 말할 수 있을 것이다. 문화적 지속성, 재발recurrence, 재해석이 그것이다. 지속성은 집단의 이름, 언어, 종족성과 같은 요소에서 발견할 수 있다. 그 모든 것은 그것들을 지니고 있던 공동체가 사라지고 난 뒤에도 살아남을 수 있다. 이런 예는 로마인에 의해 도시국가가 완전히 파괴되고 난 500년 후에도 카르타고 문화가 살아남아 있었던 데에서 볼 수 있다.

그러나 그것들은 또한 많은 영고성쇠와 변형을 거친 뒤에 공동체를 새로운 형태로 재생하는 과정에서 그 틀이 될 수도 있다. 그리스인들은 집단의 이름과 언어, 종족성의 지속을 통해 민족을 재생시키고 새롭게 정체성을 만든 좋은 예이다.[22]

종족이나 민족의 재발은 더 복잡하다. 이것은 특정한 민족의 뿌리를 단지 중세나 그 이전 시대까지 파고드는 문제만은 아니다. 그것은 집단적인 문화적 정체성과 공동체의 민족적 형태가 다른 시대나 대륙에서도 다시 나타나며, 미래에도 계속 그럴 것이라는 사실을 증명하는 문제이다.

다른 말로 하면 민족의 개념은 모든 역사 시대에 잠재적으로 가능한 문화적 원천이나 인간 조직의 한 형태와 관련된다. 과거, 현재, 미래 사이의 이런 연결 형태는 영속주의적 주장과 가깝다. 그럼에도 그것은 같은 지역에 있는 여러 민족들이나, 같은 지역이나 다른 지역의 동일한 공동체들이 취하는 민족적 형태들 사이의 연속성 속에 나타나는 역사적 단절이나 중단을 인정한다는 점에서 영속주의와는 다르다.

그러므로 우리는 마치 헬레니즘적 시대의 중동에서 그것들이 쇠퇴하고 해체된 뒤에 다른 민족들이 등장한 것이나 중세 유럽이나 동아시아에서 그런 것처럼 특정 지역에서 종족을 뒤따라 민족이 등장하는 것을 목격할 수도 있다.

또 고대 말의 아르메니아인들이나 유대인 같은 특수한 종족들이 어느 정도로 민족적 형태의 공동체에 근접했었다가 나중에 그 민족적 형태를 내버리거나 '잃고', 근대에 와서 재등장하거나 재확보했는지를 보여 줄 수 있다. 이 관점에서 보면 민족은 인간 사회와 정치의 지속적인 특징이 아니라 재발적인 특징이라고 할 수 있다. 이 문제에 대해서는 나중에 다시 논할 것이다.

마지막으로, 덜 논쟁적인 문제이기는 하지만 과거 · 현재 · 미래의 관계는 재해석의 문제일 수 있다. 여기에서 야심적인 공동체들의 지식인들과 지도자들은 공동체들을 재생시키고 '영광의 운명'을 되살리기 위해, 그들의 '진정한' 역사를 재발굴하고 그것을 그 종족의 과거에 있었다고 믿는

22 최소한 비잔틴 시대로부터의 그리스인의 연속적 요소에 대해서는 Campbell과 Sherrard(1968 : 1장)와 Amstrong(1982 : 174~181), 또 Roudometov(1998)를 보시오.

'황금기'와 연결하려고 시도한다.

그들은 진정한 요소를 가짜로부터, 외적인 요소들을 본질적인 것으로 추려내며 매 세대를 위해 그 종족적 문화의 변수들 안에서 이 과거들의 의미를 선택하고 재해석함으로써 그렇게 한다.

만약 이런 경우에 그 관계가 명백히 이데올로기적이라고 하더라도 그것은 많은 사람들을 동원할 수 있는 힘이 있고, 많은 예가 증명하듯이 '그들 자신'의 공동체로 느끼는 것을 위해 사람들에게 집단적 목적의 감각을 불어넣는다.

종족적 과거에 대한 의존은 그것이 아무리 미약하다 해도 '대중들'에게 같은 민족을 위해 자신을 희생할 욕망과 의지를 고무할 수 있다. 이것은 다른 어떤 이데올로기도 따라올 수 없는 것이다. 그것은 또한 공동체와 세계 속에서 개인의 위치를 파악할 수 있는 폭넓은 틀과 함께 민족 전체를 위한 특정한 관점과 프로그램을 제공할 수 있다.[23]

그래서 종족-상징주의적 접근은 구성주의적 관점과는 달리 근대 민족의 흥기를 전근대 시대의 집합적인 문화적 정체성의 문맥에 놓을 필요성을 주장한다. 이들 공동체 가운데 가장 중요한 형태는 종족이다. 이는 고유의 이름을 가진 인간 집단으로 특정한 지역과 연결되어 있고 조상에 대한 신화와 역사적 기억, 공동의 문화적 요소들을 공유한다. 이는 구성주의자들에 의해 일반적으로, 근대주의자들에 의해 전체적으로 무시되는 사회 형태이다.

공동체의 기준으로서의 언어에 대한 앤더슨의 언급에는 그 중요성을 인식한 암시가 있는 듯하다(그는 '처음부터 민족은 피가 아니라 언어로 생각

23. '황금시대' 신화의 분석에 대해서는 Hosking과 Schöpflin(1997)을 보시오. 나 자신의 종족-상징주의적 접근에 대한 좀 더 충분한 이야기는 A. D. Smith(1999a : 서문, 2000a : 3장)를 보시오.

되었다'라고 말했다. Anderson 1991 : 145). 케두리도 인간의 종족적 다양성과 함께, 종족적으로 혼합된 지역에 민족주의가 확산될 때 이것이 가져오는 문제들을 자명하게 받아들이는 것 같다.

그러나 대체로 볼 때 프랑스혁명 이후의 진보적인 근대성이 과거의 흔적과 종족적 · 종교적 문화의 그 잡동사니들을 일소했다는 근대주의자들의 이야기는 역사적인 면에서 불완전하다.

반면 종족-상징주의자들에게 민족은 종족성의 세계 밖에서는 생각할 수 없는 것이며 특정 민족은 그 이전의 종족적 결속의 기초가 없는 곳에서는 나타날 수 없는 것으로 본다. 이것은 모든 민족에게 그 유일한 기초로서 작용하는 과거의 종족이 있어야 한다는 의미는 아니다. 아주 소수의 민족들만이 종족적으로 단일하기 때문이다. 이것이 의미하는 바는 민족은 (하나나 여러 개의) 느슨한 종족 집단들의 특화된 발전으로서, 종족 공동체가 역사적인 면에서 많은 민족의 모델이자 기초였다는 것이다.

내가 보기에는 이러한 사실의 의미를 인식하는 데 실패한 것이 민족과 민족주의 연구의 발전을 심각하게 저해했다. 그것은 문화적 정체성과 공동체의 이해에 중요한 단서를 제공하는 종족적 기억 · 신화 · 상징 · 전통에 대한 관심의 결여도 마찬가지이다(A. D. Smith 1986과 1991a. 그리고 Kedourie 1960 : 6장을 참조하시오).[24]

24 물론 종족성의 개념에는 문제들이 있다. 그것이 자주 붙잡기 어려운 성질을 가졌기 때문에 특히 일부 인류학자들은 그것을 전체적으로 피한다. 그리고 다른 사람들은 그것이 민족과 민족주의를 이해하는 데 별로 설명해 줄 만한 것이 없다고 생각한다. 예를 들어 Poole(1999 : 34~43)을 보시오. 그런 회피나 격하는 아마 종족적 감정이 정치적으로 악용되는 것이나 종족성에 대한 심각한 지적 의구심과 관련이 있는 것 같다. 그러나 그 참여자들의 행동이나 정열을 감안하면 이것은 비현실적이거나 자포자기적인 태도로 보인다. 종족성 자체가 민족과 민족주의의 기원과 호소력에 대해 '설명'을 하지는 못하지만, 공통의 기원에 대한 신화나 종족적 애착은 민족과 민족주의에 대한 역사적 접근에서 유력한 자리를 차지해야 한다. 종족성에 대한 여러 인류학적 접근에 대한 투명한 접근은 Eriksen(1993)을 보시오.

결론

지금까지 살펴본 것이 종족성과 민족주의의 분야에서 20세기의 마지막 30년간 이루어진 주된 토론과 논쟁의 일부이다. 물론 그렇다고 여기에서 빠진 논의가 없다거나 주된 이론적인 작업들을 모두 포괄하고 있는 것은 아니다. 이렇게 빨리 팽창하는 분야에서 작은 분량의 책에 연구 상황은 말할 것도 없지만 모든 논의를 다 담아내는 것은 불가능하다.

보다 최근의 몇몇 논의는 특히 민족의 혼합화와 지구화에 대한 것인데 이것들은 마지막 장에서 다룰 것이다. 그러나 최근의 논의라 할지라도 이것들은 내가 위에서 이야기한 '패러다임 논의'의 문맥에서만 이해할 수 있다. 이것들이 후속 논의들이 이루어지는 기초와 틀을 제공하기 때문이다. 내가 앞으로 주장하겠지만 가장 최근의 논의들도 기본적으로는 새로운 패러다임의 제시가 아니라 과거의 접근법에서 나온 것이다.

이 최근의 이론적인 논의들은 기본적으로 이전 접근법의 발전일 뿐 아니라 민족과 민족주의의 어떤 역사 연구들을 전제하며 그것 밑에 있는 패러다임에 의존한다. 그러므로 우리는 그 역사 자체만을 위해서가 아니라 그것들이 최근의 이론적 논의를 이해하고 민족주의에 대한 경험적인 전망을 하는 데 제공하는 통찰력을 위해, 경쟁이 되는 여러 접근법들이 제공하는 다양한 '민족의 역사들'을 기술하고 이해할 필요가 있다. 이제 이 역사들에 대해 다루어 보자.

05

역사

NATIONALISM

THEORY

IDEOLOGY

HISTORY

지금 널리 받아들여지고 있는 '민족주의의 역사'는 결정적으로 근대주의적인 것이다. 그것은 18세기의 마지막 4분기에 폴란드의 분할과 아메리카혁명에서 시작하여 프랑스혁명을 거쳐 프로이센, 러시아, 스페인에 대한 나폴레옹의 정복에 대한 반동으로 이어진다.

이 견해에 따르면 민족주의는 이 혁명적인 40년 동안에 태어났다. 그 후에 그것은 곧 세르비아, 그리스, 폴란드(두 번이나) 같은 유럽의 다른 지역으로 퍼졌고 1810~1820년대에는 라틴아메리카의 크레올 엘리트에게 퍼졌다.

민족주의의 최초의 큰 물결은 소위 '제 민족의 봄'이라고 불리는 유럽의 1848년 혁명에서 절정에 달했고 그 주된 성과는 프로이센과 피에몬테에 의한 독일과 이탈리아의 통일, 합스부르크 제국 내에서의 헝가리의 지위 격상이었다.

19세기의 마지막 3분기 동안에 민족주의의 두 번째 물결이 동유럽과 북유럽 —체코, 슬로바키아, 루마니아, 불가리아, 리투아니아, 핀족, 노르웨이, 유대족— 과 유럽 외부의 일부 —메이지 일본, 인도, 아르메니아, 이집트— 에서 나타났다.

20세기 초에는 곧 아시아의 많은 종족 민족주의 —터키, 아랍, 페르시아, 버마, 자바, 필리핀, 베트남, 중국— 가 그 뒤를 따랐고 아프리카 —나이제리아, 가나, 남아프리카— 에도 최초의 민족주의적 자극을 주었다.

1930년대와 1940년대가 되면 지구상에 민족주의에 영향을 받지 않은 지역이 거의 없게 되었고 같은 시기에 유럽에서는 나치즘과 제2차 세계대전의 대량 학살로 민족주의의 절정이 왔다. 그리고 그 뒤에 아프리카와 아시아에서의 반식민주의의 '해방' 민족주의가 뒤따랐다.[1]

이 이야기에는 불편한 종결부가 있다. 민족주의가 그 힘을 다 소모했다고 간주되던 시기인 1960~1970년대에 서방의 종족적 자율성을 위한 운동이 카탈루냐, 에우스카디(바스크), 코르시카, 브르타뉴, 플랑드르, 스코틀랜드, 웨일스, 퀘벡에서 다시 한 번 되살아났다.

이것은 1980년대에는 분명히 사멸했으나 1988년 이후에 페레스트로이카와 글라스노스트 정책이 소련의 유명무실한 공화국들에서 민족주의를 고무함으로써 다시 되살아났다. 그리고 그것은 1991년에 소비에트 연방이 해체되는 데 기여했다.

또 이 고조된 기대 속에서 우리는 20세기의 마지막 10년 동안에 인도, 중동, 남아프리카 연방, 르완다, 코카서스, 그리고 무엇보다도 유고슬라비아 전쟁과 그 불확실한 결과에서 새로운 종족적 비극을 보았다.

1 유럽 민족주의의 제2의 물결은 Trevor-Roper(1961)를 보시오. 민족주의의 이데올로기적 다양성에 대해서는 Hayes(1931)와 Kohn(1967a)이 논의했다.

'큰 민족들'과 작은 종족들

지금까지 나는 많은 근대주의자들이 근대적인 이데올로기와 운동으로 생각되는 민족주의에 대해 쓴 역사와 그 유형들의 기본적 틀을 보여 주었다. 어떤 경우에 그 이야기는 정죄(定罪)와 응보(應報)라는 윤리를 구현한다. 즉, 그것이 만들어진 첫 국면에는 낭만주의적인 분출이 있었고 1871년 이후에는 강대국들의 공격적인 민족주의가 나타났으며 그 뒤에는 두 번의 세계대전과 민족주의의 쇠퇴가 뒤따랐다는 것이다.

그러나 시간대를 더 확장하면, 그리고 민족주의가 사라지지는 않았으므로, 이 단순한 예비적 이야기는 수정되어야 한다. 그것은 훨씬 더 다원적이며 지정학적으로 다양한 접근을 위해 단일한 직선적 모델이 포기되어야 한다는 것을 의미한다.

민족주의의 다원성은 앤더슨의 주장에 따르면 지구 모든 지역의 엘리트들이 (원래는 유럽에서 만들어진) 특허를 도용하여 그것을 그 자신의 사회와 문화의 요구와 문제에 적용함으로써 생긴 것이다(Anderson 1991 : 4~9장).[2]

그럼에도 근대주의 패러다임에서 나온 접근법의 영향 때문에 단일적 모델의 호소력은 아직 강하다. 그런 접근법의 하나로 영향력을 갖게 된 것이 '발명된(민족적) 전통'을 주장하는 구성주의적 모델이다. 내가 이미 설명했듯이 이것은 서양의 엘리트들이 산업자본주의와 민주화 시대에 새로이 시민권을 갖게 된 대중들의 행위와 감정을 만들어 내고 그것을 한쪽으로 몰고 갔다고 주장하는 사회공학과 사회통제의 모델이다. 이것은 에릭

2 이런 주장의 보다 이전의 형태로는 Snyder(1954)와 Kohn(1955)을, 나중의 형태는 Snyder(1976), Alter(1989), Schulze(1996)를 보시오.

홉스봄이 두 종류의 민족주의 역사를 풍부하고 상세하게 다루면서 채택한 접근 방법이다.

우리가 제4장에서 보았듯이 홉스봄은 민족주의를, 그 목적이 영토 국가의 창설인 엄격하게 근대적인 정치 운동으로 본다. 이것은 역사가로서 우리가 민족주의 이데올로기를 프랑스혁명 이전에는 찾을 수 없다는 것을 의미한다. 그러나 기이하게도 홉스봄의 역사 서술은 그가 1990년에 출판한 책의 제목에서 보여 주듯 1780년에 시작하는 것이 아니라 파리의 7월 혁명 이후인 1830년에 시작한다.

이때는 프랑스혁명 시기의 시민-민족이 다시 자리를 잡았을 때이고 1815년의 메테르니히 체제에 대한 부르주아적 민주주의적 저항이 커지는 것을 볼 수 있었던 때이다. 이때는 대민족들이 —처음에는 영국과 프랑스에서, 다음에는 독일과 이탈리아에서— 이미 민족을 완전히 형성한 때였고 민족의 뚜렷한 특징은 그 영토의 범위와 인구 규모였다. 홉스봄에 의하면 이것들이 민족과 국가를 정당화하는 '문턱 원리'를 제공했다.

프리드리히 리스트의 생각을 따라 영토의 범위, 인구의 규모, 경제(시장)력에서 그 문턱을 넘어선 민족들만이 국가들의 사교계에 들어갈 수 있다는 것은 일반적으로 받아들여진 생각이다. 마치니 같은 사람도 그렇게 생각했다.

홉스봄에 의하면 문턱의 원리는 1830~1870년 사이에 지배적이었는데, 그것은 민족의 원리가 실제로 단지 어떤 규모의 민족에게만 적용되었다는 것을 의미한다. 큰 민족만이 경제적으로나 문화적으로 살아남을 수 있기 때문이었다(Hobsbawm 1990 : 30~32).[3]

3 Gellner(1973)는 민족의 크기와 규모에 대해 독창적인 사회학적인 분석을 했다. 합스부르크 제국에 대한 예는 Argyle(1976)을 보시오.

그것은 또한 큰 민족의 민족주의가 통일적이고 포용적이고 팽창주의적 성격을 가져야 한다는 것을 의미했다. 당시 자유주의자들의 눈에는 보다 큰 단위의 영토, 인구, 자원을 향한 이것이 역사가 움직이는 방향이었다. 또한 큰 민족들의 민족주의는 그 성격에서 주로 시민적이고 대중–민주주의적이었다. 왜냐하면 그것들이 프랑스혁명 때의 헌법을 그들의 모델로 받아들이면서 민족에 속하는 보다 많은 사람들을 시민으로서 정치 영역에 포함시키려 했기 때문이다.[4]

홉스봄은 이러한 접근법이 지닌, 정부의 힘에 의한 '위에서 아래로'의 성격을 잘 알고 있었다. 그래서 그는 그의 분석 안에 전근대 시기에 대중들 사이에서 종종 만들어진 언어적 · 지역적 · 종교적인 원–민족적 공동체들을 포함시킴으로써 그것을 수정하려고 고심했다. 그러나 마지막 장에서 보듯이 이런 공동체들은 민족주의의 드라마를 펼치는 데 거의 또는 아무 역할도 하지 못했다.

홉스봄은 겔너가 대중적인 감정과 결속을 고려하지 않았다고 비판하면서도 실제로는 겔너를 따라 주민들을 서로 분리되어 있는 문화 집단으로 나눈다. 그리고 이것들은 너무 지역화되어 있고 대부분의 경우에 비정치적이므로 민족을 형성하는 도약대가 될 수는 없었다고 주장한다. 그러나 그도 몇 개의 예외는 인정한다. 그것은 잉글랜드, 세르비아, 러시아와 같이 원–민족주의가 중세 국가나 교회와 동일시되는 경우로, 이 지속적인 정체성이 근대에 정치적 민족주의가 성장하는 것을 쉽게 해주었다는 것이다.

이렇게 '현재나 과거의 역사적(또는 현실의) 국가의 구성원이라는 사실

4 이 일반적인 사회진화론적 경향은 Parsons(1966)를 보시오. '민족–형성'과 시민권의 모델은 Deutsch와 Foltz(1963), Bendix(1996)를 보시오.

은 원-민족주의를 만들어 내는 데서 일반인들의 의식에 직접적인 영향을 줄 수 있다. 그리고 그것은 아마도 튜더 잉글랜드의 경우처럼 근대 애국주의에 가까운 것을 만들어 낼 때도 그렇다'(Hobsbawm 1990 : 75).

또 세르비아인의 경우 근대의 세르비아 민족주의를 만드는 데 기여한 것은 과거 국가의 전통이었다. '튀르크에게 패배한 옛 왕국의 기억이 노래나 영웅담, 그리고 나아가 그 대부분의 왕을 성자로 모신 세르비아 교회의 일상적 예배 속에 보존되었기 때문이다'(같은 책 : 76).

그러므로 종족적 · 언어적 일체화가 근대적이고 꾸며진 것으로 보이는 반면에, 정치적 기억이나 제도들은 르낭이나 베버가 그랬듯이 장기간에 걸쳐 영향을 미치는 것으로 주장된다. 이것은 헤겔의 '역사 없는 사람들' 이론의 어떤 판과 매우 비슷하게 들린다. 이것은 과거에 국가라는 정치적 전통을 만들어 냈던 사람들만이 미래에도 근대적 민족과 민족국가를 만들 수 있을 것이라는 견해이다(Rosdolsky 1964를 보시오).

이것은 확실히 유럽에서의 민족주의 발전에 대한 홉스봄의 부정적인 견해와 잘 맞는 것 같다. 왜냐하면 그는 유럽 민족주의가 발전한 첫 번째의 거대한 시기인 1830~1870년의 민족주의가 포용적이고 시민적이고 민주적이었던 반면, 동유럽을 휩쓴 두 번째 형태의 민족주의는 종족이나 언어, 또는 두 가지 모두에 호소한 점에서 특징적이었다고 주장하기 때문이다.

그러나 홉스봄에게 종족이나 언어는 모호한 개념으로서 민족에 대한 확실한 범주를 제공하지는 못한다. 이 두 번째 종류의 민족주의는 첫 번째 것과 세 가지 점에서 다르다고 홉스봄은 설명한다.

> 첫째, 그것은 우리가 보았듯이 자유주의 시대에 그렇게 중요했던 '문턱 원리'를 포기했다. 그 이후 스스로를 '민족'으로 생각하는 어떤 집단이라도 자

> 결권을 주장했는데 이는 그 영토에서 별개의 주권적인 독립국가를 세울 권리를 의미했다.
>
> 둘째, 그리고 이 잠재적인 '비역사적' 민족들의 증가와 함께 종족과 언어가 중심적이며, 점점 더 결정적이고, 나아가 잠재적인 민족을 위한 유일한 기준이 되었다.
>
> 셋째, 민족-국가의 민족운동에게 영향을 주었을 뿐 아니라 기존 민족-국가 안의 민족 감정에도 영향을 준 변화이다. 그것은 정치적 우익이 갑자기 민족과 국기(國旗)를 받아들인 것으로 '민족주의'라는 용어는 실제로 이들을 위해 19세기의 마지막 (수)십 년 사이에 발명되었다.(Hobsbawm 1990 : 102)

1870~1914년의 이 시기는 유럽에서 산업도시들이 급격히 발전함에 따라 시민들이 급증하며 종족-언어적 민족주의들이 번성한 시기였다. 그것은 또 새로운 계급의 흥기와 종족적 이민, 그리고 대중적인 인종주의적 외국인 혐오주의의 시대이기도 했다. 후자는 특히 하층 중산계급이 중심이 된 것으로 외국인과 특히 유대인에게로 향했다(같은 책: 109~111, 121, 133).

민족주의의 이 시기와 이러한 형태는 20세기 중반의 인종주의적 파시즘과 나치즘에서 절정에 달했다. 1945년 이후의 상대적으로 조용했던 시기가 끝난 다음에는 19세기 말의 소민족 민족주의의 후예인 분열적인 종족-언어 민족주의가 다시 되살아났다. 그러나 둘 사이에는 큰 차이가 있다. 오늘날의 민족주의는 더 이상 역사 발전의 주된 동력이 되지는 못한다. 대신 종족적 민족주의는 '취약함과 두려움에 대한 반작용이고, 근대 세계의 힘을 막으려는 방벽을 세우려는 시도'로 보인다. 거대한 지구적 경제 변화와 인구 이동이 많은 사람들에게 갈피를 못 잡게 만들고 두려움을 가져다주었기 때문이다.

오늘날 민족주의는 부적절한 이념이 되었다. 그것은 그것이 과거에 지녔던 국가나 경제 형성의 기능을 잃어버렸고 '잃어버린 꿈의 대체물'이 되었다(같은 책 : 164, 175~176, 181).

그리하여 홉스봄은 희망적인 결론을 내리고 있다. '지혜를 가져오는 미네르바의 올빼미는 황혼에야 날기 시작한다고 헤겔은 말했다. 그것이 지금 민족과 민족주의 주위를 날고 있는 것은 좋은 징조이다'(같은 책 : 183).

민족주의 이전의 민족들

홉스봄의 주장을 상당히 길게 인용한 것에는 두 가지 이유가 있다. 하나는 그것이 매우 영향력 있기 때문이고, 더 중요한 것은 그것이 근대주의 패러다임에 속하는 구성주의적 형태의 주된 특징들을 분명히 보여 주기 때문이다. 이것들은 다음을 포함한다.

(1) 민족주의가, 민족국가와 함께, 민족을 만들었다.
(2) 민족은 민족주의와 같이, 19세기 초보다 일찍 만들어지지는 않았다.
(3) 민족과 민족주의 그 자체는 인텔리겐치아와 부르주아지의 생산물이다.
(4) 종족적(종족-언어적) 민족주의는 시민적-정치적 민족주의와는 구분되어야 한다.
(5) 민족주의와 민족은 그 기능을 다했으며 이제 지구화의 시대에 낡아버렸다.[5]

그러나 민족과 민족주의의 성격, 시기, 역할에 대한 이 근대주의적 견해들은 심각한 비판을 받고 있다. 홉스봄이 펴고 있는 근대주의적 주장의 모든 것이 도전을 받고 있다. 민족과 민족주의가 낡았다는 마지막 주장에 대해서는 다음 장에서 다룰 것이다. 지금 여기에서는 다른 주장들을 차례로 검토해 보려 한다.

민족주의의 산물인 민족?

민족주의는 보통 근대적 이데올로기로 받아들여지므로 그것이 민족을 만든다는 것은 민족주의 이전에는 민족이 없었을 뿐 아니라 과거 형태의 민족주의에 의한 민족도 없었다고 생각하게 한다. 여기에서 더 나아가 '민족'은 하나의 담론 형태이고 문화적 인공물이므로 그것은 민족주의라는 폭넓은 이데올로기 안에서만 의미를 갖는 구성물이라고 가정하기도 한다. 여기에서의 주장은 '민족'이라는 용어가 과거에 지녔던 의미는 필연적으로 근대(1789년 이후의) 민족주의에 의존하는 민족의 의미와는 매우 다르며 또 관련이 없다는 것이다.

'언어'와 '사물' 사이의 관계에 대한 문제를 떠나서도 여기에는 실제로 두 개의 문제가 존재한다. 하나는 '민족'이라는 단어의 근대적 의미가 다양하고 자주 모호하다는 것이다. 우리는 이 단어에 대한 학자들 자신의 매우 다른 의미 차이에 대해 언급해야 한다. 이것은 정치 참여자나 일반 공중(公衆)의 경우에도 마찬가지이다. 세계의 많은 곳에서는 이 단어의 의미를 정의하는 데 각각 다른 기준을 사용한다. 종교, 언어, 관습, 종족성, 영토, 국가 등의 기준이 홀로 또는 복합적으로 사용된다.

---

5 홉스봄의 접근법은 많은 학자들에게 영향을 주었다(제4장의 주 21을 보시오). 위에서 언급한 예외에 그리스 역사가로서 그리스와 비잔틴제국을 일체화한 비교적 최근의 글인 Kitromilides (1998)의 것과 이스라엘이 바-코치바 반란과 마사다 신화를 사용하는 것에 대한 Zerubavel(1995)의 분석을 덧붙일 수 있을 것이다.

우리가 보았듯이 여러 민족주의적 이데올로기들은 전체적으로 '민족주의적인 큰 틀' 안에서 매우 다른 민족의 개념들을 만들어 낸다. 그러면 과거에 사용하던 민족의 의미와 근대적인 의미 사이에 그렇게 큰 차이가 있을까?[6]

두 번째 문제는 더 심각하다. 우리가 민족을 오늘날 받아들일 수 있는 하나의 의미로 고정시킬 수 있다고 가정할지라도 그것이 과거에(말하자면 중세) 사용하던 '민족'의 의미와 크게 다르다고 어떻게 확신할 수 있을까? 이것은 애드리언 해스팅스가 탐구한 문제이다.

해스팅스는 잉글랜드의 경우에 '민족'이라는 단어의 의미가 길게는 14세기부터 연속성을 보여 준다고 주장한다. 14세기의 'nacioun'(Wyclif와 Rolle), 15세기의 'nacion'(Fortescue)이나 'nacyon'(Fabian)이라는 단어들은 훨씬 뒤의 것과 상당히 같은 의미로 사용되었다는 것이다.

1644년에 밀턴은 『아레오파기티카Areopagitica』에서 '나는 나의 마음속에서 고귀하고 힘센 민족이, 잠자고 난 뒤에 기력이 회복되는 것처럼 스스로 일어서는 것을 본다고 생각한다'고 썼다. 1755년에 새뮤얼 존슨은 그의 사전에서 민족을 '일반적으로 그들의 언어와 기원, 정부(政府)라는 점에서 다른 사람들과 구분되는 사람들'이라고 정의했다.

또 소(少)피트는 '민족으로서의 우리의 존재 ……잉글랜드인이라는 바로 그 이름'에 호소했다. 이 모든 것들은 잉글랜드인들이 최소한 14세기 초부터 스스로를 민족으로 느꼈다는 것을 시사한다(Hastings 1997: 14~16).

용례에서 이런 일관성이 나타난 중요한 이유의 하나는 롤Rolle과 위클리프가 시작했고, 종교개혁 이후에 공통기도서를 매주 읽게 됨으로써 증가

6 민족주의의 이 여러 형태에 대해서는 Kohn(1967a), Snyder(1976), Gilbert(1998)를 보시오.

한 불가타판 성경의 많은 영어 번역판 때문이다. 불가타판에서 그리스어의 'ethnos'를 'natio'로 번역한 것을 영어판에서는 'nacioun'이나 'nacion'으로, 나중에는 'nation'으로 사용했다. 그리고 'natio'라는 단어는 '중세 시대에 "언어, 법, 습관, 재판이나 관습의 형태"에 의해 구분되는 사람들이라는 불가타판적 의미에서 통례적으로 사용되었으며 그 의미는 '세인트 데이비드의 첫 노르만인 주교인 베르나르가 1140년경에 교황에게 보낸 편지에서 웨일스인을 'natio'라고 기술하며 거의 정의를 내린 것이다'(같은 책 : 117).

해스팅스는 이 간단한 언어적인 논증을 통해 영어에서 'natio'라는 단어가 불가타판 성경에 깊은 뿌리를 두고 최소한 '그 용법에서 600년 이상 놀랍게 견고한 연속성을 유지'했다는 결론을 냈다. 그리고 그 광범한 용례를 무시하고 'natio'가 중세 대학에서 학생들을 분류할 때만 사용했다고 주장하는 것은 불합리하다는 결론을 냈다(같은 책 : 17~18).[7]

물론 '단어'는 '사물'과 같지 않다. 그러나 만약 한 민족에 대한 귀속의 감정이 민족의 하나의 범주로 간주될 수 있다면 영국의 경우는 최소한, '민족이 민족주의에 앞선다'고 말할 수 있는 확실한 사건이다. 왜냐하면 이 언어적 용례의 연속성과 그것이 표현하는 민족적 귀속에 대한 내재적 확신이 나타나기 때문이다.

근대주의자들은 이에 대해 몇 경우에 민족이 그 민족주의보다 오래될 수는 있다고 하더라도 대부분의 민족은 민족주의의 산물이며, 그것은 민족주의 이데올로기에 의해 제시되는 민족의 인식 모델을 필요로 하고 그와 함께 자결권이라고 하는 민족주의적 이상을 추구하는 행동주의와 결

7 이것은 그린펠드가 중세 시대에 사용되던 용법을 제한적으로 인정하는 데 대한 암묵적인 비판이다(Greenfeld 1992 : 서문을 보시오). 보다 중요한 것은 로마가톨릭공의회에서 행한 '민족'에 따른 구분이다. 이것은 중세에 이 단어가 폭넓게 사용되었다는 것을 보여 준다.

합해야 한다고 반박할지 모른다.

게다가 이들에 의하면 근대의 '진정한' 민족을 만들어 내는 것은 시민권의 홍기이다. 민족은 대중적 현상으로 민족주의 이데올로기에 따르면 민족의 어떤 구성원도 그 자체로 시민이기 때문이다. 그리고 오직 근대에 들어와서만 시민권이 광범하게 확대되었다는 것이다.[8] 이런 반박에 대해 해스팅스는 (다시 한 번 잉글랜드의 경우를 예로 들며) 중세 민족의 민족주의를 지적한다. 비록 그들이 민족주의 이론을 결여하고 있었다 해도 이 민족들은 특히 위협과 갈등의 시기에 나름의 확실하고 행동적인 민족주의를 보여 준다는 것이다. 해스팅스에게 민족주의는 진실로 특수적인 운동이다. 그것은 자결권에 대한 어떤 일반 이론이 아니라 그 힘의 원천일 뿐이라는 것이다.

1800년 이후에는 많은 민족주의(이데올로기로서의)들이 민족보다 먼저 나타나고 민족을 만들어 냈을 수도 있다. 그러나 그 이전에는 상황이 반대다. 위협을 받고 있는 민족들이 그 자신의 민족주의를 만들었고 그것들은 1789년 이후의 **'부호 II'** 형태의 민족과 마찬가지로 자결적이었다.

전근대 민족은 존재했나

해스팅스에게 근대주의는 민족주의 이야기의 절반만을 보여 줄 뿐이다. 다른 반쪽인 1789년 이전은 생략되어 있다. 해스팅스가 발전시킨 신(新)영속주의적 주장은 특수한 예의 선택에 기초한 것이다. 그러나 그것은 홉스봄이나 다른 근대주의자들이 주장하는 민족 · 민족주의 · 근대주의 사이의 연관을 부정한다. 또 어떤 민족들의 경우에 전근대의 출발점에서

8 이것은 Breuilly(1993)가 근대주의를 옹호하며 제시한 주된 논의이다. 이것은 Bendix(1996)가 강조한 것이고 Connor(1994 : 9장)도 암묵적으로 말한 것이다.

오늘날의 발현까지 그 일체성과 연속성이 나타난다는 사실을 보여 주는 것이다.

해스팅스의 연구는 주로 서유럽, 특히 잉글랜드를 예로 삼고 있다. 잉글랜드에서 처음으로 나타났고 스코틀랜드, 아일랜드, 웨일스가 그 뒤를, 프랑스, 네덜란드, 스위스, 스웨덴, 독일, 스페인이 또 그 뒤를 따랐다는 것이다.

이런 주장은 '오래된 지속적인 민족과, 주로 1800년 이후에 새로이 동유럽과 아시아, 아프리카에서 만들어진 새 민족들을 구분한 휴 시턴-왓슨의 전통을 상당 부분 따르는 것이다. 시턴-왓슨은 '1789년 당시에 유럽에서 오래된 민족으로는 서쪽의 잉글랜드, 스코틀랜드, 프랑스, 네덜란드, 카스티야, 포르투갈 민족이 있었고 북쪽에는 덴마크와 스웨덴, 그리고 동쪽에는 헝가리, 폴란드, 러시아 민족이 있었다'고 주장한 바 있다(Seton-Watson 1977 : 7).

이 경우들을 보면 민족은 민족주의적이거나 또는 다른 엘리트들에 의해 의도적으로 만들어진 것이 아니라 스스로 성장했다. 그런 민족들은 민족주의적인 청사진이나 계획 —해스팅스의 용어를 빌리면 민족주의 이론— 을 가지고 있지 않았다. 그럼에도 불구하고 그것들은 민족이며 그 점에서 '민족주의적'이다.[9]

전체적으로 지속적인 영속주의에 속하는 해스팅스의 주장은 유럽 민족 정체성의 발전을 세 단계로 나눈다. 첫 단계는 지역에 따라 다르나 5세기에서 14세기의 시기이다. '지역적으로 많은 종족이 존재하고 그 대다수가 아직 불안정한' 단계이다. 이것들은 대체로 구어에 의존하는 종족들이다. 그러나 몇몇 경우에는 구어가 글쓰기에도 사용되고 있었다. 또 막 나타나고 있는 민족의 경계를 자국어 문학이 고정시키기 시작하는 때이다.

두 번째 단계는 15세기까지는 나타나는데 문어의 발전과 큰 국가들의

형성이 종족들의 복잡성과 변동성을 감소시킨 때이다. 그리고

> 서유럽의 대부분의 주된 민족들이 존재하는 것을 볼 수 있다. 그리고 사람들은 그것들에 대해 자주 이야기했다. 그것들은 근대주의 이론가들이 말하는, 18세기 말부터 민족주의에 의해 만들어졌다고 하는 민족들과 정확히 일치한다. 그 상관관계는 너무 밀접해서 그것이 우연적이라고 보는 것조차도 불합리할 것이다.(Hastings 1997 : 114)

세 번째 단계는 프랑스 왕정의 붕괴와 혁명적 운동의 물꼬를 연 18세기 말에 시작되었다. 이 혁명운동은 민족주의적 운동이기도 했다. 이 단계는 근대주의자들에 의해 민족의 전체 역사인 것처럼 오도되는 시기이다(같은 책 : 119). 이 시기는 민족주의에 의해 민족이 만들어진 시기로 근대주의자들은 이 점에 초점을 맞춘다. 그러나 그것은 '근대화'의 결과라기보다는 잉글랜드의 시민적 · 의회주의적 모델의 영향을 받은 결과이다. 특히 프랑스가 그렇다.[10]

해스팅스와 같은 신(新)영속주의자들에게는 전근대 민족이라는 것이 존재할 수 있으며 그 대부분을, 잉글랜드의 원형을 따라, 서유럽에서 발견

9 수전 레이놀즈는 시턴-왓슨의 접근법이 지닌 목적론적인 요소를 비판했다(Reynolds 1984 : 8장). 레이놀즈는 중세의 공동체들을 근대 민족을 향해 미리 예정된 발전을 해 가는 첫 단계로, 또 나름의 경계선과 감정을 가진 발생기의 민족으로 회고적으로 보아서는 안 된다고 생각했다. 그것들은 그들 나름의 대중적 감정을 가진 관습 · 법 · 혈통 · 정부(즉 왕국)의 공동체로 불려야 한다는 것이다. 그럼에도 한편에서 이 과거의 중세 공동체와 왕국들, 다른 한편에서 근대의 민족과 민족 감정들 사이에는 분명한 유사성이 존재하며 우리는 그것들의 관계에 대해 놀라워하고 있다고 말한다. 이에 대한 Llobera(1994 : 86)의 비평을 보라. '근대의 민족주의들은 중세 것의 재창조이다. 사실 그것들은 그 관계가 자주 왜곡되고 비틀린 것일지라도 중세의 과거에 뿌리를 박아야만 성공적일 수 있다.'

10 Hastings(1997 : 9)를 보라. 그는 '민족과 민족주의의 이해는 그것들과 사회의 근대화를 밀접하게 연결하는 태도를 포기할 때에만 진전될 수 있다'고 말하고 있다.

할 수 있다. 이런 주장을 하는 것은 해스팅스만이 아니다. 존 길링엄도 잉글랜드에서 14세기 이전에 민족이 형성되었다고 주장한다.

11세기와 12세기의 매머스버리의 윌리엄이나 몬마우스의 지오프리, 또 지랄두스 캄브렌시스의 작품들을 보면 웨일스나 아일랜드와 구분되는 잉글랜드 민족이라는 감각의 분명한 표현을 발견할 수 있다는 것이다. 이것은 앙주 왕조가 프랑스에서 영지를 획득했음에도 불구하고 그렇다. 이는 잉글랜드 제국주의의 초기 예로 볼 수 있는 것이다(Gillingham 1992).

이와 비슷하게 조지프 로베라도 민족주의 이데올로기가 비교적 근대적이라는 것은 인정하나 후대에 나타나는 민족들의 기초를 프랑키아, 게르마니아, 히스파니아 같은 유럽 핵심 지역에서의 종족적 · 정치적 결속과 감정의 긴 역사에서 찾는다(Llobera 1994 : 1부).[11]

그래서 존 브릴리 같은 근대주의자가 16세기에 나타나는 민족 감정을 민족주의의 전조 정도로 보는 것과 달리 신영속주의자들은 16세기 이전에도 민족과 민족주의가 존재했다고 주장한다.

물론 종교개혁은 개인적인 기도를 강조하고 자국어 번역을 통한 성경 읽기를 통해 민족 감정을 크게 고양하고 확산시켰다. 그리고 이 점은 리아 그린펠드가 근대성으로 나아가는 주된 민족주의적 노선들에 대해서 한 중요한 연구에서 상세히 밝힌 바 있다. 사실 그린펠드가 볼 때 잉글랜드의 민족주의는 종교개혁보다 약간 앞선다. 민족이 왕국 전체 사람들과 같다는 감정은 —이것이 그의 의견으로는 민족주의의 존재에 대한 핵심 기준이다— 잉글랜드 엘리트 사이에서 1520년대와 1530년대에 처음으로 확

11 중세 '민족들'의 다른 예에 대한 흥미 있는 연구는 다음을 보시오. 15세기 폴란드의 민족의식에 대해서는 Knoll(1993), 15~16세기 스위스 연맹의 연대기에 기록된 초기 창설 신화의 역할에 대해서는 Im Hof(1991), 독립전쟁 이후 스코틀랜드의 민족 감정 성장에 대해서는 Webster(1997)를 보시오. 또 현재의 스코틀랜드인들이 전근대의 스코틀랜드 정체성을 어떻게 이용하는지는 Ichijo(1998)의 고무적인 분석을 보시오.

산되었다.

그리고 신교파의 영어판 성경이나 공통기도서는 폭스의 『순교자의 책』과 함께 그런 민족 감정을 크게 고양시켰고 로마 가톨릭교회와 스페인의 동맹에 대항하는 잠재적인 대의를 만들어 주었다. 스페인의 무적함대가 침공한 시기까지는 대부분 지역의 중산층에게 잉글랜드 민족의 감각이 퍼졌고 그것은 나중에 프랑스, 독일, 러시아, 미국에서 나타나는 민족주의의 모델을 제공했다(Greenfeld 1992 : 1장).[12]

민족주의의 근원

신영속주의적 주장에서 민족 정체성의 근원은 주로 엘리트의 상상이나 발명이 아니라 대중적인 감정과 문화에서 찾을 수 있다. 그러므로 민족은 서로 경쟁하는 엘리트들에 의해 만들어진 근대적 인공물이 될 수는 없다. 비록 엘리트들이 중요한 역할을 하기는 하나 민족과 민족적 정체성의 원초적인 근원은 다른 곳에, 그리고 시간적으로 훨씬 오랜 과거에 존재해야 했다.

이미 보았듯이 해스팅스에게 전근대 민족은 유동적인 종족들로부터, 문화와 사람들의 경계를 고정시키는 문어와 문학의 발전을 통해 형성되었다. 전근대 '지식인들' ―시인, 서기, 성직자들― 이 여기에서 핵심 역할을 한 것은 의심의 여지가 없다. 그러나 해스팅스에게 민족주의의 주된 근원은 종교, 보다 특정해서 말하면 기독교이다.

기독교는 교육과 사회복지의 주된 망을 제공했다. 또 성직자들은 마을

12 다른 연구들은 잉글랜드 민족주의의 이 형성기를 강조한다. Kohn(1940), Corrigan과 Sayer(1985)를 보시오. 이 시기의 영국 섬들에서의 정치, 종교, 종족성 사이의 복잡한 관계를 강조하는 보다 조심스러운 견해에 대해서는 Kidd(1999)를 보시오. 영국 민족주의의 그 이후의 성장에 대해서는 Colley(1992)를 보시오.

사람들과의 매일매일의 접촉을 통해, 그리고 매주의 설교와 성경 봉독(奉讀)을 통해 대중들의 감정과 세계관에 강력한 영향력을 행사했다. 게다가 교회는 자국어의 사용을 인정함으로써 그 설교들이 전하는 메시지는 보편적인 만큼이나 민족적이 되었다. 왜냐하면 교회가 신약의 복음서 외에 구약성서와 거기에서 나오는 신성한 민족과 왕권이라는 그 정치적 이상을 받아들였기 때문이다.

교회가 성경을 만든 사람들인 유대인을 거부했다 해도 신약의 복음 속에는 이상적인 정치체의 모델이 없었다. 그래서 이스라엘 민족이라는 유대적인 원형을 받아들였고 스스로를 진정한 이스라엘로, 신의 선민의 후예로 보았다. 그 결과 나타난 메시지는 단순했다. 어떤 민족이든지 그들이 진정한 기독교인이고 교회에 충실하다면 고대의 유대 민족과 같이 신의 선민이 될 수 있다는 것이었다(Hastings 1997 : 1장과 9장).[13]

그러므로 해스팅스는 민족주의의 기원과 발전을 문헌과 성직자, 교회와 성경적 종교에서 찾아야 한다고 주장한다. 기독교 없이, 그리고 그 이전의 유대교 없이, 민족이나 민족주의는 존재할 수 없었다는 것이다. 코너 크루즈 오브라이언(O'Brien 1988a)도 '신성한 민족주의'의 성격과 기원, 그리고 그것이 민족을 신성화하는 문제에 대한 분석에서 이와 비슷한 결론을 내리고 있다.

13 해스팅스는 겔너와 마찬가지로 이슬람은 민족주의에 호의적이 아니라고 주장한다. 모든 것을 포괄하는 우마(umma)라는 개념이 민족을 초월하고 또 코란에 사용한 아라비아어의 신성한 지위 강조가 자국어의 신성화를 막기 때문이라는 것이다. 이런 주장에 대해 우리는 초월적인 가톨릭교회와 기독교 세계가 민족의 흥기를 가로막은 방식에 대해, 또 불가타판의 라틴어가 종교개혁 이전에 아라비아어와 비슷한 지위를 가졌던 것에 대해 주목할 수도 있다. 그러나 아랍인들의 우월이 11세기부터 페르시아에서 그 종족성과 언어가 되살아나거나 이슬람교 아래에서 튀르크나 다른 종족들이 유지되는 것을 막지는 않았다. 게다가 울라마는 경쟁이 되는 이슬람 왕조들을 지원했는데 이는 기존의 종족 감정에 의해 채워지고 보강되었다. Armstrong(1982: 3장)과 Frye(1975)를 보시오.

그것은 구약성서에 기록된 종교와 결합된 성경적 영토주의와 종족 공동체, 약속된 땅에 대한 통일된 비전으로 거슬러 올라갈 수 있다. 오브라이언은 더 나아가 이 전통이 어떻게 유럽에서 자리를 잡게 되었는지, 그리고 국기에 대한 배례나 기도회와 함께 미국 민족주의의 신성한 성격 속에서 어떻게 새로운 표현을 발견했는지를 보여 준다.

그러므로 신영속주의자들에게 민족과 민족주의의 근원은 세속적인 인텔리겐치아들의 청사진이나 근대 중산계급의 이해관계 속에 있는 것이 아니라 언어, 종족성, 종교의 깊은 문화적 원천 속에 있었다. 이 결론은 '민족주의 이전의 민족'이나 '근대성 이전의 민족'이라는 생각을 보다 쉽게 받아들이게 한다.

그러나 실제로 이것은 역사적 스펙트럼의 다른 극단에 있는 사람들이 해스팅스의 3단계 도식에 대해 의문을 제기하도록 만든다. 그들은 고대에서의 민족과 민족주의의 가능성을 제기하는 사람들이다. 이에 대해서는 해스팅스 자신도 잉글랜드에 앞서 존재했던, 고대 이스라엘 자체는 물론이고 아르메니아와 에티오피아의 고립된 민족에 대해 주목하며 언급한 바 있다. 이것은 내가 나중에 다시 다룰 문제이다.[14]

이 깊은 문화적 원천이 어디에나 존재하고 장기간 지속되고 있다는 사실은 영속주의자들과 근대주의자들의 유럽 중심적인 접근을 의심하게 한다. 그것이 유럽 외부의 전근대 민족, 특히 이란이나 동아시아 전근대 민족의 존재에 대한 논의를 열기 때문이다.

해스팅스에 따르면 민족주의는 유럽으로부터 기독교와 식민주의를 통해 아시아로 넘어갔다. 그러므로 그는 그 자신의 기준에 비추어 파간 왕조

14 해스팅스의 범주에 대해서 우리는 고대 말의 '민족' 가운데에 마로니트족, 콥트족, 사마리아족을 포함할 수 있을 것이다. 이에 대해서는 Atiyah(1968), Purvis(1968)와 A. D. Smith(1986 : 5장)를 보시오.

의 버마, 사파비드 왕조의 페르시아와 함께 일본, 한국, 중국에서 중세 시대에 이미 민족이 형성되었을 가능성을 생각하지 않는 것 같다.

그러나 그 나라들은 자국어와 문학, 독자적인 기원과 공통의 혈통에 대한 신화를 갖고 있다. 게다가 그 정치체들은 강력한 종교적 제도나 이상에 의해 지원을 받았다. 그러나 불교는 말할 것도 없지만 유교에서의 정치 모델도 기독교(그 점에서는 이슬람교도 같다)가 받아들인 고대 이스라엘의 것만큼 동적이거나 격렬하지 않을 수도 있다.

그리고 그 의미에서 해스팅스는 민족주의 이데올로기가 왜 서양에서 기원했고, 구약의 유대인들로 되돌아감으로써 종교개혁이 왜 서양에서 민족 형성의 첫 물결을 만드는 데 도움이 되었는지에 대해 설명해 줄 수 있을지도 모른다.

그러나 만약 우리가 민족에 대한 해스팅스의 기준과 서양의 민족 발전에 대한 그의 시대 구분을 받아들인다면, 우리는 거의 같은 중세 시대에 아시아에도 민족이 존재했었다는 사실을 인정해야 할 것이다.[15]

종족적 민족과 시민적 민족

근대주의자들과 구성주의자들에게 종족적 민족주의는 엘리트의 발명품이 자연화된 형태로 가장 잘 이해된다. 그것은 '허구적인 종족성'의 정치적인 버전이다. 에티엔 발리바와 이매뉴얼 월러스틴은 다음과 같이 이야기한다.

> 어떤 민족도 종족적 기반을 자연적으로 가지지는 않으며 사회적 형성체들로

15 정치 종교로서의 불교에 대한 다른 견해에 대해서는 Sarkisyanz(1964)와 D. E. Smith(1974)를 보시오. 중세의 스리랑카 종족성, 종교와 그것의 근대 민족주의와의 관련에 대해서는 Roberts(1993)와 Subaratnam(1997)을 보시오.

> 서 민족화된다. 그리고 그것들 안에 포함되거나 그 안에서 서로 구분되거나 그것들에 의해 지배되는 사람들은 종족화된다. 말하자면 과거에도 미래에도, 마치 그것들이 기원, 문화, 이해관계에서 개인이나 사회적 조건을 넘어서서 동일성을 가지는 자연적 공동체를 형성하는 것처럼 표현된다.

홉스봄은 근대 민족 형성에서 큰 시민적 민족이 (일시적인) 경제적 · 정치적 필요에 의해 만들어지는 것에 대비시켜 언어와 종족성의 성격과 역할에 대해 비판적인 문제 제기를 하고 있는데 우리는 그에게서도 이와 같은 해체주의적 강조를 발견할 수 있다.

그러나 영속주의자들은 일반적으로 이와는 달리 생각한다. 워커 코너의 용어 사용에 따르면 시민적 민족주의 또는 애국주의는 인위적인 것은 아니라 하더라도 확실히 합리적인 구성체이다. 그러나 종족적 민족주의는 최종적으로는 친족적 결속 감정에 뿌리를 박고 인간 경험과 가족 관계에 의해 만들어지는 기본적인 정서와 합치한다. 따라서 어떤 민족이 그 국가로부터 아무리 많은 지원을 받는 경우에도 민족은 자연적이지는 않더라도 종족성과 종족-언어적 결속에 기초를 두고 있다.

이것이 해스팅스가 아일랜드의 경우에, 또 그보다는 덜하지만 웨일스의 경우에 강조하는 점이다. 이곳에서 중세 시대 아일랜드의 모호한 역대 왕들 및 브리안 보루에도 불구하고, 또 잉글랜드가 정복하기 이전 웨일스의 상당 부분이 통일되어 있던 짧은 시기에도 불구하고, 국가는 민족을 규정하는 데에 최소한의 역할만을 했다.

아일랜드는 성 패트릭의 선교에서 시작하는 그 종교사와 섬이라는 지리, 그리고 성스러운 섬으로서의 성소(聖所)라는 것에 의해 정의되었다. 이것은 중세 시대에 아일랜드에서 아일랜드인과 잉글랜드인 사이에 그어진 분명한 구분에 대한 제임스 리든의 설명에 의해 뒷받침된다.

예를 들어 종교개혁과, 아일랜드에 신교도 스코틀랜드인이 정착하기 이전의 일인 1317년의 '탄핵서', 1366년의 킬케니 법령들, 그리고 거기에서 나오는 두 종족을 구분하는 문화적 또는 거의 인종주의와 비슷한 상투적 표현에서 그렇다는 것이다. 웨일스인과 잉글랜드인 사이에도 킴리Cymry라는 이름에서 상징되며, 시대를 더 거슬러 올라가면 (로마)브리튼 신화에 의해 상징되는 비슷한 구분이 분명히 나타난다.

이것들은 오늘날 구 유고슬라비아나 코카서스, 그리고 아프리카의 민족주의 대부분이 그렇듯이 오래 지속된 종족적 민족주의로서 종족성이 그 기초를 형성한다(Hastings 1997 : 3, 5, 6장 ; Lydon 1995).[17]

종족적 민족 및 민족주의와 시민적 민족 및 민족주의를 구분하는 일이 오늘날 매우 유행하고 있으나 그것은 신영속주의적 입장에서는 기껏해야 2차적인 것이고 나쁘게 말하면 잘못된 태도이다. 실제로 모든 민족이나 민족주의는 역사적으로 말해서 그 바탕에 종족적 요소를 가지고 있다. 그리고 때로 민족이 자신의 종족성을 넘어서서 보다 넓은 정치 공동체 안에 다른 종족들을 통합한다 해도 그것은 그 힘을 자신들의 조상이나 역사에 대해 서로 공유하고 있는 믿음에서 끌어낸다.

이것은 종족적 기초를 어떤 식으로든 '자연적'으로 만드는 것이 아니다. 그리고 그것은 또한 민족주의자들의 해석이나 협잡이 아니다. 오히려 그것은 민족의 역사적 · 구조적 기초와 특정 민족의 사회-역사적 문맥을 종족, 언어, 종교를 통해 인식하는 것이다.

서유럽과 미국에 초점을 두고 거기에서 나오는 관점에 의존하는 근대주의자들은 근대 서양의 영토에 기초한 정치 공동체를 전범이 되는 민족으로 취급한다. 그러나 실제로 그것은 과거의 종족적 민족들이 강력한 국

17 웨일스와 아일랜드의 형성에 대한 설명은 Williams(1985)와 de Paor(1986)를 보시오.

가들에 의해 육성되고 수 세기에 걸쳐 보다 영토에 바탕을 두는 민족과 정치적 민족주의로 변환된 특수한 경우일 뿐이다.[18]

이것은 서양 국가들이 역사적으로 '종족적 핵심' 주위에 형성되었다는 사실에서도 어느 정도 지지를 받는 견해이다. 즉, 국가가, 공동체를 창설하고 엘리트의 대부분을 공급하는 지배 종족들을 중심으로 형성된다는 것인데 최초의 민족국가들인 잉글랜드, 프랑스, 네덜란드, 스페인, 스웨덴과 함께 헝가리, 폴란드, 무스코비 러시아도 그렇다.

미국과 같이 이민으로 구성된 민족도, 물론 그 종족적 성격이 뒤에 여러 차례의 대규모 이민들에 의해 변화하기는 했으나 지배적이었던 프로테스탄트 잉글랜드 종족의 엘리트층에 의해 형성되었다.

그리고 수 세기가 흐르는 동안 이 강한 국가들은 영토적으로 팽창하며 다른 지역과 거기에 사는 주민들을 병합했으나 지배 종족은 그 지위를 20세기까지도 유지해왔다(A. D. Smith 1989를 보시오).

이 경우에 종족적 민족과 시민적 민족의 이분법은 역사적으로 부정확할 뿐 아니라 사회학적으로도 사람들을 오도하는 것이다. 보다 영토에 기초하고 다문화적인 정치 공동체인 시민적 민족으로 점차 변화해 온 것은 다름 아닌 종족적 민족이다.

로저스 브루베이커가 프랑스와 독일의 이민과 국적 정책의 차이를 보여주기 위해 사용한 영토와 혈연적 계보, 또 속지법과 속인법의 대비는 과장하면 안 된다. 대부분의 민족들은 때에 따라 둘 가운데 하나를 강조하기는 하나 두 사회조직의 원리를 함께 보여 준다.

18 이들 경우에 국가와 민족은 서로를 보강하며 나란히 발전했다고 말하는 것이 보다 정확할 것이다. 근대주의와 종족 중심주의 사이의 정신적인 장벽에 대해서는 Fishman(1980)을 보시오.

고대의 민족?

해스팅스가 제안한 중세 초의 구어 종족, 중세 말/근대 초의 **부호 I** 민족, 근대의 이데올로기에 의해 움직이는 **부호 II** 민족이라고 하는 민족 발전의 3단계설이 그 유럽 중심주의로 비판받을 수 있다면, 그것은 또한 인류사의 초기 시대를 잘 다루지 못했다는 점에서도 그렇다.

한 경우를 예외로 하면 해스팅스는 그의 기준을 고대에 적용하는 데 실패하고 있거나, 유대-기독교적 전통 이전이나 그 외부에 민족이 존재할 가능성을 고려하지 않고 있다. 만약 잉글랜드의 경우와 같이 지리나 국가에 의해 지탱되는 자국어 문학이 민족의 주된 기준이라면 왜 이스라엘은 거기에 집어넣고 고대 이집트나 바빌로니아, 페르시아는 제외하는가?

또 성경에 기초한 기독교가 유럽과 아메리카에서 민족의 이념을 확산시키는 데 중요한 요소였다는 것은 인정한다 해도 왜 우리가, 우리로 하여금 그 이전의 다른 공동체들에서 '민족'의 성격을 분간해 내도록 해주는 종족-언어적 기준들보다 그것을 우선해야 할까?

여기가 대부분의 영속주의자들이 주장하는 지속성에 대한 강조가 등장하는 지점이다. 해스팅스와 그 동료들은 고대의 다른 공동체들에게도 민족이라는 이름을 허용할 준비가 되어 있을지도 모른다. 그러나 그것들은 고립된 경우이고 민족으로서 살아남지 못했기 때문에 역사적인 중요성을 띠고 있지 않다.

반면 잉글랜드는 최소한 14세기부터 지속된 민족이고 다른 여러 지속적인 민족들이 자라나도록 씨를 뿌렸다. 이집트, 페르시아, 아시리아, 그리고 그리스조차 민족으로서는 후예를 남기지 못하고 '사멸'했다. 그러나 잉글랜드는 민족이라는 거대한 기둥의 꼭대기 위에 서 있다.[19]

이러한 일반화에는 하나의 큰 예외가 있는데 그것은 유대인이다. 그들은 민족의 원래적인 이상이고 원형이나 그럼에도 불구하고 해스팅스에 의하면 근 2,000년이나 민족을 '잃었고' 최근에야 이스라엘에서 그것을 회복했다.

이 주장이 당황스러운 것은 민족에 대한 해스팅스 자신의 기준에 의해도 유대인은 이산이나 추방Galut 시기에 뚜렷하게 지속적인 민족을 유지해 왔기 때문이다. 그는 (1) 종족성 (2) 자국어 언어와 문학의 고정 (3) 성경의 원형을 모델로 할 것을 그 기준으로 삼는다.

그들은 높은 문자 해득율과 함께 성스러운 언어와 문학을 가진 사람들로서 이산 기간에도 그것을 지속적으로 읽어 왔고 발전시켜 왔다. 그러면서도 그들의 십계명과 약속된 땅에 충실했다.[20]

분명히 여기에는 다른 기준도 작동하고 있는데 그것은 고토에 거주하거나 그 땅을 점유해야 한다는 것이다. 의심의 여지 없이 이는 민족의 중요한 기준으로서 역사적으로 자주 결정적일 뿐 아니라 민족주의 이데올로기에도 사활적이다.

나는 다음 장에서 미래에 '민족들'이 비영토적인 공동체로 생각될 수 있을지 여부를 다룰 것이다. 그러나 그러한 공식화는 민족에게 영토라는 것이 규준이라는 사실을 인정하는 것이다. 과거에 민족은 항상 영토적 공동체로 간주되어 왔다.[21]

그러나 만약 영토가 민족에 사활적이라면 고대 이집트인들보다 좋은

---

19 겔너도 잉글랜드에서 민족적 감정이 일찍부터 나타났다는 것을 받아들일 자세가 되어 있다(Gellner 1983 : 91~92 주). 또한 서유럽의 많은 지역에서 문화와 정치 공동체는 근대 (산업) 사회가 그것을 요구하기 훨씬 이전에 확립되었다는 그의 견해도 보라(Gellner, 1997 : 51). 이것은 그 원인이 특히 잉글랜드나 영국 섬들의 어떤 특수성에만 있는 것이 아니라 서유럽의 지정학적 · 문화적인 자리매김 속에 있다는 것을 시사한다. 이에 대해서는 Orridge(1982)를 보시오.

20 유대인의 이산과 유대인이 아슈케나지와 세파디로 나뉜 데 대해서는 Seltzer(1980), Elazar(1986), Kedourie(1992), Goldberg(1996)를 보시오.

민족의 예가 어디에 있겠는가? 이집트는 나일 강 양안의 좁고 긴 영토에 제한되어 있었고 그 바깥쪽에는 사막이 있었다. 그리고 가까운 이웃 종족인 누비아인과 아시아인들과는 관습, 종교, 언어, 골상뿐 아니라 모든 것을 지배하는 단일 종교와 강력한 국가에서 달랐다. 게다가 (예를 들어 아케나톤의 송가를 보면) 그들은 자신들이 다른 민족이나 그 언어와 다르다는 것을 분명히 인식하고 있었다. 그렇다면 고대 이집트인들에게 '민족'이나 '민족국가'라는 이름을 거부하는 이유는 어디에 있을까?(Trigger 등 1983을 보시오)

근대주의자들은 이집트가 하나의 고립된 예라며 여기에 반대할지 모른다. 이집트가 오늘날 민족의 불가결한 범주인 민족국가 체제의 일부가 아니기 때문이라는 것이다. 근대성과 현재가 다른 모든 것들이 따라야 하는 민족의 모델을 제공한다는 가정은 잠시 제쳐 두자. 그리고 기원전 2,000년기의 이집트가 히타이트 제국이나 미타니 왕국, 바빌론의 카시트 왕국과 함께 중동의 지역 국제 '체제'에 실질적으로 묶여 있었다는 사실에 주목하자.

그 시기는 실제로 텔-엘-아마르나 서한이라고 하는 당시의 외교문서들이 남아 있기 때문에 우리가 어느 정도 지식을 가지고 있는 시대이다. 그러나 이 정치체들이 그 지정학적인 상호관계 때문에 '민족들'이라고 규정될 수 있을지 어떨지는 매우 다른 문제이다(Roux 1964).

훨씬 뒤의 헬레니즘적 시대에도 프톨레마이오스 왕조 아래 이집트는 중동 지역의 지역적 '국제 체제'의 일부를 형성했는데 여기에는 셀레우코

21 영토와 민족주의의 깊은 역사적인 관련에 대해서는 Hooson(1994), Herb와 Kaplan(1999)을 보시오. Schama(1995, 특히 1~4장)는 기억과 풍경에 대한 암시적인 설명을 하고 있다. 러시아에 대한 광범한 연구는 Basin(1991)을, 신성한 영토에 대해서는 A. D. Smith(1999b)를 보시오.

스 왕조의 시리아, 페르가몬, 마케도니아, 파르티아가 포함되었다. 여기에서도 국가들은 국경에 의해 구분이 되는 영토에 중심을 두고 형성되었고 나름의 신앙, 언어, 월력, 법과 관습이 있는 공동체를 구성하고 있었다(셀레우코스 왕국에는 실제로 그런 공동체가 여러 개 있었다).

그러므로 우리는 이 정치 공동체들을 아마도 '민족'이라고 불러야 할 것이다. 또 '유대인의 이웃들이었던 고대 중동의 민족들에게는 신전, 영토, 왕권, 군대라는 특수하고 잘 정의된 정치적 민족주의의 상징들이 있었다'는 도런 멘델의 판단에 동의해야 할 것이다(Mendel 1992 : 1).

고대 세계의 민족주의가 '근대'의 것과는 다른 의미가 있다고 하더라도, 또 헬레니즘적 시대의 문제는 멘델의 말로는 '여기에서 편의상 "민족주의"로 불릴 종족성'과 관련된 문제라고 할지라도, 그 모든 주된 특징들을 볼 때 우리는 근대의 민족과 닮은 고대 민족의 일반적인 존재를 받아들여서는 안 될까? 그러므로 우리는 민족이 매 시대마다 계속 나타난다는 사실을 받아들여서는 안 될까?[22]

이것은 스티븐 그로스비가 고대 이스라엘에 대한 그의 예리한 분석에서 취한 관점이다. 기원전 7세기 이후의 고대 유대인을 고대 그리스인, 아람인, 에돔인, 이집트인, 아르메니아인과 비교하며 그로스비는 그들이 지녔던 민족으로서의 집단적 자기 이미지를 진지하게 받아들였다. 그리고 이들과 그 땅과의 관계의 원초적인 성격을 강조했다. 그의 공식에 따르면 '사람들은 그 자신의 땅을 가지며 땅도 그 사람들을 가진다'는 것이다.

그때에 유대왕국의 엘리트들은 자신들의 좁은 지방을 넘어 경계 지어진 신성한 영토에서 살고, 유일신인 야훼를 그 정해진 중심지인 예루살렘

22 최소한 고대 유대인에 대해서는 Brandon(1967)과 Stern(1972)에게서 하나의 견해를 찾아볼 수 있다. 보다 일반적인 재발적 영속주의에 대해서는 Armstrong(1982)을 보시오.

의 성전에서 숭배하는 유대 '사람들'의 존재에 대해 최소한 굳은 신념을 품고 있었다(Grosby 1991 : 240).

같은 방식으로 고대 이집트인들도 그 '땅'(나일의)에 대한 비슷한 애착을 보여 준다. 또 이집트는 전적으로 이집트인에게 속하며 그 땅의 최고신(테베의 아몬-레 신)의 보호와 관장 아래 있다는 굳은 믿음이 있었다. 그로스비에 의하면 이런 믿음은 고대 그리스에는 없었으나 고대 아르메니아에서는 발견할 수 있다(같은 책 : 247 ; 1997 : 21).[23]

그럼에도 불구하고 그런 해석에는 많은 제약이 따른다. 고대 세계에 대한 증거의 부족, 또 과거의 시대를 후대의 개념과 편견을 통해 읽는 '회고적 민족주의'의 위험은 그런 분석을 기껏해야 가설적인 것으로 만든다. 그로스비 자신도 증거와 범주 분석상의 위험을 알고 있었다. '하나의 집단이 특수한 분석적 카테고리에 정확하게 들어맞는 경우는 드물다. 이것은 고대의 집단뿐 아니라 근대의 민족국가의 경우에도 마찬가지로 진실이다'(Grosby 1997 : 2).

이와 관련된 다른 문제도 있다. 우리가 고대의 '민족'에 대해 떳떳하게 말할 수 있다 할지라도 그것이 특수한 근대 민족과의 연속성을 의미하는 것은 아니다. 고대 이집트나 그리스 민족은 영토 면에서는 연속성이 있고, 그리스의 경우에는 언어적 연속성도 있지만 근대의 이집트나 그리스 민족과 별 관계가 없을 수도 있다.

이것이 파스칼리스 키트로밀데스가 그리스의 민족주의 역사학과 그리스 민족주의를 근대주의적 입장에서 예리하게 비판하며 지적하는 점이다. 그에 의하면 집단적인 행위자로서의 연속적인 그리스 민족이라는 생각을 처음 제시한 것은 19세기 중반에 콘스탄티노스 파파리고폴로스가

23 보다 완전한 논의는 A. D. Smith(2000a : 2장)를 보시오.

쓴 위대한 『그리스 민족사』이다. 여기에서는 그리스 민족이 고전 고대에서 비잔틴제국 시대의 영광을 거쳐 근대의 독립 그리스 국가로 이어진다고 생각한다.

그러나 키트로밀데스에 따르면 19세기 초까지 이어지는 중세 시기에 그리스와 그리스인은 사실상 광대한 비잔틴제국과 정교회(그리고 나중에는 오스만제국)의 일부였다. 그리고 이것은 세르비아, 불가리아, 루마니아와 같은 근대에 새롭게 상상된 다른 정치 공동체들도 마찬가지라는 것이다(Kitromildes 1989와 1998; Just 1989).

그러면 그리스 민족주의자들이 그리스 민족을, 고전 그리스는 아니라고 하더라도 비잔틴제국에서 시작한다고 보는 것은 전적으로 잘못인가? 아니면 반대로 그리스 민족은 근대성의 출현과 함께 19세기 초에 와서야 등장한다는 근대주의자들의 주장이 옳은가?

근대주의자들이 민족을 대중적인 시민권, 공공 문화, 국경선이 있는 영토로 정의하는 한, 근대 이전에는 그리스 민족을 생각할 수 없다. 그러나 만약 우리가 이 기준을 강조한다면, 1922년에 그리스가 튀르크에게 패배한 후에 벌어진 인구 교환과 국경선의 안정이 있기 전에 과연 그리스 민족을 이야기할 수 있을까?

근대주의자들은 또한 그리스 민족의 '대중적 참여' 문제에도 부딪힌다. 그리고 그 점에서 본다면 우리는 20세기 이전에는 그리스 '민족'에 대해 거의 이야기할 수 없다. 반면 만약 우리가 민족을 신영속주의자와 같이 종족성, 자국어, 종교 문화로 정의한다면 그리스 민족은 비잔틴제국 말기와, 그 후에 그리스인들과 그리스어를 하는 성직자들에 의해 이끌려진 그리스정교 속에 존재했다고 말할 수 있을 것이다.

게다가 6세기 이래 아바르족, 슬라브족, 알바니아족이 그리스를 침공함으로써 거기에 살고 있는 주민들의 연속성이 크게 깨지기는 했지만 비잔틴제국 말기에 그리스 철학과 언어가 부흥한 뒤에는 미약하기는 하나 고전 그리스와의 문화적 연결도 이야기할 수 있을 것이다(Baynes 와 Moss 1969 : 1장 ; Armstrong 1982 : 174~181).

고대까지 이어지는 연속된 과거를 주장하는 근대의 다른 민족들에서도 비슷한 역사적 해석의 문제들을 발견할 수 있다. 이집트인, 페르시아인, 아르메니아인, 유대인은 모두 그들이 초기에 발전하고 독립을 유지했을 때의 영토 안에서나, 또는 '고토'로부터 축출된 후 이산의 상태에서 그 주민이나 문화 면에서 큰 공백을 겪었다.

이집트인과 페르시아인의 경우에는 종교적 개종에다 그리스인, 아람인, 아랍인, 튀르크인 같은 문화가 다른 많은 사람들의 유입이 덧붙여졌다. 다른 종족 집단들이 여러 번이나 나라를 점령하고 자신들의 왕조를 세웠다. 이집트의 경우에는 20세기까지, 페르시아는 20세기 초의 헌법운동 때까지 그랬다.

아르메니아인과 유대인의 경우에는 바빌로니아, 페르시아, 헬레니즘적 국가들, 로마, 비잔틴제국 등 외국의 연속적인 점령에 이주와 축출이 더해졌다. 그래서 거의 이산 공동체가 되었으나 그것이 역사적인 고토와의 연결을 단절시킨 것은 아니다.

그러나 이산 공동체를 '민족'이라고 부를 수 있을까? 아니면 그들의 역사적인 영토의 일부에 다소간 독립적인 국가를 창설하고 영구적인 국경과 공공 문화, 대중적인 참여의 가능성이 있게 된 20세기에만 아르메니아 민족과 유대 민족을 이야기할 수 있을까?[24]

24 고대 세계의 이런 집단들에 대해 더 보려면 Wiseman(1973), A. D. Smith(1986 : 2~5장)를 보시오. 고대와 중세의 이란에 대해서는 Frye(1966과 1975)를 보시오. 파라오 시대 이집트의 재발견과 재흥에 대해서는 Gershoni와 Jankowski(1987)를 보시오. 이산 일반에 대해서는 Armsrong(1976)과 Cohen(1997)을 보시오.

역사 속의 민족들 : 대안이 되는 견해

그러면 우리는 이 해석들 가운데 어느 것을 받아들여야 할까? 어떤 정의에서건 증거는 불명확하다. 국경의 문제를 보자. 예를 들어 기든스는 전근대의 정체들은 국경이 변화하며 정해지지 않았고 근대의 정체들은 다소간 영구적이고 고정된 국경들에 의해 특징지어진다는 근대주의적 주장을 한다. 이런 대비에 대해서는 많은 이야기를 할 수 있으며 그것이 그의 주장만큼 절대적인 것은 아니다.

고대의 제국들도 영토의 경계에 대해서는 생각이 매우 분명했다. 예를 들어 로마제국의 북부 국경선은 한 세기 이상에 걸쳐 고정된 국경으로 굳어졌다. 중국인들은 자신들의 북부 국경을 만리장성으로 고정화하려 했다.

고대의 이집트인들은 분명하고 고정된 동부와 서부, 북부의 국경선을 갖는 축복을 누렸다. 이는 아이누족을 정복한 이후의 일본도 같다. 유대인의 경우에도 성경은 약간 불분명하기는 하나 약속된 땅의 국경을 제시했다.

대중적인 '공공 문화'나 '시민권'의 기준에도 같은 것이 적용된다. 20세기의 기준에서 보면 대부분의 전근대 공동체들은 두 가지 점을 결여하고 있다. 하나는 그 대부분이 구성원 자격에 종족-종교적 정의를 가지고 있다는 것이다. 다른 하나는 우리가 보았듯이 전근대의 주민들이 그들 공동체의 엘리트 문화에 어떻게 연관되었는지에 대한 기록이 거의 없다는 것이다.

그러나 고대의 경우에는 큰 종교 축제나, 사원에서의 예배, 법적 규제, 시장, 국제무역, 징병을 통해 그에 대한 암시를 얻을 수 있다. 그리고 중세 시대에는 큰 세계종교의 비호 아래, 그런 연관이 별로 정치적이지는 않았어도 보다 정규적이고 직접적이 되었다.

이 모든 것은 근대 세계의 민족과 전근대의 집단적 문화적 정체성 사이에 나타나는 차이가 중요하다는 근대주의자들의 주장이 옳다는 것을 시사한다. 그러나 그렇다고 해서 우리는 전근대 공동체와 근대 민족 사이에 너무 큰 불연속을 만들지는 않도록 조심해야 한다. 또 홉스봄이 그랬듯이 전근대 공동체들과 근대 민족 사이에 있는 어떤 종류의 연속성을 서둘러 부인해서는 안 된다.

그런 간극은 우리가 우리의 관심을, 전근대에는 일반적으로 코즈모폴리턴적이고 특정 문화를 넘어서나 근대에 오면 점점 더 민족적이고 민족주의적이 되는 상층계급에 제한할 때 존재한다. 그것은 또한 우리가 근대를 단일한 '전근대'와 비교할 때, 즉 전근대를 거의 단일적으로 취급하여 인위적인 '전-후' 모델을 만들어 낼 때도 존재한다. 그러나 역사 연구를 고대 초까지 소급하게 되면 우리는 집단적 문화 정체성의 여러 형태와 단계를 구분하고, 또 그것들의 발전에 대해 보다 미묘하고 복잡한 설명을 할 수 있을 것이다(McNeill 1986 ; A. D. Smith 1994).

종족적 범주와 종족

그 첫 번째 형태는, 그리고 아마도 기록된 역사의 첫 단계는 '종족적 범주'의 단계일 것이다. 그것은 집단으로서 자기 나름의 이름을 갖는 사람들로서 자신들을 다른 사람들과 구분시키는 하나나 여러 개의 문화적 속성 —보통은 언어와 관습이다— 을 갖는다. 또 보통 변화하고 불명확하기는 하나, 특정 영토와 관련을 맺고 있거나 맺고 있다고 생각하는 사람들을 가리킨다.

그런 범주들은 외부 사람들에게는 '종족적'으로, 즉 공통의 기원과 역사를 가진 것으로 보인다. 그것은 그 집단에 공통의 조상에 대한 아무런 신화가 없을 경우에도 마찬가지이다. 그런 범주들은 고정된 경계선이 없고 책이나 유물들 속에 상징이나 신화를 간직하고 있지 않으므로 해스팅스가 말하듯이 유동적이며 자주 일시적이다.

외부인들에게는 보이는 이 공통의 종족성이 내부에서는 느껴지지 않는다. 우리는 거기에 속하는 사람들이 어떤 집단적인 유대나 감정을 느끼고 있었는지에 대한 기록을 가지고 있지 않다. 또 그것을 알 방법도 없다.

이런 상황과 그에 대한 기술(記述)은 족보가 등장하며 변화하기 시작한다. 가족들은 통혼을 통해 마을 사람이나 이웃 마을 사람들과 결합한다. 그리고 그들의 혈통을 공통의 조상에게서 찾는다. 이런 족보들은 보통 구전으로 내려오나 나중에는 기록된 연대기나 서사시로 남을 수 있다.

이 종족의 기원과 혈통에 대한 친족 신화는 자주 이주의 기억이나 공통의 신에 대한 제식, 상징, 신화와 결합한다. 그리고 이는 인간을 우주적 세계와 연결하며 가족들의 유대를 신성한 힘의 보호 아래에 놓는다.

혈연의 신화와 이주의 기억이 신에 대한 숭배와 그 제식과 긴밀히 얽힐수록 그 구성원들의 결속이나 감정은 더 강해진다. 그리고 이것은 그들을 처음에는 공동의 행위와 관계의 조밀한 종족적 네트워크로, 다음에는 완전히 발전한 '종족 공동체', 즉 에트니로 향하게 한다.

이 종족 공동체는 공동의 기원에 대한 신화와, 동일한 역사적 기억이 있는 고유한 이름의 집단으로서 공동의 문화적 요소 가운데 하나나 여러 가지를 가지고 고토와 연결되며 최소한 엘리트 사이에서라도 강한 연대의 감정을 느낀다.

이런 공동체들은 보통 다양한 경제 · 사회 · 정치적 제도를 가지고 지속적이며 가시적인 경계선을 두고, 국경을 넘나드는 교역이나 이동, 사상 · 기술의 교환 같은 정규적인 행위들을 통해 외부인이나 이방인에 대한 감각을 잘 발전시키게 된다(Barth 1969 : 서론 ; Nash 1989 ; Eriksen 1993).

초기에는 종족적 범주나 종족적 네트워크, 종족적 공동체라는 두세 개의 형태가 나타난다. 그리고 사람들은 서로 다른 이 종족적 형태 사이로 자주 옮겨 다닌다. 그런 단계는 물론 고대 초기나 기록된 역사의 초기에만 한한 것은 아니다. 우리는 근대에서도 여러 종족적 집단 형태들 —종족적 범주, 네트워크, 공동체들— 을 아시아나 아프리카뿐 아니라 유럽에서도 계속 발견한다. 이것은 우리에게 여기에서 개관한 집합적인 문화적 정체성들이 진화적인 형태를 취하지는 않는다는 것을 말해 준다. 그 형태들은 상당한 유동성을 보이며 겹치기도 한다. 그리고 그 역사적 순서에서 역행할 수 있는 것은 물론이고 결정되어 있는 것도 없다.

종족 국가와 초기의 민족들

고대 세계는 도시-국가, 왕국, 제국들의 세계이나 그와 함께 대체로 종족적 집단들의 세계이다. 느슨한 종족적 집단들 가운데 많은 것은 정치적 형태를 취하지 않으며 정치적 열망을 보이지도 않는다. 반면에 완전한 종족 공동체로 결정화(結晶化)된 것들은 정치적 표현을 추구하며 우리가 '종족 국가'라고 부를 수 있는 것을 만든다.

이것은 특히 문화적 표현들을 독점하는 강력한 성직자 집단이 상당히 응집적이고 단일한 종족적 왕국을 건설하기 위해 지배 엘리트와 동맹을 맺을 때 그렇다. 고대 이집트가 그런 경우이고 훨씬 더 종족적으로 뒤섞여 있는 아케메네스 왕조와 뒤의 사산 왕조의 이란도 어느 정도는 그렇다.

거기에는 우리가 민족에서 발견하는 수평적이며 계급을 넘어서서 사람들을 한데 묶는 감정이 거의 없었다. 귀족과 성직자들이 다른 종류의 교육을 받았기 때문이다. 이것은 고대 이집트에서 상층계급 문화가, 나일 계곡의 독특한 지리와 지정학에 의해 또 문화를 거의 독점하다시피 한 성직자들의 도움을 받아, 아래로 스며내려 갔는데도 그렇다(Frye 1966; David

1982).

고대 이스라엘과 아르메니아의 경우에는 상황이 다르다(아르메니아에 대해서도 확실한 판단을 할 증거는 별로 없다). 강력한 신화와 상징의 등장, 공동체의 기억과 전통, 이주, 영토, 역사는 아르메니아인과 유대인들에게 자신들이 외부인과 다르다는 감각을 주었을 뿐 아니라 내부적으로도 매우 응집적이지는 않더라도 형제애적 감각을 주었다. 여기에서 일신교는 그것을 형성하는 데 분명히 중요한 역할을 했다. 비록 계급적 차이는 계속 뚜렷하게 남았고 그것은 특히 토지 귀족이 있었던 아르메니아에서 그렇다. 그럼에도 공동의 운명과 정치적 연대의 감각은 사회의 모든 계층에서 다 발견할 수 있다.

이것은 고대 유대 예언자들의 경우에, 그리고 '회개하라 그리고 율법으로 돌아가라'는 그들의 부르짖음에 대한 반응에서 가장 분명히 나타난다. 그러나 우리는 또한 아르메니아 왕국이 무너진 후 아르메니아 엘리트 사이에서도 공동의 운명에 대한 감각을 발견할 수 있다. 이것은 초기 기독교 시대 아르메니아 역사가들, 특히 코렌의 모세의 글에서 잘 나타난다.

두 경우 모두에서 다름이나 공동체에 대한 감각은 정치적 자율성의 욕구와 결합하고 있는데 그것은 독립이라는 이상이나 그 '황금기'를 지향하는 것으로 미래에 정치적으로 되살아날 것이라는 희망을 갖게 하는 것이다. 최종적으로는 실망스러운 결과로 끝나기는 했지만(Lang 1980; Zeitlin 1984; Grosby 1997; Panossian 2000).

이 경우들에는, 보다 일반적이었던 종족 국가들과는 다른 새로운 형태가 나타났다는 점에서, 조심스럽고 제한된 범위에서이기는 하나 고대 세계의 '민족'을 말할 수도 있을 것이다. 그러나 정치에 대한 대중적인 참여나(고전기 아테네의 경우에도 성인 남자만 참여했다), 완전한 법적 시민권, 또 경제적 단위를 주장할 수 없는 것은 사실이다. 그러나 우리가 이미 보았듯이 이 기준을 엄격히 적용하면 이른바 많은 근대 민족들도 여기에서 벗어나게 되며 대부분 '민족들'의 출현 시기도 제1차 세계대전 이후가 된다. 민주주의 국가들의 경우도 마찬가지이다.

아마도 이것이 문제의 핵심일 듯하다. 대부분의 근대주의자들에게 민족은 진정으로 민주적인 사회에서만 발견된다. 그런 사회에서만 우리가 진정으로 대중적 시민권을 말할 수 있기 때문이다. 그러나 그렇게 하면 민족의 발전에 대한 진화적인 도식의 유럽 중심적 · 서양적 가정이 또다시 드러나게 된다.

그리고 이것은 다시 한 번 근대의 문맥과 기준을 관심사와 전제가 매우 다른 시기에 적용하는 것이다. 고대 세계 대부분의 사람들에게 중요했던 것은 신들에 의해 지배되는, 자주 이해할 수 없고 폭력적인 자연의 힘에 대해 그들이 어떤 관계에 있는가 하는 점이었다. 그래서 집단적인 의식이나 희생을 통해 이 신들의 비위를 맞추어야 했다.

이 경우에 대규모의 제사나 예식에 대한 대중적인 참여 속에서 근대 세계의 수평적인 형제애 비슷한 것을 찾아볼 수 있다. 그것은 상상된 조상들의 공동체를 윤리적 · 종교적 의무의 이행을 통해 믿음과 숭배의 공동체와 연결하는 과정에서도 나타난다. 또 종족적 기원과 선민에 대한 상징과 신화에 의해 환기된 공동체라는 감각 속에서, 조상들과 영웅적 행위에 대한 공동의 기억 속에서도 발견할 수 있다.

그런 융합이 일어난 곳에서 우리는 민족에 대해 말할 수 있을 것인데 그곳에서는 종교법과 의식(儀式)이 근대 시민권의 법적 권리나 의무와 같은 역할을 한다. 이런 방식으로 우리는 민족의 특정한 고대적 형태에 대해 이야기할 수 있을 것이다.[25]

왕조적 그리고 귀족적 민족

세 번째 형태는 애드리언 해스팅스가 이야기하는 것으로 유럽 중세의 왕조적 민족 그리고/또는 귀족적 민족이다. 한편에는 서유럽의 강력한 왕조적 민족들이 있다. 이는 수평적 종족들과 강력한 국가들에 —12세기에서 15세기 사이에 잉글랜드, 스코틀랜드, 프랑스, 덴마크, 스웨덴, 스페인에서 등장한— 기초한 것이다. 그리고 이는 몇몇 동유럽 국가들, 특히 폴란드, 러시아, 그리고 일시적으로는 헝가리에서 반향을 일으켰다.

다른 한편에서는 보다 귀족적이고 중산계급적이고 덜 통합된 종류의 민족들이 나타났다. 이것들은 종족적 차이에 대한 강한 감각, 종교적 형제애에 대한 감정, 정치적 자율성에 대한 욕구를 가지고 있었고 그 모두가 자신의 조상의 고토, 종교와 문화라는 공동의 문화(하나이든지 둘 다이든지)와 연결되어 있었다.

나는 그 예로 중세 말의 스위스나 네덜란드, 그리고 그보다 덜한 정도로는 만성적인 분열을 겪기는 했지만 중세 아일랜드를 마음에 두고 있다. 이 경우에 강력한 신화와 영웅적 행위들에 대한 상징과 기억들은 비록 덜 통합되기는 했으나 배타적이고 신앙-지향적인 형태의 공동체를 만들어 내도록 고무했다(de Paor 1986 ; Schama 1987 ; Im hof 1991).

왕조적과 귀족적이라는 중세 말에 나타나는 이 두 종류의 민족이 보여주는 차이를 과장해서는 안 된다. 그 둘은 모두 정도가 다르기는 하나 그 지배계급의 문화가 중산계급으로 또 외부 지역으로 퍼져 나간 '수평적'인 귀족적 종족의 산물들이다.

왕조적 민족에서 그런 문화 확산의 행위자는 강력한 종족 국가로서 그

25 고대 바빌로니아와 이스라엘의 이 공공 의식과 법에 대해서는 Frankfort(1948)와 Zeitlin(1984)을 보시오.

통치자들은 '관료주의적 편입' 과정에 의해 다른 계급과 지역들을 탄탄한 민족국가로 융합하거나 통합하려 한다. 귀족적 민족 안에서는 다소간 잘 짜인 귀족계급이나 도시 귀족이, 격렬한 종교적 분규의 시기에는 영적 지도자들의 도움을 받으며, 외부 세력(또 자기 자신들 사이에서의)과의 투쟁을 통해 형성되었다. 그에 뒤따르는 지정학적인 분립이나 어느 정도의 고립은 이 종교적 문화를 중산층이나 하층계급으로 확산시키도록 했다.

중세 민족 형성의 이러한 느리며 지역마다 다른 과정은 근대에 인텔리겐치아와 부르주아에 의해 이루어진 중산계급 민족-형성의 보다 압축적이고 목적 지향적인 과정과는 구분할 필요가 있다(A. D. Smith 1989).

대체로 이 시기의 세계에서는 여러 종류의 종족적 집단화가 대세였다는 사실을 기억하는 것이 중요하다. 왕조적이거나 또는 보다 귀족적이며 상층 중산계급적인 민족은 르네상스와 종교개혁 이후에조차 예외적이다. 스위스, 네덜란드, 아일랜드의 예는 혁명적 민족주의가 등장하기까지는 세계는 말할 것도 없고 유럽에서도 모방되지 않았다. 그것은 서유럽과 북유럽의 왕조적 민족국가들도 마찬가지이다. 폴란드, 러시아(그리고 일시적으로는 헝가리)를 제외하고는 모방되지 않았다.

중국, 한국, 일본 같은 동아시아의 종족 국가들, 또 타이, 캄보디아, 베트남, 그리고 더 서쪽의 사산 왕조 페르시아(이들 중 많은 나라는 작거나 큰 소수 종족들을 거느리고 있다)는 형제애의 감정을 별로 갖고 있지 않았다. 또 외부인들과 종족적으로 다르다는 그들의 느낌과 조상의 고토에서 정치적 자율성을 유지할 욕구에 걸맞을 충분한 지속적 통일성을 보여 주지는 않았다. 계급적 차이는 뚜렷했고 아마도 일본을 제외하고는 제식에 대한 대중적 참여가 별로 없었고 전체 주민과 영토에 걸친 경제적 통일성이나 법적 표준화도 마찬가지였다.

일본에서도 도쿠가와 시대(1603~1868)까지는 그랬다. 17세기 이후의 쇄국과, 상대적인 종족적 동질성, 섬나라라는 지리가 중산계급 문화와 결속감의 성장을 도왔다. 그것이 선민이라는 감각을 만들어 냈고 나중에 메이지 체제 아래의 천황제 복구를 예감하게 하는 역사적 · 문화적 재생을 가능하게 했다.

만약 메이지 지도자들이 과거가 현재에 봉사하게 만들기를 원했다면 그들은 또한 현재도 훌륭하고 영광스러운 과거 위에 세우려고 했을 것이다. 그리고 서양의 침략이 변화를 위한 최초의 자극을 주기는 했으나 그 변화의 형태와 내용은 도쿠가와 일본의 내적 발전의 산물임과 함께 더 거슬러 올라가 과거의 연대기에 기록된 유산의 산물이었다. 그리하여 종족적으로 비교적 동질적인 중산계급 민족이 1868년 이후 근대 일본 민족주의의 기초를 만들었다(Lehman 1982 ; 그러나 특히 Doak 1997).

다른 가능한 예외는 사파비드 왕조의 페르시아(1501~1722)이다. 그 이전의 역대 왕조들은 자주 이란고원의 일부만을 지배했고, 이란의 종족적 · 지리적 다양성을 강화했고, 계급을 넘어서는 형제애나 참여의 가능성을 막았다. 10세기와 11세기에 신페르시아의 언어 재흥으로 꽃핀 페르시아의 독특한 정체성과 선민이라는 감각은 그 후 몇백 년 동안 문자 해득을 할 수 있는 작은 엘리트 집단에게만 제한되어 있었다.

그러나 1501년 이후 튀르크에서 기원한 강력한 왕조가 정치적으로 성장하며 전투적인 시아파의 도움을 받아 문화적인 재생을 이루었다. 반대로 그들의 이란 통일은 시아파가 샤 압바스의 수도인 이스파한에서 전체 이란으로 확산되는 것을 도와주었다. 그리하여 1722년까지는 페르시아어를 사용하는 대부분의 사람들이 시아파가 되었다. 그리고 페르시아 정체성의 범위는 의도한 것은 아니나 점점 더 시아파 지역과 일치하게 되었다.

이 재흥은 그 뒤를 이은 아프간의 콰자르 왕조(1796~1925) 시대에 쇠퇴하기는 했으나 뚜렷하게 중산계급적이며 종족적인 페르시아 정체성의 기초를 놓았다. 그리고 그것은 1905~1906년의 입헌 운동에서 정치적 표현을 발견하게 되었다(Cottam 1979; Keddie 1981 : 1~3장을 보시오).

혁명적인 민족주의적 민족들

중산계급 민족주의 네델란드의 반란과 잉글랜드의 내전을 시작으로 훨씬 더 응집적이고 목적의식이 있는 형태의 민족이 탄생했다. 그것은 처음에는 전투적이고 개혁적인 신교파 기독교에 의해, 선민으로서의 종족이라는 고조된 감각으로 추동되었다. 그것은 새로운 형태의 체제 —이것은 청교도적 이슬람 운동들이 수 세기 동안 해 온 일이다— 와 함께 구약성서 모델에 따라 정치적 자율성과 대중적 참여라는 새로운 종류의 요구를 내세웠다.

이 요구를 요약하는 핵심 개념들은 '민족'과 '시민'이다. 이 둘은 함께 부르주아 민주주의적 민족주의를 지향했다. 그리고 그 안에서 문화적으로 다른 집단과 구분되는 '인민'이 권력의 유일하게 정당한 원천이 되고, 그 인민의 구성원이 된다는 사실이 시민에게 주어지는 자유와 권리를 얻는 유일한 수단이 되었다.

이 중산계급 민족적-민주적 논리는 프랑스의 계몽사상가들이나 정치평론가들이 발전시킨 것으로, 결국 절대주의 국가와 대체로 출생에 의존하는 그 특권적 질서 체계의 전제를 약화시키고 그 결속을 깨뜨리는 데까지 나아갔다(Walzer 1985).

그리고 이 발전 과정에서 민족주의적 요소는 민주주의적 요소와 마찬가지로 활력이 있었다. '민족'에 대한 호소는 프랑스의 고등법원이 중앙집권적인 절대주의와의 싸움에서 자신들의 자유를 지키려고 하는 과정에서 비롯했다. 그러나 그것은 '민족성'이나 '민족의 천재'라는 초기의 개념들로 거슬러 올라가는데 그것들은 처음에는 잉글랜드의 토지 젠트리와 상층 중산계급에 의해 발전했고, 18세기로 넘어올 때는 프랑스에서도 나타났다.

이런 생각들은 오랜 종족적 기억과 선민이라는 종교적 믿음에 의존한 것이고 또 그것들을 세속화한 것이다. 선민이라는 믿음은 신이 자신의 십계명에 복종하고 맡겨진 사명을 충실히 이행하는 사람들을 보호하고 그들에게 축복을 내린다는 확신을 말한다.

프랑스의 경우 그런 믿음은 고대 이스라엘의 원형과 연결된 것으로 왕이라는 인물과 그 영토를 중심으로 했는데 최소한 13세기까지 거슬러 올라가는 것이다. 또 그 초기의 형태는 앵글로-색슨족에서와 같이 멀리 프랑크 왕국에서도 발견할 수 있는 것이다(Armstrong 1982 : 154~159 ; Beaune 1985).

그런 생각이 특별한 반응을 얻은 것은 '수직적'이거나 민중적인 종족들, 그리고 세속화하고 있는 인텔리겐치아들 사이에서였다. 중부와 동부 유럽, 그 다음에는 20세기 초의 아시아와 아프리카에서 지식인들과 자유직업인들은 그들의 종족적 유산과 자국어로 돌아가려고 시도했고 중산계급을, 경우에 따라서는 하층 계급을, 정치 행동에 동원하려 했다.

민중적 종족들을 위한 '자국어 동원'은 (자신의 문화로)* 되돌아가는 지식인들이 행하는 대중적 선동과 정치적 주장의 기초로서 토착 문화를 재발굴하고 전용하고 정치화하는 것을 포함했다. 아래에서 위로의 그러한 접근은 그가 속해 있는 공동체들이 오랫동안 크고 또 자주 억압적인 제국들에 통합되어 있었거나 예속되어 있었고, 새로운 비전과 정치적 목표를 '유지'하고 끌어갈 수 있는 강력한 정치적 기구들을 갖고 있지 않았던 사람들에게 특히 매력적이었다(A. D. Smith 1986 : 4장과 1989).

* 옮긴이의 첨가.

그래서 각자의 지식인들에 의해 이끌리는 서유럽 외부의 다른 인간 집단들도 곧 문화적 독특성에 대한 확신과 최종적으로는 민중적 종족의 종족적 선민의식에 기초하여 민족을 찾고 발견하기 시작했다.

이것들이 18세기 말의 것에 비해 새로웠던 점은 그런 신념을 민족적 자주성과 민족적 통일, 민족 정체성의 정치적 프로그램으로 바꾸기 위해 이미 만들어져 있는 청사진이 제공되었다는 것이다. 정치적 이데올로기인 민족주의는 종족의 조상과 선민에 대한 이미 존재하던 감각과, 지식인과 중산층이 앞장선 대중적 참여와 자율성이라는 혁명적인 이상이 이렇게 융합함으로써 태어났다.

이 결합에서 민족자결의 원리와 그 결과로서의 언어, 종족성, 영토, 종교, 역사, 피부색 같은 여러 기준에 기초한 여러 종류의 민족 정체성이 태어났다. 이 기준들은 영토적-정치적 민족주의와 종족적-언어적 민족주의의 두 개만이 아니라 여러 종류의 민족주의를 만들어 냈다(Armstrong 1995).

대중적 민족주의 중산계급이 중심이 되는 영국-프랑스 민족 모델의 성공은 유럽 내부나 외부에 사회적 · 지정학적으로 큰 영향을 미쳤다. 먼저 그것은 다른 민족들에게 그것이 성공하게 된 경제적 · 정치적 · 이데올로기적 요소들을 분석하게 했다. 이것은 그 성공의 형태나 내용의 '청사진'이 추출될 수 있다는 것을 의미했다. 그 민족의 틀은 다음 사항들에 기초해 있다.

1) 하나의 역사적인 영토나 고토. 상대적으로 탄탄한 것이 좋다.
2) 영토적으로 통일되고 사회적인 면에서는 동질적은 아니라 해도 응집력 있는 주민들.
3) 전 영토에 걸쳐 단일한 직업 체계와 유동성 있는 통일된 경제.

4) 단일하며 같이 누리는 독특한 공공 문화. 단일 언어인 경우가 더 좋다.
5) 독특한 신화와 집단 기억. 역사가 같으면 더 좋다.
6) 모든 구성원들이 갖는 공통의 권리와 의무. 이와 함께 시민으로서 대체로 자율적인 민족 공동체에 참여하기. 그 공동체가 독립적이고 주권적이면 더 좋다.

민족 정체성의 다양한 기준을 받아들인다면 스스로를 '민족'으로 정의하는 주체들이 보다 큰 자율성과 통일, 정체성을 위한 그들의 열망을 실현하기 위해 여러 방식으로 민족주의의 청사진을 사용하려 하는 것을 발견하는 것은 별로 놀랍지 않다.

1798년의 아일랜드인 연맹 폭동 이후 19세기 초에는 나폴레옹의 제국주의적-민족주의적 야심에 대한 민족적 저항이 스페인, 러시아, 독일에서 점점 커졌다. 그 뒤에는 오스만 튀르크에 대한 반란이 세르비아와 그리스에서 일어났다. 곧 폴란드가 차르 제국에 대해 반란을 일으켰으나 실패했다. 그러나 벨기에를 독립시키려는 노력은 성공을 거두었다.

게다가 1810년부터는 라틴아메리카 스페인 식민지의 크레올 엘리트들이 그 제국을 해체하고 여러 라틴아메리카 국가들을 창설하는 데 성공했다. 당시에 이런 반란들이 얼마나 민족주의적 차원이었는지는 논의의 여지가 있다. 그러나 그것들이 1820년대부터 점점 더 열렬한 민족주의를 발전시켰다는 사실에는 의심의 여지가 없다. 이는 민족-민주주의적 발전의 논리와 민족주의 청사진의 힘과 유용성을 다시 한 번 보여 주는 것이다 (Humphreys and Lynch 1965 ; Anderson 1991 : 4장).

19세기가 진전되며 그렇게 스스로를 민족으로 정의하는 집단의 수가 유럽에서, 또 나중에는 아시아에서도 증가했다. 그러나 민족주의 청사진의 민주적인 논리는 선거권의 확대와, 모든 성원을 민족 공동체의 법적으로 동등한 시민으로 받아들이는 것에서 그 완전한 표현을 발견했다. 물론 그 과정에서 갈등과 후퇴, 중단이 나타나기도 했다.

20세기 초에는 여기에 여성이 포함되었고 20세기 후반에는 젊은 남녀 성년들도 포함되었다. 점점 더 사회경제적 내용을 갖추게 된 민주주의적인 대중 민족주의는 주로 1, 2차 세계대전과 현대 기술의 산물로서 혁명적인 발전으로 보인다. 그럼에도 거기에 전체적으로 선례가 없는 것은 아니다.

그것은 과거 중산계급을 중심으로 하는 민족주의 청사진의 논리적 발전일 뿐 아니라 그 기원은 몇몇 고대나 중세 민족이 품었던 선민이라는 감각이나 소명 의식에 소급될 수 있다. '인민'과 그 사회적 · 문화적 요구를 떠받드는 것은 근대 대중적 종족 민족주의의 특징인데 그것은 초기의 종족 공동체와 고대와 중세의 민족들에서 발견되는 믿는 자들의 공동체라는 감각으로 되돌아가는 것이다. 그리고 그 가운데 일부는 후대의 민족들에게 원형으로 기능을 했다. 20세기 중반이 되면 과거의 그런 '선민'이나 그들의 대중 민족주의는 전쟁 속에서, 그리고 그들의 재발견된 정체성들은 신화, 상징, 가치와 갈등 · 정복 · 저항의 기억, 그리고 전체 민족의 축출과 절멸 속에서 표현되고 검증되었다(Carr 1945; Marwick 1974; A. D. Smith 1981b).

결론

1848년 혁명에서 인종주의적 민족주의의 시대를 거쳐 1945년 이후의 반식민주의적 민족주의까지, 그리고 최근의 종족적 민족주의의 재흥에 이르기까지, 혁명적 민족주의의 확산과 그것이 대중적 민족주의를 만들어 낼 때 한 역할에 대해 상세히 이야기할 필요는 없다. 그러나 그런 운동의 세 가지 측면은 부각시킬 필요가 있다.

첫 번째는 이데올로기적 참신성이다. 이것은 이데올로기에 기초한 운동들이며 따라서 보통 이데올로기를 그 밑바탕에 깔고 있는 민족들이다. 그것들은 민족주의의 정당성을 거의 보편적으로 받아들이고 그 교의에 따라 판단되거나 스스로를 판단한다. 말하자면 민족주의의 청사진이 지닌 요소들에 따라 자신들을 재고 또 평가받는다. 그 운동들 가운데의 일부인 재생 민족주의들도 상대적인 정체와 이탈(쇠퇴) 시기를 겪은 후에 그 청사진에 보다 근접하려는 시도이다.

내가 생각하기에는 이것이 근대의 민족주의에 기초한 민족을 그 이전의, 중세나 고대의 전(前)민족주의적 민족들과 구분하게 만든다. 전근대의 민족들은 이데올로기적 청사진이나 표준이 없었다. 그들의 민족주의는 순수하게 특수주의적이었고 전근대 민족이 스스로를 발견하는 역사적 상황 속에 묻혀 있었다.

그것들은 민족에 대한 '아무런' 이론도 갖고 있지 않았고 특수한 민족에게 고유한 몇 가지의 목표와 감정만 있었다. 그러므로 그 민족주의들은 복사되거나 확산될 수 없었다. 거기에는 보편적으로 적용될 수 있고 공동의 목표를 향한 어떤 종류의 행동들을 만들어 낼 수 있는 일반적 사상 체계가 없었다. 그런 의미에서 이데올로기로서의 민족주의는 인간의 집단과 의사소통의 발전에서 분수령임이 틀림없다.

두 번째 측면은 근대 민족의 종족적 기초의 중요성이다. 이것을 우리는 이미 초기의 민족뿐 아니라 20세기의 대중적 민족주의에서도 보았다. 그것은 과거의 종족적 결속과 감정에 의존하고, '민족적 자아'를 여러 기준에 따라 정의하기는 하나 항상 주된 종족의 문화적 과거와의 사이에서 최대의 연속성을 찾으려 한다.

그런 노력들을 민족주의적 날조나 신화적 발명으로 과소평가하는 것은 쉬운 일이다. 일부 민족주의 지식인들은 의심의 여지 없이 스스로를 속이거나, 또는 케두리가 주장하듯이 냉소적으로 대중의 감정을 조작한다. 그러나 그것들이 빈번하게 성공한다는 사실은 대중적인 '반향'과 '호소력'에 대해 고려하는 다른 해석이 필요하다는 것을 시사한다.

대체로 많은 사람들은, 에스페란토의 운명이 시사하는 것과 같이, 순수한 발명에 장기간에 걸쳐 호응하지는 않는다. 그러므로 지식인 같은 사람들이 하는 재발견이나 재구성은 가능한 한 대중이 느끼는 것에 가까이 접근해야 한다.

그들은 '민족의 전통'이라는 문화적 변수에 집중하고, 그들이 지닌 종족적 공동체의 감각을 정치화하고, 그 전통들을 민족적 자결을 위한 정치투쟁의 깊은 문화적 원천으로 재해석해야 한다.

마지막 측면은 종족과 민족의 내적 세계와 관련한 것이다. '인민'에 대한 호소는 집단적인 기억과 상징, 신화, 가치, 전통의 재발견과 이용을 통해서만 이루어질 수 있다. 그러므로 우리의 분석도 이 내적 영역까지 파고들어 가려면 이 종족-상징적 요소들을 찾아내고 분석해야 한다.

황금시대에 대해 공유하는 기억, 조상과 위대한 영웅들, 그들이 구현한 공동체의 가치들, 종족적 기원에 대한 신화, 이주와 신에 의한 선택, 공동체의 상징, 영토, 역사, 그들을 뚜렷하게 만드는 운명, 또한 친족의 여러 전통과 관습, 희생은 종족적 과거와 민족적 현재 및 미래의 관계를 이해하는 열쇠를 제공한다. 또 특수적으로는 종족 공동체와 민족(전근대적이건 근대적이건) 사이의 연결과 단절을 이해하는 데 도움을 준다.

이 종족-상징적 요소들을 무시하는 어떤 분석도 어느 민족이 현재 가지고 있는 자기-이해나 그들의 역사와 운명에 대한 자신들만의 신념을 파악하지 못하게 할 것이다. 그리고 민족들의 내적 역사를 충분히 파악하지 않고는 지구화 시대에 그들의 미래 발전도 가늠할 수 없을 것이다.

06

전망

NATIONALISM

THEORY

IDEOLOGY

HISTORY

겉으로 보기와는 달리 세계대전 시기에 벌어진 대량 학살들은 대중적인 사회적 민족주의의 힘과 보편성을 전혀 줄이지 못했다. 반대로 그것은 민간인들이 총력전에 참여함으로써 새로운 자극과 힘을 얻었다. 그럼에도 제2차 세계대전 이후에 민족주의를 둘러싼 주제는 최소한 서방세계와 공산주의 국가들에서는 거의 냉담한 외면을 받았다. 아시아와 아프리카가 탈식민화됨에 따라 민족주의에 대해 새 희망의 물결이 생긴 것은 예외적이다.

그러나 그런 상황에서도 민족은 유럽과 아메리카의 정치적 풍경 속에 과거 어느 때보다 더 견고하게 뿌리를 내렸다. 유엔은 국가들로만 구성되었고 유엔 헌장 속에 포함되어 있는 자결의 원리는 오직 해방된 식민지들에게만 적용되었다. 그럼에도 불구하고 대중적 동의에 정당성이 주어지고, 국가의 힘을 행사하는 유일한 근원으로서 '민족주의적' 명제가 거의 보편적으로 받아들여졌다는 사실은 20세기 후반에 민족이 어느 정도나 국제사회의 초석으로 자리 잡았는지를 보여 준다.

증식하는 민족주의

그 후의 발전도 민족과 민족주의 원리의 중심적인 지위를 약화시키지 못했다. 그 최초의 예인 탈식민화 과정은 유럽과 아메리카에서 얻어온 똑같은 원리인 민족적 정통성과 인민주권의 이름으로 행해졌다. 이 경우에 이 원리는 최근에 획득한 식민지들로부터 옛 사회와 문화의 기초 위에서 이기는 하나 새로운 민족들을 만드는 데에만 사용되었다. 이것은 '민족-형성' 시대로, 이때 아프리카와 아시아 사회들은 대부분 유럽 모델에 따라 전적으로 새로운 국가들로 개조되었다.[1]

바로 그 다음에 서양의 산업사회들인 퀘벡, 플랑드르, 스코틀랜드, 카탈루냐, 브르타뉴, 에우스카디, 코르시카, 웨일스에서 소위 '종족적 재흥'이 나타났다. 여기에서 기존 국가들의 다수파인 주된 종족과 그 중앙집권적 정부에 대한 주변부 소수파의, 대체로 중산-계급적인, 반동은 유럽의 고전적인 대중적 민족주의의 옛 상징이나 신화, 기억의 일부에 호소했다. 이들은 보다 사회적이며 많은 경우 사회주의적인 강령을 갖추고 있었고 대부분 노골적인 독립보다는 문화적 · 경제적인 자율성이라는 좀 더 제한된 정치적 목표를 추구했다.

미국의 민권 운동을 뒤따라 1960년대 말에서 1970년대에 나타난 이 종족적 자율을 위한 운동은 학생, 여성, 환경운동과 겹치며 기존의 민주국가들 내에 상당한 긴장을 만들어 냈다. 그리고 그것은 새로 되살아난 종족-지역적 충성심의 세계가 갖는 기능과 생존 능력에 대한 재평가를 요구했으며 그것은 지금도 진행 중이다.[2]

1 '민족-형성'에 대해서는 Deutsch(1966)를 보시오. Mayall(1990, 특히 4장)은 탈식민화에 민족자결 원리가 어떻게 이용되었는지를 논의하고 있다.

이 도전이 가져온 파급효과는 구소련에서 페레스트로이카와 글라스노스트라는 새 정책이 동유럽과 소비에트 공화국들 내에 민족적인 분열과 종족적인 열망을 공공연하게 불러일으켰을 때도 서방에서 거의 줄어들지 않았다.

폴란드에서는 보다 일찍 시작되었지만 발트 해 연안 국가들, 우크라이나, 코카서스, 중앙아시아에서 1980년대 중반부터 분명히 나타난 긴장과 갈등은 소연방과 그 제국이 종족-민족적인 선에 따라 해체되는 원인을 제공하지는 않았으나 그 과정을 가속화시켰다.

이 종족적 민족주의의 새로운 물결이 가져온 하나의 결과는, 이 대중운동들이 당시에 집단적인 자유와 민주주의를 위한 순수한 욕구라는 동기를 지닌 듯이 보이는 한, 작은 종족 집단들과 예속 민족들의 열망에 대해, 그리고 더 나아가서는 민족주의에 상당한 정도의 대중적 정당성을 부여해 주었다는 것이다.

동유럽과 이전의 소련에서, 특히 발칸반도에서, 그 후에 일어난 사건들이 그런 희망을 항상 유지시킨 것은 아니다. 대신 배타적인 종족 민족주의와 신(新)파시즘, 인종주의, '종족 청소' 사이의 풀 수 없는 관계를 확인시켜 준 것으로 보인다. 그럼에도 동유럽의 정치는 점점 더 민족적으로 정의된 국가와 그 엘리트들의 요구와 이해관계에 묶이고 유럽의 지도는 다시 한 번 대체로 기존의 종족-민족적 구분에 따라 고쳐졌다.

만약 우리가 이러한 발전에다 아프리카와 아시아의 신생국가들에서 타밀족, 모로족, 쿠르드족, 남부 수단족, 에리트리아족 등의 종족적 민족주의가 계속 번성하고 있고 영토적 민족주의가 유지되고 있다는 사실을 덧

2 유럽에서 1960~1970년대에 나타난 소위 '종족적 재흥'에 대한 문헌들은 많은데 그중에서도 Esman(1977), Stone(1979), A. D. Smith(1981a), Guibernau(1996)를 보시오.

붙인다면, 우리는 어떤 관찰자들이 민족주의의 임박한 사멸은 그만두고라도 그 쇠퇴를 아직도 심각하게 주장할 수 있을지 의문이다.

그럼에도 에릭 홉스봄이 바로 그런 주장을 했다. 그리고 그것은 현재 전개되고 있는 종족적 · 영토적 민족주의를 잘 인식하면서 한 주장이다. 홉스봄이나 그와 비슷한 생각을 하는 사람들은 도대체 무슨 심보에서 그러는 것일까? 홉스봄에게 현재 진행되고 있는 민족주의의 분출은 일시적인 것이다. 그것은 보다 큰 인간의 단위로 향해 나아가는 진정한 '역사의 운동'을 은폐한다. 민족주의는 계속 남아 있을 것이지만 단지 사소하고 2차적인 역할만을 할 것이라는 것이다.

그러나 홉스봄이 우리에게 이야기하지 않고 있는 것은 민족의 중요성이 사라질 것인가 하는 것이다. 왜냐하면 홉스봄이 주장하듯이 '민족-국가들'이 이전의 경제적 · 군사적 기능을 잃어버렸다 해도 이것이 '민족들'의 사멸을 가져오는 것일까? 국가주권의 상실이 민족 정체성의 축소를 의미할까?(Hobsbawm 1990 : 6장)

그런 질문들은 소위 민족과 민족주의의 '대체'나 '초월'을 둘러싼 문제들의 복잡성을 알려준다. 우리는 사실 최소한 세 가지의 다른 주장들과 그에 따른 논의와 만나고 있다. 첫 번째는 '민족-국가'와 그것의 임박한 사멸이나 지속과 관련한 것이다. 두 번째는 '민족 정체성'의 변모나 분해 가능성이다. 세 번째는 '민족주의' 이데올로기의 쇠퇴나 '대체' 가능성에 대한 것이다. 이 문제들을 차례로 다루겠다.

민족-국가들은 사멸하고 있나

자주 민족-국가라고 부르는 어떤 종류의 정치 공동체가 쇠퇴하고 있다

는 주장은 보통 경제적 · 정치적 이유에서 이야기된다. 그것은 다음과 같이 가정한다.[3]

(1) 민족-국가라는 용어는 우리가 구분해 낼 수 있는 분명하고 특정한 형태의 정치 공동체를 의미한다.
(2) 우리는 시간이 흐름에 따라 이 형태에서 이탈하는 것을 볼 수 있고 그 힘이나 응집력이 제2차 세계대전 이후 쇠퇴하고 있음을 증명할 수 있다.
(3) 그런 궤적은 '민족-국가들'에게 민속적인 의미 외에 더 이상 여지를 주지 않는 역사적 변화나 사회-정치적 변화에 의해 결정된다.

1. 우리가 보았듯이 '민족-국가'라고 부르는 정치 공동체의 순수한 형태는 거의 존재하지 않는다. 민족-국가는 국가의 전 인구가 다소간 단일한 종족-민족적 집단에 속하며 이 집단의 경계선이 국가의 경계선과 겹칠 때에만 존재한다고 말할 수 있다. 그때에만 '민족'과 '국가'는 일치한다.

그러나 그런 일치는 특히 오늘날과 같은 이민과 문화적 혼합의 시대에는 극히 드물다. 대신 우리는 '민족적 국가'라고 알려진 훨씬 더 일반적인 형태의 정치 공동체를 갖고 있다. 이것은 다른 작은 종족 집단들이 국경 안에 있기는 하나 인구의 대다수가 단일하거나 또는 주된 종족-민족 집단에 속하고 정치 공동체가 민족주의 이데올로기의 교의에 의해 정당화되는 국가이다(Connor 1972 ; Wiberg 1983).

3 소련의 후계 국가들에서 민족주의와 종족성의 역할에 대해서는 Bremmer와 Taras(1993), Suny(1993)를 보시오. 동유럽에 대해서는 Flenny(1990), 발칸에 대해서는 Ramet(1996)을 보시오. 현대 유럽, 특히 중동부 유럽의 민족주의에서 종족성과 국가의 역할에 대한 최근의 독창적인 이론적 분석은 Schöpflin(2000)을 보시오.

2. 우리가 민족–국가 개념의 폭넓은 적용성을 보여 줄 수는 있지만 그 힘과 응집성이 명확한 추세로 쇠퇴한다는 것을 증명하기는 어렵다. 민족적 국가의 경우는 더 그렇다. 쇠퇴와 관련한 이런 주장은, 19세기의 어느 시점에는 민족적 국가(혹은 민족-국가) 가 정치조직의 주된 형태였으나 그것은 특히 제2차 세계대전 후에 그 주된 기능을 잃음으로써 그 힘과 응집성이 약화하고 있다고 가정한다.

그 힘과 응집성의 주된 내용은 보통 완전한 주권이나 혹은 대외적인 일을 할 때의 상당히 높은 자율성으로 생각된다. 사실, 지난 두 세기 동안 제한받지 않은 주권을 행사한 민족적 국가들은 거의 없었다. 국가들은 여러 조약이나 양해각서에 의해 제약되었고 변화를 가져올 수 있는 능력은 보통 그들이 지닌 상대적으로 덜 발전한 기술이나 의사소통 수단에 의해 제한되었다.

이것은 국내적인 통제나 하부구조의 변화에서뿐 아니라 외교나 전쟁 같은 외적 영역에서도 마찬가지이다. 실제로 국가의 능력은 19세기 말 이후에 크게 증대했다. 그러나 그것은 오늘날의 힘과는 비교될 수 없으며 또 몇 개의 강국에만 제한되었다. 이것은 국가의 응집성과 관련해서도 마찬가지이다. 오늘날의 종족적 · 지역적 운동들의 도전이 과소평가되어서는 안 되지만 지난 두 세기에 걸쳐서도 대부분의 민족국가들은 보다 작은 규모에서이긴 하나 종족적 · 종교적 · 지역적 도전들을 겪었다.

오늘날 매스컴과 선전 기술, 대중 교육이 국가 엘리트들로 하여금 그 국민들에게 공동의 가치, 감정과 신념을 —특히 이것들이 그 성격에 있어 '민족적'이라면— 주입할 수 있게 하므로 정치적 단결을 확보할 기회는 훨씬 더 커졌다. 이것은 확실히 영토적 · 종족적 민족주의가 지속되는 이유의 하나이다(Kahan 1968 참조).

3. 민족국가가 그 이전에 지녔던 경제적 기능의 많은 부분을 잃었고,

핵 · 화학 · 생물학 무기의 도입 이후 그 군사적 자유도 심각하게 줄어든 것이 사실이다. 거대 통화권과 무역 시장, 그리고 많은 작은 나라들을 능가하는 예산 · 직원 · 투자액 · 기술적 지식을 가진 초국적 기업들의 등장, 거대한 정치군사적 블록과 다국적 지휘 구조의 창설과 같은 것들이 가장 강력한 국가들의 경우에도 그 경제적 자율성을 침해하고 군사적 선택지를 제약하고 있는 것은 분명하다. 그러나 과거에 민족국가들이 경제적 · 군사적 힘을 행사할 때 받던 제약을 고려한다면 그 침식의 정도를 측정하기는 어렵다. 어떤 경우든 그것은 민족국가가 그 민족적 성격이나 국민들의 복지라는 이름으로 얻는 새로운 기능에 의해 충분히 보상받는다.

오늘날 우리는 국가의 기능과 힘이 경제적 · 군사적인 것에서 사회적 · 문화적 영역으로, 또 대외적인 주권에서 대내적인 국내적 통제로 옮겨 가는 것을 보고 있다. 우리는 민족국가가 쇠퇴의 위험에 있기는커녕 훨씬 더 중앙집권화하고 조율되고 강력해지고 있다는 것을 알기 위해서는 국가의 규제가 대중 공공 교육, 보건과 유전, 인구와 환경 계획, 이민, 매스 미디어, 예술, 스포츠와 문화, 직업과 고용, 노동조합과 임금, 조세와 재정 정책과 그 외의 많은 영역에서 훨씬 커지고 있다는 사실을 생각하기만 하면 된다.

게다가 국가의 가장 우선적인 기능인 법과 질서는 항상 외적인 압력에 의해 영향을 받기는 하지만 대체로 그대로 남아 있다. 그리고 그것은 국가의 힘과 통제의 주된 부분으로 되고 있고 또 그렇게 이해되고 있다. 전반적으로 민족국가는 감시와 규제, 관료적인 통제를 통해 근대(전근대는 말할 것도 없고)의 어느 때보다 훨씬 더 직접적으로 지속적으로 광범하게 개입할 수 있다.[4]

그러나 이것은 그림의 단 한 측면일 뿐이다. 민족국가의 쇠퇴를 옹호하

4 보다 완전한 논의는 Giddens(1985)와 A. D. Smith(1995 : 4장)를 보시오.

는 주장은 또한 지구화의 필연적인 결과에서 나온다. 여기는 이 개념의 다양한 의미에 대한 성가신 논의를 할 곳은 아니다. 우리는 단지 경제적인 상호 의존과 대규모의 인구 이동에 더하여, 지구적인 대중적 의사소통과 정보기술과 같은 것의 급격한 발전의 결과로 세계의 한 곳에서 벌어진 일이 다른 곳에 직접적 영향을 미치는 고도의 시-공간 압축을 목격하고 있다고 말하는 것으로 충분하다.

그러나 이것이 우리의 지구를 '하나'로 만드는지는 매우 의심스럽다. 최근 수십 년 사이에 민족국가의 경계선이 보다 성겨진 것은 사실이나 대중적 의사소통이 국경을 낡아빠진 것으로 만들거나 민족국가의 규제적·감독적 통제를 감소시킨 것은 아니다. 반대로, 국가 엘리트들이 다른 국가들과의 다자간 협약이나 조약을 통해 자주 정보나 문화 상품의 유통에 대한 규제를 강화하려 했다는 많은 증거가 있다.

또 지구 전체에 걸친 국제기구들, 또 비정부기구들의 증가는 많은 국제회의나 조약들을 통해 일부 강국들의 행동의 자유(많은 작은 나라들은 큰 자율성을 가진 적이 결코 없다)를 줄였다. 그러나 그 전반적인 효과는 이제 유일하게 합법적인 국제적 행위자로 생각되는 민족국가의 힘과 수명을 늘린 것이다.[5]

그러나 이런 주장에 대해 새로운 경제적·문화적 힘이 보다 큰 정치 단위와 문화적 공간에 대한 요구를 만들었고 그것이 우리가 대륙 전체를 포괄하는 새로운 조직이나 연합을 볼 수 있는 이유라고 반박할 수도 있다. 이 가운데 가장 눈에 띄는 것이 유럽연합인데 그것은 제한된 관세 연합에

5 유럽 국가들에서는 많은 국제조약의 결과로 이민자들이 시민들과 다소간 동일한 인권과 혜택을 받기는 하나 이 권리와 혜택들은 각 민족국가에 의해, 그리고 그 실천에 의해 주어진다는 주장에 대해서는 Soysal(1994)을 보시오. 유럽의 종족적 소수파의 영향에 대해서는 Preece(1998)를 보시오.

서 시작하여 진정한 유럽 연방 국가와 유럽 문화 공동체를 추구하는 훨씬 큰 경제 · 정치 공동체로 발전했다.

유럽연합의 구호인 '다양성 속의 통일'에도 불구하고 범유럽주의자들이 보기에 진정한 유럽의 통일과 정체성이 민족 정체성을 희생으로 해서만 달성될 수 있다는 데에는 의심의 여지가 거의 없다. 최소한 그들은 민족 정체성의 힘이나 강도가 상당히 축소되기를, 또 기존의 민족국가에 대한 충성심이 18세기 말이나 19세기의 미국이나 독일의 창설에서 보는 바와 같이 유럽연합에 대한 것으로 옮겨 갈 것을 기대할 것이다.

또 연방적 중심으로 기능과 힘을 점점 더 이전시킴으로써 결국 대중의 충성심을 얻게 될 제도적 · 정치적 틀을 만들기를 희망할 것이다. 다른 말로 하면 그들은 주권이 양도되면 그 뒤에 정체성의 변화가 올 것이라고 생각한다(Wallace 1990 ; Riekmann 1997).

유럽연합의 찬성자와 반대론자들 사이에 현재 진행되고 있는 많은 논의들 뒤에는 바로 국가주권과 민족 정체성 사이의 관계에 대한 이 가정이 존재한다. 또 그것은 유럽통합의 단계를 진전시킬 시점을 정하는 몇 번의 국민투표 뒤에도 있으며 그것은 확실히 덴마크, 영국, 그리고 아마도 스웨덴에서 유로화를 받아들이려 하지 않는 태도나, 유럽연합에 들어오기를 거부하는 노르웨이와 스위스의 태도 뒤에도 존재한다.

그러나 주권과 정체성은 그렇게 밀접하게 연결되어 있을까? 루소가 독립성을 박탈당한 지 얼마 안 된 폴란드인들에게 그들의 관습과 문화를 지키라고 한 충고와, 그 후에 폴란드인의 민족 정체성을 없애는 것은 물론 약화시키려는 시도들이 한 세기 이상 분명히 실패한 사실은 다른 것을 시사한다.

유럽연합의 경우에는 그런 식의 국가 해체는 고려되지 않았다. 반대로 그것은 민족국가와 그 기구들에게 더 큰 합법성과 권위를 부여하며 그것들을 통해 진행되는 것을 의미했다. 게다가 '보조성(subsidiarity)'이라는 개념을 통해 어떤 자유와 권력은 국가에게 남겨졌다. 대신 국가들의 법과 행위의 동질성을 높이는 것이 요구되었다. 즉, '위로부터의 통합' 과정을 통해 첫 번째는 경제와 사회적 영역에서, 두 번째는 정치와 군사 영역에서 그렇게 해야 한다는 것이다. 물론 진정한 문제는 개개 구성원 민족국가의 대중들이 이 계획을 계속 지지할 것인지, 그리고 유럽 연방 국가가 그 주된 기능과 힘, 그 국민들의 정치 감정에서 기존의 민족국가를 대치할 수 있을 것인지 여부이다.[6]

혼합 정체성?

민족국가가 보다 큰 정치 집단과 조직들에 의해 위로부터 도전을 받는다면 그 민족 정체성이나 정치적 단결의 내적 결속은 보다 작은 문화 집단의 요구에 의해 밑으로부터도 위협을 받고 있다. 지난 수십 년 동안에 세계는 광범한 인구 이동을 경험했다. 그리고 그것이 특히 서양에서, 많은 사회의 문화적 구성이나 자기 이미지를 변화시키기 시작했다.

피난민이나 망명자, 외국인 노동자와 과거 식민지 사람들의 유입은 단일하고 동질적인 민족 정체성이라는 전통적인 가치와 믿음을 침식해 들어갔다. 그리하여 이것은 단일한 민족이라는 과거의 민족적 이데올로기와 교육적인 담론에 도전했고 어떤 경우에는 그것을 위에 있는 '민족 공동체' 아래에 여러 분리된 문화 공동체들이 느슨하게 묶여 있는 형태로 대

6 유럽의 문화적 '정체성'과 정치적 통합에 대한 보다 완전한 논의는 A. D. Smith(1992), Schlesinger(1992), Pieterse(1995)를 보시오. 그리고 Delanty(1995)의 비판도 보시오.

치했다.

호미 바바의 견해에 의하면 이 '다문화적 민족'에서 각각의 자아는 '타자'와의 관계에서 정의되며 공식적인 텍스트는 사람들이 일상에서 '행하는' 이야기들에 굴복한다. 그리고 그 가운데 역사와 정체성에 대한 이해는 분열되고 이중화하며, 민족은 그것을 구성하는 문화적 부분들로 나뉘고 민족 정체성은 혼합된다(Bhabha 1990 : 16장).[7]

최근의 대량 이주가 많은 민족들의 문화적 구성 형태를 변화시켰다는 것은 의심의 여지가 없다. 마찬가지로 위성 통신, 정보기술과 함께 대량 수송과 관광은 다른 문화와 사람들에 대한 대중의 의식을 새로운 수준으로 끌어올렸다. 그래서 이것들은 민족의 문화적 통일성과 함께, 오래되기는 했으나 단일한 종족적 기원에 대한 과거의 분명했던 확신을 침식하고 있다.

그러나 실제로 확신이 있었던 적은 없다. 기원에 대한 반(反)신화와 민족문화에 대한 대안이 되는 기억은 언제나 존재해 왔다. 그 가운데 일부가 일시적으로 주도적이 되고 공적으로 되더라도 마찬가지였다. 이것은 '민족 정체성'이 매 세대마다 계속 재해석되고 재형성된다는 것을 의미한다.

낭만주의적인 종족적 민족주의자들은 단일한 진정한 '영혼'을 표현하는 동질적인 전체와, 하나로 틈새 없이 묶인 민족을 열망할 것이다. 그러나 그것은 먼 이상이며 단지 드물게만 정치적 강령으로 나타난다. 민족적 국가가 대중 공공 교육을 통해 하나로 통일된 국민을 만들려고 할 때도 그렇다. 국가가 스스로 만들어서 젊은이들에게 전달하려 하는 '민족적 정체

7 또한 Bhabha(1994)를 보시오. 다문화 사회에서의 새로운, 보다 선택 가능하고 상징적인 종족성이라는 생각에 대해서는 Hall(1992)을 보시오. 또한 David Miller의 작업에 대한 심포지엄에 대해 O'Leary(1996)가 편집한 글들을 보시오. 다문화주의적 논의에 대한 강력한 자유주의적 응답에 대해서는 Barry(1999)를 보시오.

성'도 그 본성에 대한 믿음이나 개념의 변화에 반응해 왔다.

결국 대부분의 근대국가들은 종족적으로 복수적이고 이질적이다. 그래서 대부분의 민족주의자들은 민족적 통일을 바라지만 드물게만 민족적 동질성을 바란다. 윌리엄 맥닐은 민족적 통일성이 신기루였다고 주장했지만 그렇지 않았을 수도 있다. 그것은 르낭이 '사람들이 과거에 했고 미래에 하려고 준비하고 있는 희생의 감정에 의해 만들어지는 대규모의 연대'라고 말하는 바와 같이 보통 집단적인 성취와 헌신으로 느슨하게 해석되었다(Renan 1882, Bhabha 1990 : 19에서 재인용 ; McNeill 1986 : 2장).

문화적 다양성의 결과 때문인지 장기적인 역사적 이유 때문인지 몰라도 많은 서양 국가들은 보다 시민적이고 영토적인 형태의 민족주의와 결합했다. 그래서 이민자들이나 피난민들은 그가 거주하는 국가 안에서 시민으로서의 합법적인 지위를 얻을 수 있었다.

때때로 그들은 그들의 문화나 관점을 전체 민족 정체성의 새로운 구성요소로 포함시키기 위해 민족과 그 정치적 정체성을 재해석하는 문화적 작업에 초대받을 수도 있다. 그럼에도 불구하고 민족적 재해석의 가능성에는 명확한 한계가 있다. 단일한 공공 문화와 특정한 공통의 권리와 의무들이, 역사적인 고토와 함께 동일시되고 정당화될 필요가 있기 때문이다.

정치적 연대성은 어떤 기원의 신화나 역사적 기억, 그리고 집단적인 상징들이 계발될 것을 필요로 한다. 만약 사람들이 그런 신화와 상징, 기억에서 집단적 귀속감을 느끼고 공동의 행위를 할 수 있게 하려면 어떤 민족이나 민족국가에 포함된 사람들의 많은 부분이 그것에 반향해야 한다. 아마도 그것은 그 안에서 거주하며 공화적 충성심을 갖는 것이 민족 구성원의 주된 범주가 되는 순수하게 시민적이고 영토적인 민족주의 이상의 어떤 것을 필요로 할 것이다.

그것은 아마도 주된 종족 출신의 부모에게 태어난 사람들만이 민족 구성원이 되고 또 민족국가의 시민으로 생각되는, 민족적 연대성의 혈연적 검증을 포함하여 민족의 다른 문화적 기준들과 결합하거나 대치되기까지 할 필요가 있을 것이다.

우리는 이런 방식으로 프랑스와 같은 합리적이고 자유스러운 국가에서조차 프랑스혁명기에 분명히 나타난, 본래는 보다 시민적이고 영토적이었던, 프랑스 민족주의가 드레퓌스 사건이나 비시 정권 아래서 프랑스 민족의 보다 협소한 견해에 굴복한 것을 보았다. 그래서 프랑스에서 프랑스인과 가톨릭의 후예로 태어난 사람만이 프랑스 민족에 귀속하게 되고 이 문화적 프랑스는 민족의 도덕적인 응집성이나 문화적 개성을 위협하는 것으로 보이는 외국인의 부식적인 문화적 · 물질적 요소들부터 정화되어야 한다는 생각이 함께 나타났다(Viroli 1995를 보시오).[8]

만약 이것이 사실이라면 우리는 근대 서양 국가들에서 민족적 정체성은 '혼합화' 되고 파편화되었으며, 높은 곳에 그리고 모든 것 위에 존재하는 민족과 달리 주민의 상당한 부분이 이민자 출신의 문화 집단이 되었다는 주장을 조심해서 다루어야 한다.

근대의 민족들은 하나 이상의 얼굴을 가지고 있을 수 있다. 그리고 국제결혼율은 우리가 최근에 본 것보다 더 문화적으로 혼합된 사람들을 고무시킬 수 있다. 그러나 이런 나라 가운데 많은 나라들은 그들의 주된 종족을 오랫동안 계속 유지하고 있다. 그리고 대도시 이외 지역에서는 주된 종족의 대부분 사람들이 그것이 변화해 가기는 한다고 해도 본래의 자신들의 문화와 기억, 상징과 기원의 신화를 유지하고 있다.

민족 정체성이라는 생각이 서양에서 끊임없이 논의되고 또 주기적으로

8 드레퓌스 사건 동안의 '프랑스'의 개념에 대해서는 Kedward(1965)를, 프랑스 민족주의에대한 보다 일반적인 논의는 Kohn(1967b), Eugene Weber(1991), Gildea(1994)를 보시오.

고쳐지고 있다는 사실은 그런 집단적인 문화적 정체성이 근대 세계에서 중요한 목적에 기여하고 있고 사활적인 요구에 따르고 있음을 시사한다. 민족 정체성은 비서양 세계에서 더 요구되고 있는데 그것은 그곳에서는 식민주의에 의해 내팽개쳐진 사람들이 다시 제자리를 잡도록 하고 상당 정도의 정치적 안전과 문화적 귀속감을 제공해야 할 요구가 훨씬 더 절박하기 때문이다.

파르타 채터지가 생생하게 보여 주듯이, 인도와 같이 인구가 많고 다양한 나라에서는 하나 이상의 그런 '민족 정체성'을 찾을 수 있다. 그럼에도 민족이라는 정치 공동체를 위해 가장 상위의 전통, 상징, 신화, 기억을 만들려는 시도들은 아프리카나 아시아의 신생국가들에서 정치투쟁이나 대규모 주민 동원을 위한 필연적인 부수물이다(Chatterjee 1993; Brown 1994).

민족주의는 해체될까

만약 민족 정체성이 오늘날 그 중요성을 계속 유지하고 있다면 민족주의 자체는 어떨까? 그것의 미래는 어떻게 될까? 민족주의와 민족의 전망에 대해 저명한 세계사가인 윌리엄 맥닐은 과격한 주장을 내놓고 있다. 그는 문명사회는 다양한 기술 노동을 대규모로 공급할 수 있는 능력 때문에 성공했다고 주장한다. 그러므로 다종족성이야말로 역사적인 규준이며 민족적 통일성은 그렇지 못하다는 것이다.

문화적으로 혼합된 전근대 제국들의 성격은 부와 권력을 시샘하는 다른 부족민들의 주기적인 침입, 잦은 전염병으로 인한 도시민의 부족과 그 노동 수요를 맞추기 위한 시골 사람들의 이주, 나름의 문자를 지니고 그래서 옮겨질 수 있는 종교를 가진 외국인 상인 공동체들에 의해 자주 조직되는 장거리 교역에 의해 보강된다. 결과적으로 문명사회들은 기술의 국제적인 계서제이며 전근대의 잉글랜드나 일본 같은 야만주의의 전초지만 그 단일 종족적 성격을 유지할 수 있었다(McNeill 1986 : 1장).

이 모든 것은 1700년 무렵에 바뀌었다. 고전적 인문주의와 그 이상(理想)이 정치적 연대성에 대해 준 영향, 문자 해득 대중과 자국어 문학의 등장, 도시의 노동력 수요를 종족적으로 동질적인 농촌 지역에서 보충할 수 있게 해준 서유럽 인구의 급격한 증가, 가장 중요한 것은 보병 훈련의 혁명에 따른 대규모적 군대 참여와 그것이 고무시킨 연대성과 우애의 새로운 감정이 나타난 것이다. 서양에서는 18세기 말에 이 모든 요소들이 함께 등장하여 '민족적 형제애와 종족적 단일성의 신화'와 함께 '근대 민족주의'를 탄생시켰다(같은 책 : 51, 56).

그러나 두 번의 세계대전은 이 상황을 역전시켰고 민족주의의 이상을 해체시켰다. 나치의 야만주의에 대한 반감, 거대한 비용 때문에 한 나라만으로는 총력전을 치를 수 없다는 사실, 따라서 다른 종족의 노동자나 병사를 수없이 동원해야 할 필요성, 거대한 다국적기업과 대중매체, 그리고 다자적 군사 블록의 성장, 이 모든 것이 민족국가의 자율성과 힘을 약화시켰다.

그 결과, 기술 노동을 충분히 공급해야 할 긴급한 요구에 부응하기 위한 다종족적 계서제로의 복귀가 나타났다. 사실 민족적 단일성이라는 야만인들의 이상이 나타난 시기는 인류사의 과정에서 일탈한 것일 뿐 아니라 결과적으로 신기루이다. 사회 현실은 '민족주의적'인 서양에서조차 항상 다종족적 계서제이다.

언뜻 보기에 이것은 설득력 있는 주장 같다. 다종족성은 인간 조건의 지속적인 특징 가운데 하나였고 지금도 그렇다. 그러나 맥닐의 테제는 종족과 민족, 종족성과 민족주의를 역사적 증거가 제시하는 것보다 훨씬 크게 단절시킨다는 사실에 기초해 있다.

전근대 다종족 시대에 잘 짜인 여러 작은 종족들이나 또 아마도 민족들이 존재했다는 사실을 제쳐 두고라도(이것은 반드시 '문명'의 변두리에만 한한 것은 아니다) 종족성과 민족이 제로섬 관계에 있었다고 볼 이유는 별로 없다.

둘 사이의 분석적 구분이 중요하기는 하나 실제로는, 맥닐도 인정했듯이, 종족성과 민족은 겹치며 때로는 합쳐지기도 한다. 우리가 본 것처럼 오직 매우 광신적인 유기적 민족주의자들만이 진정한 문화적 동질성을 요구했을 뿐이고 대부분의 종족적 민족주의자들은 느슨한 문화적 통합에 만족해 왔다. 또 앞으로도 그럴 것이다. 게다가 종족성은 매우 자주 민족주의적인 영토적 · 정치적 요구의 문화적 기초를 형성한다. 그리고 현존하는 대부분의 민족주의들은 하나나 그 이상의 종족 위에 서 있다.

맥닐은 그가 말하는 포스트모던 문명의 종족적 구성 요소들이 어떻게 귀속과 충성심의 동심원을 이루는지, 그리고 인간이 어떻게 동시에 여러 포괄적인 공동체 —즉 씨족, 종족, 민족, 그리고 대륙적 문화 공동체에 이르기까지 각 수준에서 작동하는 '형제애와 통일성'이라는 신화를 가진 공동체— 에 속하고 또 속한다고 느끼는지를 이해하는 데 실패하고 있다.

그러면 이것은 오늘날 민족이라는 동심원이 다른 문화 공동체들의 동심원보다 더 중요하지 않으며 우리의 많은 '다중 정체성' 가운데 하나일 뿐이라는 것을 의미할까? 또 그것은 개인들의 여러 상징적 정체성들 가운데서 유일하게 선택할 수 있는 것을 대표할까?

만약 그렇다면 지구적인 사회와 문화 속에서 더 많은 사람들에게 보다 풍부하고 다양한 기회가 열림에 따라 민족주의적 선택지는 사라질 것인가? 아니면 민족에는 훨씬 더 근본적이고 스며들 수 있는 어떤 것이 있을까? 그래서 포스트모던 사회에서도 민족주의적인 선택이 하나의 특징으로 계속 나타날 수 있을까?[9]

소비자 사회

포스트모던 사회는 민족적 감정이 약화되고 민족주의 이데올로기에 대한 환멸이 커지는 '포스트-모던적' 사회라는 생각은, 점점 더 민족문화와 민족 정체성을 포섭하고 부식시키는 코즈모폴리턴적 지구적 문화라는 테제 위에 서 있다.

이 테제에는 두 형태가 있다. 첫 번째 것은 대중 소비주의를 강조한다. 즉, 서양의 생산물, 기술, 자본이 새 소비 시장을 찾고 그래서 점점 비서양 세계의 생활수준을 높임으로써 지구 전체의 더 많은 사람들에게 물질적 이익을 가져다준다는 것이다.

이 견해는 거대한 초국적 기업에 의한 상품의 대량생산과, 생활수준 향상이 서양 상품과 서비스의 구입을 허용하는 어느 곳에서나 나타나는 소비 행태의 커가는 획일화에 관심을 갖게 한다. 상품의 유통과 소비주의의 매력은 민족의 경계선과 민족적 정부의 규제를 점점 무력하게 또 부적절하게 만든다. 그러나 민족주의를 쇠퇴시키는 핵심 요소는 민족문화의 우회이다.

대중 소비주의의 '문화적 제국주의'는 민족문화를 포장 상품과 민속으로 만듦으로써 그것들 사이의 차이를 없앤다. 또 가장 능력 있는 남녀들을

9 상징적인 종족성에 대해서는 Gans(1979)를 보시오. 복수의 상황적 정체성에 대해서는 Coleman(1958: 부록), Okamura(1981), Balibar와 Wallerstein(1991)을 보시오.

이민을 통해 분리시키고, 그 엘리트들을 다국적 자본주의 경제에 편입시킴으로써 자율적인 문화와 사회를 만들어 낼 능력을 약화시킨다 (Tomlinson 1991 : 3장).

지난 50년 동안 상품의 생산과 소비의 큰 증가가 있었고 그 결과로 건축, 운송에서 의료, 교육, 대중매체까지의 수많은 영역에서 문화적 유사성이 민족문화적인 차이를 넘어선 것은 의심의 여지가 없다. 특히 대중매체는 서양 생산물과 행위의 전체적인 이전과 함께, 서양의 유행이나 제도적 형태들의 재생산을 가능하게 했다.

그리고 이 재생산과 이전은 민족적 정부들에 의해 조직되었고 민족 공동체의 특수한 전제와 문화적 실천에 맞게 응용되었다. 게다가 영어를 포함하여 서양의 기술과 통신을 받아들이면서 많은 민족국가의 엘리트들은 문화적 제국주의에 저항하는 가운데 그 자신의 문화적 실천, 신념, 양식을 발전시키려 하고 지구적 소비주의를 받아들이면서도 민족문화의 자율성을 위해 노력한다.

이것은 종교, 언어, 문학, 역사의 영역에서 가장 뚜렷하다. 그러나 그것은 또한 예술, 건축, 음악(서양 대중문화와 함께), 오락, 가족생활, 그리고 정치적 · 법적 실천에서도 나타날 수 있다. 이 경우들에 문화적 민족주의는 소비자 지구주의와 공존할 수 있고 살아갈 수 있다(Richmond 1984 : Schleginger 1987와 1991 : 3부).

그러나 '민족주의'는 우리가 제2장에서 보았듯이 민족 감정이나 민족주의 이데올로기 이상의 것이다. 그것은 그들의 조상의 땅에서 민족적 정체성, 신성한 시민 공동체의 자율성과 통일성을 촉진하려는 정치종교의 한 형태임과 함께 '진짜임'에 기초한 공공적이며 정치화된 문화의 한 형태이다.

다른 말로 하면 민족주의는 과거의 종족적 · 종교적 공동체의 '진짜' 정신과 이미지 속에서, 그러나 근대의 지정학적 · 경제적 · 문화적 조건에 맞추기 위해 변형된 형태로 민족을 만들려고 추구한다. 이것은 과거의 신화, 상징, 부호, 전통과 기억에서 다소간의 선택과 재해석을 포함할지 모르나 항상 기존 문화와 공동체의 변수들과 '진짜' 정신 속에서 그렇다.

그러므로 새로 만들어진 민족의 엘리트들은 제국주의적 형태의 소비주의에 저항하려는 정도에 따라, 그 통일성과 자율성의 추구를 밑받침하는 기존의 여러 문화적 원천들에 각각 의존할 수 있다. 이것은 서양의 기술과 실천을 받아들이고 서양의 상품과 서비스를 확보하면서라도 경제적 · 사회적 발전을 위해 그 시민들을 희생에 동원하는 능력도 마찬가지이다.

지구적 문화?

'포스트-민족적' 질서와 민족주의의 쇠퇴라는 테제의 두 번째 형태는 전자 대중매체에 기초한 지구적 문화라는 개념에서 출발한다. 맑스와 엥겔스의 예언 이후 한 세기가 지나며 정보사회와 대중매체는 지구적 문화를 위한 조건들을 만들어 냈다고 주장된다.

이것은 단일한 코즈모폴리턴적이며 과학적 문화가, 지구를 한데 포괄하고 기존의 모든 종족적 · 민족적 문화들을 정당하지 않게 만든다는 것이다. 새로운 디지털 혁명과 컴퓨터화한 정보기술의 대중성이 기존 문화의 매력과 비과학적 이해의 적절성을 약화시킨다는 것이다.

무엇보다도 그것들은 그런 문화들이 부분적이고 비합리적이며 '낭만적'으로 보이게 한다. 그리고 정의하건대 예술적인 창조물 이외에는 우리에게 아무것도 가르칠 것이 없는 인간 역사의 다른 시대, 즉 과거의 시대에 속하는 것으로 보이게 한다.

그런 시대의 연구는 디지털 이전 어느 시대의 연구와 마찬가지로 그 자체의 매력이 있을 수 있다. 그러나 그것들은 겔너의 생각에 따르면 전근대 문화가 민족적 근대성에 대해 그런 것과 마찬가지로 우리 현재의 문화적 관심사에 더 이상 적절하지 않다. 이 견해에 따르면 민족과 민족주의는 낭만주의와 근대화 시대에 속하고 대중매체와 세계시민주의, 혼합화된 문화의 시대에 더 이상 우리의 관심사가 아니다.[10]

대중매체의 시대는 또한 대량 이민의 시대이기도 하다. 탈민족적 시대에는 종족 집단들과 문화들이 혼합된다는 맥닐의 생각이나 문화적 정체성들이 혼혈화한다는 호미 바바의 주장은 어느 곳 또 모든 곳에서 편안하기를 바라고 그래서 누구나 접근할 수 있는 매체를 통해 의사소통을 하려는 요구와 잘 부합한다.

익명의 비개인적 도시에서 근대 산업사회를 융합시키는 역할을 하는 것은 더 이상 민족적 '언어와 문화'가 아니라 정보기술과 컴퓨터의 사용능력이며, 그것이 대중적인 의사소통이 이루어지고 혼합화한 탈근대의 지구 사회를 만들기 위해 모든 문화적 장벽을 극복할 것이라는 것이다.

홉스봄에게 현재의 분열적이고 협소한 민족주의의 물결을 비난하게 만든 것은 경제적 상호 의존의 힘과 함께 이런 요소들이다. 그는 이 민족주의를 거대한 변화의 힘에 대한 두려움과 어느 곳이나 낯선 사람으로 넘치고 가족의 뿌리가 말라 가는 상황에 대한 분개에서 나온 반동으로, 진정한 '역사의 힘'으로부터의 일시적인, 그리고 두 번째의 이탈로 보았다(Hobsbawm 1990 : 164, 167~168; A. D. Smith 1998 : 123~124, 216~218을 참고하시오).

다시 한 번 말하지만, 이 테제의 긍정적인 주장에 대해서는 반박의 여지

10 탈근대성의 기술 혁명에 대해서는 Harvey(1989)를 보시오. Giddens(1991)도 참조하시오.

가 없다. 우리는 의심의 여지 없이 대중적 의사소통의 형태 · 범위 · 강도에서, 혁명적이라기보다는 더 누적적이기는 하지만, 광범한 변화를 경험하고 있다. 또 이민의 비율과 범위에서도 큰 증가가 있었다. 여기에도 또한 지난 두 세기 동안에 비율은 다르나 선례가 있기는 하다. 그러나 이것이 새로운 지구적 문화 형태의 도입에 상당하는 정도일까? 아니면 우리는 단순히 새로운 형태의, 내용이 빠진 수단에 불과한, 의사소통 기술과 언어를 이야기하고 있는 것은 것일까?

세계 밖의 다른 세계라고 할 '가상현실'의 창조가 단지 기술적 성취에 불과하다고 말하는 것은 대중매체와 그 잠재 능력의 혁명이 가져온 지적 성과를 과소평가하는 것이다. 그러나 다른 한편에서 새로운 정보기술을 다른 지구적 형태의 '문화'로 보는 것은 대상이 한정된 일반적인 단어를 매우 다른 종류의 대상에 적용하는 것이다.

'문화'라는 용어는 단지 '의사소통'과 그 기술만을 뜻하는 것이 아니라 다른 생활양식과, 미적인 형식과 미디어를 통한 인간의 특질 · 정서 · 행위 양식의 표현을 말하는 것이다. 이 의미에서 언제나 하나의 문화가 아니라 여러 문화들이 존재해 왔으며 다른 역사적 삶의 양식과 함께 인간의 특질 · 감정 · 행위에 대한 여러 표현들이 존재해 왔다.

그런 문화들은 그것들의 특수한 역사적 문맥에서 특별한 집단적인 필요와 문제들에 응답한다. 그것들은 삶과 죽음, 슬픔과 부정, 사랑과 상실의 문제에 도움을 준다. 그것들은 사람들에게 삶과 싸우고 죽음과 대면하는 기술을 가르친다. 그것들은 특수한 관습, 의례, 도덕, 예절과 기예를 통해 상식, 축적된 지식, 세대를 넘어선 공동체의 집단적인 기억을 구현한다. 이런 방식으로 그것은 특수한 공동체와 그 개별 구성원들의 관점과 감정을 비슷한 공동체들과는 다르게 표현한다.

그러면 우리는 어떤 의미에서 '지구적 문화'에 대해 이야기할 수 있을까? 전자통신 기술과 그것이 만들어 내는 가상의 현실이 미래의 '지구적 시민들'의 정서적 · 심리적 요구를 만족시킬 수 없는 것은 확실하다. 또 그들에게 삶에 따르는 기쁨, 부담, 고통, 상실과 싸우는 방법을 가르쳐 줄 수도 없다.

머리에 그릴 수 있는 지구적 문화란 과학적이며 동시에 정서적으로 중립적이고 기술적인 것인데 그것은 시 · 공간과 연관을 맺지 않고 기억조차 없는 것일 것이다. 영원한 가상현실은 마치 가상 보편성의 능력이 장소와 위치에 대한 모든 생각을 제거하는 것과 똑같이 우리의 눈에서 과거와 미래의 광경들을 제거할 것이다. 시 · 공간의 압축이 직접적인 관찰자의 단일한 지점으로 가속화되며 민족과 민족주의에게 그렇게도 중요한 시 · 공간의 대등성은 의미가 사라진다.

기술적인 담론에 의해 구성된 세계는 여기 현재에, 그리고 어디에도 모든 곳에도 존재한다. 거기에는 더 이상 기억이나 운명, 조상이나 후손이 존재할 필요가 없다. 또 그 때문에 직접적인 공동체의 필요도 없다. 거의 참여의 그림자극만이 필요할 뿐이다.[11]

그러나 그런 준엄한 상(像)은 대부분의 사람들이 지구적 문화를 말할 때 마음에 두고 있는 그런 것이 아니다. 회상컨대 맑스와 엥겔스는 세계 문학 속에 민족 문학들이 융합되기를 기대했다. 또 민족문화가 과학 이전의 부적절한 유물로 사라지는 것이 아니라 함께 나타나기를 기대했다.

이것은 컴퓨터화한 정보기술과 그것이 만들어 내는 가상현실의 골격이 기존 문화들의 피와 살에 의해 덮어씌워져야 한다는 것을 의미한다. 그렇지 않으면 그런 문화들에서 선택된 모티브나 요소(실과 천조각)들을 장난기의 또는 냉소적인 풍자와 결합시키고 그것들의 원래의 의미가 종잡을

11 이 구절은 A. D. Smith(1995 : 1장)와 Featherstone(1990)에 기초한 것이다.

수 없는 현재라는 시점에 적합하도록 변화시켜야 한다.

그러므로 탈근대적이고 코즈모폴리턴적인 지구적 문화는 절충적이고 혼합적이고 파편적이고 현재주의적이며 영원히 새로워지는 것과 '관련성'을 추구할 수밖에 없다. 그런 난해한 짜깁기 문화는 대중문화를 이용할 때라도 제한된 호소력밖에 지니지 못하며 모방 작품을 피하려고 할지라도 별로 지구력과 탄력성을 갖지 못한다.

민족주의의 국제화

과학적이고 절충적인 형태의 지구적 문화가 많은 대중의 반향을 얻지 못하고 지속성도 갖지 못한다는 것은 탈근대적 요소가 민족주의를 대체할 조건이 아직 만들어지지 않았다는 사실을 시사한다. 또 지구화가 민족주의를 대체하기보다는 실제로 그것을 보강할 수도 있다는 사실을 시사한다.

이 결론은 다른 세 개의 논의에 의해 지지받을 수 있다. 첫 번째 논의는 지구화 과정이 민족과 민족주의에게 가져오는 결과이다. 두 번째 것은 민족주의의 종족적 기초와, 포스트모던 시대에 있어 그 문화적 유산으로 우리를 돌아가게 한다. 세 번째 것은 민족 정체성의 신성한 기초와 그 장기적인 의미를 고려함으로써 종족적 기초를 보강한다.

우선 지구화 문제부터 시작하자. 앤서니 기든스는 지구화 추세와 함께, 또 그 결과로서, 지역주의가 되살아났다는 사실을 강력하게 주장했다. 지구화의 많은 힘은 지역과 지역적 논점, 문제들에 대해 새롭게 관심을 증대시키는 결과를 가져왔다.

이것은 대규모의 초민족주의와 분열적인 종족적 민족주의가 함께 증가

하는 역설을 설명해 줄 것이다. 즉, 한편에서는 대륙적인 조직과 공동체들이 등장하고 다른 한편에서는 홉스봄이 비난하는 것과 같은 소규모 종족 운동들이 다른 지역적 운동이나 지방적 생태 운동과 함께 활기를 띠고 있다는 사실 말이다.

이것들은 모두 계급에 기초한 운동에서 벗어난 새로운 '정체성 정치' 운동의 일부이다. 그것들은 여성주의, 지역주의, 녹색운동들의 흥기를 포함한다. 그 결과 탈근대적 시대에 정치는 세 개의 층위에 놓인다. 하나는 지방적인 종족적 · 지역적 · 성적 또는 생태적 층위이고, 다른 하나는 민족국가의 층위이고, 마지막으로는 대륙의(어떤 사람들은 이것을 지구적이라고 말할 것이다) 초민족적 공동체의 층위이다(Giddens 1991).

이 해석에는 권장할 만한 것들이 꽤 있다. 계급에 기초한 정치는 경제가 제조업에서 서비스업으로 이행하며 서양에서는 쇠퇴했다. 그 자리를 대신 차지한 것은 종족 민족주의의 재흥을 포함한 전적으로 새로운 정치운동들이다. '정체성 정치'라는 개념이 그것들의 공통된 특징을 정의하는 데 도움이 될지는 확실치 않다. 예를 들어 성의 정치는 성의 구분선을 넘어서는 종족적 동원과는 매우 달라 보인다. 성도 종족적 구분선을 넘어설 수 있다. 사실 민족과 민족주의의 성 정치화는 민족주의 연구에서 매우 중요한 것인데, 지구화보다 앞선 것이고 근대성보다도 앞섰을 가능성이 있다.

게다가 지구적 추세가 지역적, 또는 성적 이슈의 재흥(또는 잔존)과 어떤 필연적인 관계를 맺고 있는지는 분명하지 않다. 또 종족 민족주의가 '지구적-지역적' 도식에 잘 들어맞을지도 확실치 않다. 내 생각에는 종족적 '재흥'과 종족적 수준의 '정체성 정치'는 다른 종류의 설명을 필요로 하는 것 같다. 그리고 초민족적 수준에서 조직의 성장은 점점 중요한 논점이기는 하나 그럼에도 지구적 힘과 지역적 결속의 연결에 필요조건이 아니라 그 결과(아마도 기여한 요소)로 보인다(Melucci 1989; Yuval-Davis 1997;

Sluga 1998).[12]

지구화 과정이 가장 큰 영향을 미친 것은 역설적이지만 민족국가라는 바로 중간적인 수준이다. 그러나 그렇다고 해도 지구화의 두 거대한 요소들인 초국적 기업들의 활동에 따른 경제적 상호 의존과, 정보기술 및 디지털 기술의 도입에 따른 대중매체는 기존의 정치적 추세를 가속화하고 확장할 수 있을 뿐이다.

우리는 이 추세를 '민족주의의 국제화'라고 부를 수도 있을 것이다. 그것은 세 가지 형태를 취한다. 먼저, 민족주의와 민족적 자결의 원리는 유엔헌장과 많은 협정, 조약의 기본적 원리로 자리 잡음으로써 모든 종류의 논쟁과 위기에서 되풀이하여 환기되고 있다. 이 과정에서 우리는 널리 확산되고 수용된 이데올로기와, 일상적이고 공약수를 가지고 있는 집단적 행위자들로서의 민족과 민족주의의 '정상화'를 향한 추세를 볼 수 있을 것이다(Mayall 1990).

둘째로, 민족주의 운동들은 항상 그 전략, 전술, 영감, 그리고 자주 지지의 정도에서 가깝거나 멀리 있는 이전의 운동들에 의지했다. 민족주의의 물결은 이 지역 저 지역을 잇달아 삼키며 새로운 주장들과 함께 똑같은 요구들을 내세워 왔다. 민족주의의 이 '전시효과'는 물론 대중매체, 정치적 동맹, 경제적 상호 의존에 의해 크게 도움을 받았다. 그러나 그것들은 오직 기본적인 민족주의적 메시지를 확대했을 뿐이다.

마지막으로, 어떤 민족주의들은 두 번의 세계대전을 일으키는 데 근본적인 원인을 제공했고 또 이 전쟁들은 새로운 민족주의를 만들어 냈다. 그러므로 이 초기의 민족주의들은 민족주의 일반을 전 지구상에 확산시키

12 성(性)과 민족주의에 대해서는 많은 문헌이 있고 또 계속 늘어나고 있다. 특히 Yuval-Davis와 Anthias(1989)를 보시오. 그리고 Kandiyoti(2000)가 편집한 특집을 보시오.

고 민족을 정치 조직의 국제적인 규준으로 만드는 도구가 되었다고 말할 수 있을 것이다. 그러므로 민족주의는 간접적이건 직접적이건 모든 대륙과 모든 정치체제 아래에서 스스로 자기 복제하는 능력이 있다.[13]

이것이 국제 공동체에 미친 결과는 이미 존재하고 있는 주권적 영토 국가들의 '정치적 다원주의'의 틀을, 국가 형성의 두 번째 원리인 '문화적 다원주의' 원리의 도입을 통해 많은 새로운 국가들을 포함시킴으로써 확대하는 것이었다.

전에는 큰 영토를 다스리고 정치적 주권을 가진 나라만이 민족국가들의 범위 안에 들어올 수 있었다. 이제 영토적인 관할과 정치적 주권 외에 국가는 어느 정도의 문화적 통일성과 연대성을 보여 주어야 한다. 언어, 종교, 관습, 제도, 문화사적인 면에서 상당한 문화적 '독특성'을 보여 주면 더 좋다.

지구화 과정, 특히 대중매체의 지구화 과정은 실제로 국제적인 문화적 다원주의에 보다 큰 중점을 둔다. 그것은 국가가 스스로 운영하는 민족적 교육제도를 통해 민족문화를 가르치는 것을 훨씬 쉽게 만든다. 또 민족문화의 차이를 좀 더 뚜렷하게 하고 가시적으로 만듦으로써 공동체의 모든 구성원들에게 거기에서 결과하는 정치 문화에 참여하는 것도 쉽게 만든다.

그러므로 지구화 과정은 민족주의의 영향을 감소시키거나 민족의 조직을 해체하기는커녕 오히려 그 영향력을 확산시키고 민족들이 보다 참여적이고 독특하게 되도록 고무한다(A. D. Smith 1995 : 6장).

13 전쟁과 민족주의에 대해서는 Marwick(1974)과 A. D. Smith(1981b)를 보시오. 전쟁의 희생과 기념에 대해서는 Mosse(1999), Gillis(1994), Winter(1995, 특히 4장)를 보시오. 특수한 목적을 위해 특별한 집단이 벌이는 새로운 전쟁에 대해서는 Kaldor(1999, 특히 4장)를 보시오.

고르게 분배되지 않은 종족사들

그러나 지구화 과정을 넘어서서, 왜 민족주의의 대체와 민족 해체의 조건이 충족될 수 없는지를 시사하는 깊은 이유들이 있다. 첫 번째 이유는 전근대적인 종족성의 유산에서 비롯한다. 이것은 단순히 '남아 있는 것들'의 논의가 아니다. 전근대 종족들의 요소가 근대 세계와 그 민족에 살아남아 있는 것과 똑같이 근대 민족과 민족주의는 탈근대(포스트모던) 시대에도 살아남을 것이다. 오히려 문제는 지구 전체에 걸쳐 종족사가 고르지 않게 분배되어 있고 그것이 민족과 민족주의의 지속에 영향을 미친다는 것이다.

돌이켜보면 종족사는 '역사'와는 다르다. 후자가 과거에 대한 다소간 객관적이고 전문적인 탐구인 반면 전자는 공동체 구성원들 자신의 기록이나 기억이며 공동체의 '진정한' 과거나 과거들을 재발견하는 것을 의미한다. 특히 후자의 노력 가운데에서 공동체적 과거는 일련의 독창적인 도덕적인 교훈과 상상적인 그림들로 나타나며 그 공동체의 정체성과 독특성, 그 중심성과 기본적인 선(善)함을 ―개별 구성원의 단점에도 불구하고― 생생하게 보여 준다.

그러나 종족사는 그 자체 정치제도의 발전이나 경제적 · 사회적 문제들을 제기하지는 않는다. 대신 그것은 영웅주의와 희생, 창조성, 재생, 신성함, 숭배, 족보, 전통, 공동체, 지도력과 같은 문제에 초점을 맞춘다. 무엇보다 그것은 하나나 그 이상의 황금시대로 되돌아가는데, 그것은 교훈과 모범을 통해 공동체의 미래에 황금시대를 재현하려고 하기 때문이다. 그런 황금시대들은 공동체의 '본질'과 그 '진짜' 성격을 구현하나 그것들은 여러 형태들을 취한다.

그것은 고대 이집트나 페루의 잉카에서 볼 수 있는 것처럼 정치적 · 경제적인, 그래서 부와 힘, 영광의 시대일 수 있다. 또 공자나 우파니샤드, 기독교 성경이나 코란의 시대에서 보듯이 종교적이며 금욕적인 신앙과 성스러움, 지혜의 시대일 수 있다. 또 위대한 사상가, 저술가, 예술가들이 어떤 도시나 제국에 모여든 고대 아테네, 알렉산드리아, 중세 이탈리아의 도시국가들, 17세기 네덜란드의 경우에서와 같이 문화적 · 예술적일 수도 있다. 이런 공동체들의 후대 사람들에게는 이 시대가 모범이 되었다. 그래서 그들은 우리의 '공동체' 안에서 지금은 슬프게도 사라졌으나 민족의 재생과 더불어 곧 회복될 위대하고 고귀한 것들을 끄집어냈다(A. D. Smith 1997).

그러면 '우리' 후대의 민족이 '우리의 진정한 자아'를 추구할 때 인도될 수 있는 황금시대, 영웅들, 위대한 책들, 위대한 유물들이 없는 경우에는 어떻게 할까? 민족은 가치 없는 것이 되고 우리의 야망은 정당화되지 못할까? 그러나 모든 민족들은 민족주의적인 정전(正典) 속에 가치 있는 —이용할 수 있는— 과거를 지니고 있다. 문제는 단지 그것을 발견하는 일이다.

따라서 모든 나라에서, 그리고 모든 사람들에게서 동일한 문화적 목표와 행동을 발견하는 것은 결코 놀라운 일이 아니다. 그들은 역사나 문학단체를 결성하고, 유물이나 기록을 찾고, 자국어를 연구하여 발전시키고, 원래 그 땅에 살았던 사람들의 특징들을 기록하고, 고대의 민속 전통과 관습, 의식을 재발견한다.

우리는 이 동일한 행위와 목표들을 유럽뿐 아니라 식민 지배를 받던 사하라 이남의 아프리카와 아시아에서도 발견할 수 있다. 그리하여 소위 '역사 없는 민족들'을 역사적 민족으로 만들고 남아 있는 기록이나 유물들을 바탕으로 영웅과 문화, 심지어는 황금시대까지도 만들어 낸다.

그리하여 핀족은 엘리아스 뢴로트가 카렐리아 민요를 재발견함으로써 지혜와 영웅주의의 시대를 되돌아볼 수 있었다. 그는 이 민요들을 칼레발라 서사시로 묶었다. 슬로바키아족은 스바토플루크Svatopluk와 다른 왕들 치하의 초기 모라비아 왕국으로 돌아갔다. 우크라이나인들도 이와 비슷하게 그 기원과 영광스런 과거를 코사크 전통과 더 위로 올라가 키예프 시대의 루스족에게서 찾았다. 또 짐바브웨인들은 대짐바브웨 유적을 건설한 선조들의 위대한 시대를 발견했다.[14]

기록된 진짜 종족사가 고르지 않게 분포됨으로써 어떤 민족들은 '풍부'하고 잘 기록된 과거를 자랑할 수 있었다. 반면 다른 민족들은 단지 어둡고 드러나지 않는 과거에 만족해야 했다. 그리하여 비교와 모방이 계속 이루어질 수밖에 없었다.

민족주의를 전 지구적으로 추동하는 것은 상대적인 경제적 박탈만이 아니라 문화적, 종족-상징적 자원의 상대적 결핍 때문이기도 하다. 이것은 단지 '가시적 자료'의 문제만이 아니라 민족 구성원이나 그 외부인의 입장에서 진짜임을 지각하는 문제이다. 즉, 내부나 외부에서 민족문화의 진정한 성격을 느끼는 문제이다.

민족과 국가가 되려고 하는 잠재적인 후보로서 많은 종족이 있고 그들의 주장을 그들 자신이나 외부인들에게 확신시킬 필요성이 있다는 사실을 고려하면, 종족사와 종족 문화의 역할은 민족을 실체로 만드는 데, 또 유효하게 만드는 데 점점 더 중요해진다. 그러므로 종족-민족주의의 힘은 더 커지고 그런 사건들은 증가할 것 같다.

이 결론은 위에서 이야기했지만 민족주의는 정치 이데올로기로서만이 아니라 문화의 정치화된 형태 —공공적이고 대중적이고 '진정한'— 로 보

14 핀족이 칼레발라를 이용한 것에 대해서는 Branch(1985 : 서론)를 보시오. 슬로바키아족의 재흥에 대해서는 Brock(1976)를, 키예프 루스족의 역사와 코사크 유산의 회복에 대해서는 Subtelny(1994 : 1~2장, 13장)를 보시오. 대짐바브웨의 정치에 대해서는 Chamberlin(1979 : 27~35)을 보시오.

아야 한다는 나의 과거 주장과 연결된다. 자국어를 가지고 있는 종족 문화들을 정치화된 대중적·공공적 문화로 재형성하는 광범한 현상은 민족주의의 주된 조류의 하나이다. 세계에 있는 수많은 종족의 수를 감안할 때 이것은 21세기 초에 민족주의가 지속되고 증가하는 현상을 어느 정도 설명해 준다.

신성한 기초들

그러나 이것은 이야기의 일부일 뿐이다. 여기에서 더 나아가 민족 정체성의 계속되는 힘과 민족의 지속성은 민족의 신성한 기초들을 연구함으로써 파악할 수 있다. 언뜻 보면 이런 이야기는 역설적으로 들린다. 최소한 서양에서 우리는 물질적인 가치와 그에 대한 선호가 신성성에 대한 감각을 대치하고, 초월적인 가치에 대한 고대의 믿음을 사라지게 만든 세속적인 시대에 산다.

우리가 건설하려 하는 정체성들은 기본적으로 실용적이다. 그것들은 경제적 기초 위에 서 있고 물질적 이익을 포괄하고 증대시키기 위해서만 정치적 표현을 찾는다. 우리의 문화도 최소한 대중적 수준에서는 상업적 고려에 의해 크게 영향을 받으며, 어떤 신성하고 초월적인 차원이나 직접적인 현재와 그것의 일시적인 표현 너머에 대한 믿음을 결여하고 있다.

정치적 이상에 대한 광범한 무감각, 냉소주의와 결합하여 만약 민족적 이상이 충성심을 덜 불러일으키고 상당히 큰 무관심을 보여 준다고 해서 과연 우리는 놀랄까? 이것은 서양에서만 그렇지는 않다. 비서양 지역의 다른 나라들에서도 민족주의를 좋아하지 않는다는 징표들이 존재한다.

정치적 독립의 달성과 함께 민족주의적 열정도 약화되었다. 그것은 저

발전한 사회들이 그 경제적 · 문화적 예속 상태에서 벗어나려 할 때, 민족주의가 급속한 경제 발전을 위한 아무런 공식도 지니지 않을 뿐 아니라 다른 이데올로기들이나 상당한 자원이나 기술들을 필요로 한다는 사실이 분명해졌기 때문이다.[15]

그렇다고 이런 깨달음이 인도나 인도네시아, 팔레스타인, 이스라엘, 에티오피아, 앙골라같이 식민지에서 벗어난 많은 국가들에서 종족과 종교에 기초한 민족주의적 열정이 분출하는 것을 막지는 못했다. 또 그것이 카시미르, 스리랑카, 코카서스, 발칸, 중동과 남아프리카에서와 같은 세계의 많은 중요한 영토 분쟁에서 민족주의적 정열을 진정시키지도 못했다.

마르크 위르겐스마이어는 그의 종교적 민족주의에 대한 연구에서 많은 사람들이 보기에 실패한 것으로 보이는 세속 국가의 민족주의들에 주목한다. 또 고대의 종교 텍스트와 실천에 대한 엄격한 해석에 따라 사회 변화를 추구하는, 종교에 뿌리를 둔 보다 급진적인 민족주의가 지닌 매력에 관심을 보이고 있다(Juergensmeyer 1993).

우리가 진실로 '새로운 냉전'에 대해서는 말할 수 없을지라도, 이 많은 종류의 종교적 민족주의들의 차이를 고려한다면, 그 예들은 확실히 종종 비효율적인 비서양 지역의 국가 민족주의들에 대한 심각한 정신적 · 정치적 도전이 될 것이다.

그러나 서양에서조차 민족의 성스러운 기초가 증발해 버린 것은 아니다. 그것은 확실히 세속적인 합리주의에 의해 도전받고 있고 또 사회 · 정치적 변화에 적응하도록 강요되고 있다. 그러나 세속 민족주의의 '정치

15 특히 지식인 사이에서 그런 비호감의 좋은 예는 이스라엘의 새로운 탈시오니즘 분위기에서 볼 수 있다. 이에 대해서는 Ram(1998)을 보시오. 그러나 그것을 주민 대부분이 널리 받아들이고 있는지는 의심스럽다. '유럽'에 대한 엘리트와 다수 대중들의 이와 비슷한 태도 차이는 Delanty(1995)를 보시오.

종교'는 스스로를 합리주의 시대에 유일하게 가능한 구원의 드라마로 제시하면서도 그 예식, 상징, 신화 만들기에서 계속 과거의 종교적 모티브에 의존하고 있다.

결국, 집단적인 수준에서 합리주의의 행사는 상당한 정도의 협력과 정치적 연대를 가정하며 이것은 잘 규정된 틀과 정치적 영역을 필요로 한다. 그리고 영토를 지니고 자신의 역사와 운명으로 특징지어지는 공동체인 민족은 예측할 수 있는 미래에 의심의 여지 없이 정치적 연대를 위한 가장 대중적이고 이용 가능한 틀을 제공한다. 그리고 공동체, 영토, 역사, 운명이라는 이 네 개의 기본적 범주는 과거에도, 그리고 내 생각에는 현재에도 대부분의 구성원들에게 존경과 헌신의 대상으로, 또 그 자체 목적으로 취급된다는 의미에서 '성스러운' 것으로 보인다.

이것은 이 네 가지 모든 측면들에 문제 제기가 없었다는 뜻은 아니다. 지구적인 대도시들을 좋아하기 때문에 공동체를 거부하는 사람은 거의 없으나 고토의 성격과 범위, 받아들이는 종족사의 진리 내용과 도덕성, 그리고 공동체의 운명에 대한 여러 비전들에 나타나는 장단점에 대해서는 많은 문제들이 제기되었다.

그럼에도 세계가 그 자신의 영토 또는 고토, 자신의 역사, 특별한 운명을 지닌 공동체나 민족들로 나뉘어 있다는 사실은 대부분의 사람들이 거의 의문을 제기하지 않는 믿음이다. 이것들이 민족의 '신성한 자산들'이라고 부를 수 있는 것을 형성하며, 보다 정확하게는 그 구성원들의 신성한 공동체로 생각되는 민족의 기본적인 자산이 된다.[16]

내가 제2장에서 개괄한 이 신성한 자산들은 다음과 같은 것들이다.

16 이 테제는 A. D. Smith(2000b)가 좀 더 완전히 논의하고 있다. 종교와 민족주의에 대해서는 Armstrong(1997)을 보시오.

(1) 종족적 선민에 대한 믿음, 즉 특별한 사명이 있거나 신과 배타적인 맹약을 한 선택된 사람들로서의 민족이라는 생각.
(2) 성인, 영웅, 현인들에 의해, 그리고 조상들의 묘나 유적에 의해 축성된 신성한 영토, 조상들의 고토에 대한 애착.
(3) 민족의 종족사의 위대했던 시기나 물질적 · 정신적 또는 예술적 영광의 시대로서의 '황금기'에 대한 공통의 기억들.
(4) '영예롭게 죽은 사람', 그리고 민족이나 그 운명을 위한 영웅적인 자기희생에 대한 숭배.

이러한 믿음, 기억, 애착에 대한 예들은 전근대 시대의 종족이나 도시-국가, 제국에서도 찾을 수 있다. 영예로운 죽음에 대한 숭배조차 장례 의식이나 조상 숭배 속에 그 선구 형태를 지니고 있다. 조지 모스가 특히 독일의 경우를 들어 말하듯이, 초기 독일의 민족주의자들은 그들의 시위나 기념식에서 기독교 예배나 의식의 일부를 이용했다.

보다 일반적으로, 민족주의자들은 이 전통적인 종교적 기초 위에 옛날 모티브나 상징, 신화들을 자신들의 목적을 위해 선택하고 수정하여 구축했다. 그러나 보다 기본적인 수준에서 정치종교로서의 민족주의는, '인민의 종교'로서 근대의 민족 정체성을 재구성하고 유지하기 위해 필연적으로 이 네 개의 신성한 자산들에 의존하지 않을 수 없었다(Mosse 1975와 1994).

나는 모든 민족들이 똑같이 이 신성한 자산들 모두에 의해 채워져 있다고 주장하고 싶지는 않다. 우리는 전 지구에 걸쳐 중요한 사건들로 가득 찬, 잘 기록된 종족사가 얼마나 불균등하게 분배되어 있는지를 보았다.

이 불균등은 다른 신성한 자산들에게도 마찬가지로 적용된다. 어떤 경우에는 신성하게 보이는 영토에 대한 애착이 민족 생존의 초점이 되며, 지속적인 영토 분쟁의 경우에 나타나는 바와 같이 그것에 특별한 성격과 강렬성을 준다. 다른 경우에는 황금시대에 대한 공통의 기억이 집단적 행동을 불러내고 이끌며 앞에 나선다.

또 다른 경우에는 선민으로서의 공동체라는 생각인 종족적 선택에 대한 믿음이 매우 중요하며 이것이 민족에게 힘을 주며 내부인과 외부인을 날카롭게 구분한다. 아마도 가장 일반적으로는 전쟁에서 죽은 영웅들과 그 기념물에 대한 숭배가 '영예로운 죽음'을 위한 기념 행사와 함께 시민들의 집단적인 결속과 운명의 성격을 정의한다.

이제 이 개념들의 기초 위에서 우리는 민족 정체성이 지속된다는 사실에 대한 일반적인 가정을 할 수 있을 것이다. 이 신성한 자산들 네 개가 모두 종족-민족적인 주민들 사이에 광범하게 확산되어 있었고 지금도 그런 곳에서는 그 결과로서의 민족 정체성은 과거에도 그랬지만 앞으로도 특히 강력하고 탄력적일 것이다. 그리하여 구성원과 외부 사람 사이에 날카로운 경계선을 만들고, 다른 조건들이 같다면 신참자들을 민족적 문화 공동체의 완전한 구성원으로 받아들이는 것을 주저하게 할 것이다.

반대로, 이 신성한 자산 가운데 하나 이상이 미약하거나 결여된 곳에서는 민족 정체성의 힘은 그에 따라 감소했고 감소한다. 그리고 사람들에 대한 호소력은 다른 집단적 · 문화적 정체성에 비해 그만큼 줄어든다. 이것은 결과적으로 민족의 사회적 · 문화적 경계선을 무디게 하고 외부인을 보다 기꺼이 시민으로서만이 아니라 민족 공동체의 완전한 구성원으로 받아들이도록 하는 경향이 있다.

결론

이 기본적인 수준에서 민족은 시민들의 신성한 공동체로, 민족주의는 그 나름의 성서, 예배, 성인, 예식을 지닌 '정치종교'의 한 형태로 간주될 수 있다. 그러나 민족이나 민족주의에 단일적이거나 정적인 것은 없다. 왜냐하면 전통적인 종교가 새로운 조건에 맞추어 주기적으로 변화 과정을 겪는 것과 똑같이 근대의 민족 정체성도 다음 세대들에 의해 계속 재해석되기 때문이다. 그리고 종교가 여러 형태를 가진 것과 똑같이 우리는 민족주의들에서도 민족의 기원과 발전에 대한 여러 경쟁적인 신화들을 발견할 수 있다. 그럼에도 불구하고 뒤르껭이 종교에 대한 자신의 분석을 요약한 글은 민족과 민족주의에 대해서도 유용하게 적용할 수 있다.

> 그리하여 종교에는, 종교적인 생각이 계속 스스로를 감싸 온 모든 특수적인 상징을 넘어서서 살아남게 마련인 어떤 영원한 것이 있다. 일정한 간격을 두고 그 통일성과 개성을 만드는 집합적인 감정과 집단적인 생각을 지켜 가고 재확인할 필요성을 느끼지 않는 사회는 어디에도 없다.(Durkheim 1915: 427)

그러므로 민족의 신성한 기초가 지속되는 한, 또 세속적인 물질주의와 개인주의가 역사와 운명의 공동체라는 그 중심적인 믿음을 잠식하지 않는 한 정치 이데올로기, 공공 문화, 정치종교로서의 민족주의는 번성할 수밖에 없다. 그리고 민족적 정체성도 현대 세계 질서의 기초 건축재의 하나를 계속 제공하게 될 것이다.

옮긴이의 말

오늘날 한국 사회에서 민족주의는 거의 금기어가 되었다고 할 정도로 냉대를 받고 있다. 특히 지식인 사회에서 그렇다. 그래서 민족이나 민족주의를 말하는 것은 이미 시대에 크게 뒤떨어진 행위인 것처럼 매도된다. 이미 세계가 하나인 세계화 시대에 들어와 있는데 민족이 무슨 망발이냐는 것이다. 또 민족주의는 윤리적으로도 매우 문제가 많은 이념으로 비난을 받는다. 과거 독일인이 저지른 홀로코스트나, 냉전 이후 유고슬라비아를 비롯한 세계 여러 곳에서 벌어진 종족 분쟁들이 그것을 잘 보여 준다는 것이다. 그뿐 아니라 민족주의는 근대사회에 들어와 지배계급이 대중에 대한 자기네의 지배를 확고히 하기 위해 위에서 아래로 과한 이데올로기이므로 억압적인 성격을 가질 수밖에 없다고 비판을 받는다. 이렇게 보면 민족주의는 그야말로 총체적인 부정성을 보여 줄 뿐이다.

그래서 지식인 사회의 이런 일방적 주장에 세뇌된 대다수의 청년 대중들은 민족이나 민족주의라면 무작정 넌더리를 친다. 1990년대 중반만 해도 한국 사회에서 민족이나 민족주의라는 단어가 범접할 수 없는 어떤 힘을 가지고 있었던 것과 비교하면 천양지차라 하겠다.

이렇게 된 것은 한편으로는 한국에서 '세계화'라는 이름으로 진행된 일련의 과정의 결과이다. 특히 외환 위기 이후 무역과 금융의 국경 없는 자유화를 추구하는 신자유주의에 강제적으로 노출되며 한국인들이 지나친 세계화 강박증에 걸렸기 때문이다. 그러니 민족이나 민족주의를 당연히 그 걸림돌로 보게 된 것이다. 다른 한편에서 1980년대에 들어와 유럽에서 발전한 민족주의에 대한 새로운 해석인 '근대주의적 해석'의 결과이다. 영국 정치학자이자 철학자인 어니스트 겔너가 시작한 이 해석이 민족을 산업 시대에 들어와 민족주의가 만들어 낸 인위적인 가공물로 규정했고 그 해석이 단기간 내에 서양 학계를 지배하게 되었기 때문이다. 그래서 민족은 그 오랜 역사성을 순식간에 잃어버렸을 뿐 아니라, 실체가 없는 단순한 '상상의 공동체'에 불과한 것으로 평가절하되었다. 민족과 민족주의가 더 이상 진지한 연구의 대상으로 되기도 어려운 상황이 된 것이다.

한국 지식 사회에서 2000년대에 들어와 특히 가열된 민족주의 비판은 이 '근대주의적 해석'을 그대로 받아들인 결과이다. 그런데 이 해석이 한국 사회에 받아들여져 유통되고 확산되는 방식을 보면 참으로 민망하다. 그렇게 많은 사람이 그것을 논하고 떠들어 대는데 실제로 민족주의에 대한 깊이 있는 연구가 거의 눈에 띄지 않기 때문이다. 민족주의 문제만이 아니라 한국에서 외국 이론이 받아들여져 유포되고 사라지는 방식은 거의 유형화되어 있다. 서양에서 새 이론이 나오기만 하면 그것을 무조건 받아들여 대단한 것처럼 한동안 떠들다가 약발이 다하면 그대로 내팽개친다. 그러고는 그만이다. 한국 지식인들이 외국에서 어떤 이론이 나오게 된 배경이나 그것이 만들어지는 길고 어려운 과정에는 별 관심이 없기 때문이다. 당연히 그것이 한국 사회에 적합한지 유용한지 여부도 관심사가 아니다. 결국 이런 행위를 통해 서양 학문에 대한 종속을 지속시킨다. 민족주의의 '근대주의적 해석'도 마찬가지이다. 지금 같은 식이면 얼마 안 가 사라질 가능성이 크다. 한국이 서양 학문의 지적 식민지라는 예를 하나 더 보여 주면서 말이다. 이미 신자유주의가 퇴조의 기미를 보이니 그 끝 날도 머지않은 듯하다.

이 책은 2001년에 폴리티(Polity) 출판사에서 출판된 앤서니 스미스(Anthony D. Smith)의 『Nationalism: Theory, Ideology, History』를 번역한 것이다. 이 책은 민족주의 이론에 대한 매우 간명한 입문서이다. 약간 난삽한 부분도 없지 않으나 적은 분량 안에 잘 정리된 내용을 담고 있다. 영국 런던경제대학 교수인 스미스는 요즈음 서양에서 민족주의에 대해 가장 권위 있는 연구자 가운데 한 사람이다. 민족주의 문제에 대해 상당히 깊은 이해를 가지고 있을 뿐 아니라 업적도 가장 많은 축에 속한다. 따라서 이런 입문서를 쓰기에 적절한 위치에 있다고 하겠다. 스미스는 위에서 말한 겔너의 지도를 받아 런던경제대학에서 민족주의 연구로 박사학위를 받았다. 자연히 처음에는 근대주의적 입장에 서 있었으나 점차 그 여러 전제들에 비판적이 되며 종족적 측면에서 민족주의를 보기 시작했다. 그리고 지금은 그 해석의 중심인물로 자리 잡고 있다. 그렇다고 스미스가 근대주의에서 완전히 떠난 것은 아니다. 다른 근대주의자들과 마찬가지로 민족주의를 계속 근대라는 시대에 가둬 놓고 있다는 점에서는 역시 한계가 있다. 그럼에도 근대주의를 넘어설 수 있는 가능성을 상당한 정도 열어놓았다는 점에서는 긍정적인 평가를 할 수 있다.

민족주의를 보는 패러다임은 이 책의 제3장에서 자세히 볼 수 있지만 크게 네 가지로 나눌 수 있다. **원초주의, 영속주의, 근대주의, 종족-상징주의**가 그것이다. 이것들을 한번 살펴보자. **원초주의**는 일부 사회학자나 인류학자, 사회동물학자들이 주장하는 것이다. 그 가운데 어떤 사람들은 민족을 개인 속에 내재하는 유전적 재생산 충동에서 비롯하는 것으로, 또 그것을 가능하게 하는 친족 집단의 확대판으로 본다. 다른 사람들은 종족 집단이나 민족을 혈통, 종교, 관습, 언어, 신체적 특징, 지역에 대한 원초적인 애착에서 비롯하는 충성심의 결과로 본다. 이렇게 보면 민족은 인간이 모여 사는 언제 어디에나 원초적으로 존재할 수밖에 없다. **영속주의**는 보다 역사적인 관점을 보여 준다. 그것은 민족이 우리가 알기 어려운 매우 오랜 옛날에 만들어져 지금까지 유지되어 왔다고 주장한다. 길게는 수천 년, 아무리 짧아도 최소한 수백 년은 되었다고 본다. 서양 중세사학자들이 이런 주장을 많이 하며 일부 고대사학자들도 가세한다. 영속주의는 19세기는 물론, 최근에 근대주의가 등장하기 전까지는 주류적 관점이었다. 역사가들이 좋아하는 패러다임이다. **근대주의**는 1980년대부터 본격적으로 등장한 새로운 패러다임으로 민족을 최근 200년 정도의 산물로 본다. 대체로 18세기 말에서 19세기 초 사이에 탄생했다고 본다. 특히 1789년의 프랑스 혁명을 그 계기로 본다. 이 관점이 위의 것들과 다른 점은 민족과 민족주의를 산업혁명, 자본주의, 근대국가의 발전 등 근대사회의 여러 힘이 만든 것으로 본다는 것이다. 또 영속주의에서는 민족에서 민족주의가 생겨난 것으로 보는 데 반해 근대주의에서는 민족주의가 민족을 만들어 냈다고 주장한다. 근대사회의 요구에 따라 민족주의가 만들어지고 그에 의해 민족이 만들어진다는 것이다. 이렇게 민족이 인위적 성격을 가지고 있으므로 그 응집성은 강하지 않으며 근대에 있어서의 그 기능을 다하면 쉽게 사라질 수 있다고 믿는다. 그런데 이제 지구화 시대에 들어와 민족이 그 기능을 이미 다해 가므로 민족도 조만간 소멸할 수밖에 없다고 전망한다.

이런 해석의 틀은 겔너가 1983년에 낸 『민족과 민족주의』에서 처음 체계적으로 나타났다. 그런데 이렇게 민족과 민족주의의 형성을 근대의 새로운 정치사회적 · 경제적 구조와 관련시킨 관점은 당시의 많은 사회과학자들에게 시의적절하고 참신한 느낌을 주었다. 제2차 대전 이후 아시아,

아프리카에서 많은 민족들이 새로 형성되고 있는 상황에서 민족의 근대성이 어쩌면 당연한 사실로 인식되었기 때문이다. 반면 1950~1960년대까지도 민족주의 연구에서 지배적이었던 한스 콘이나 엘리 케두리 같은 사람의 연구는 민족이나 민족주의를 유럽의 좁은 사상사적 전통에서 끌어내는 것이었으므로 폭이 좁고 한계가 많다는 인상을 주었다. 그래서 많은 사회과학자들이 새 이론을 받아들이며 근대주의적 해석이 짧은 시일 안에 주류적 해석으로 떠오른 것이다. 그 가운데 특히 미국의 인류학자인 베니딕트 앤더슨의 『상상의 공동체』나 영국의 맑스주의 역사학자인 에릭 홉스봄의 『1780년 이후의 민족과 민족주의』 같은 책들은 널리 읽히며 근대주의적 해석을 대중화하는 데 큰 역할을 했다.

물론 근대주의는 민족주의와 여러 근대적 현상 사이의 관계를 면밀히 검토하고, 민족을 세계사적이고 비교사적인 검토의 대상으로 만들었다는 점에서 민족주의 연구의 지평을 크게 확대했다. 그 점에서 민족주의 연구에 크게 기여했다고 볼 수 있는 면이 있다. 반면 민족과 민족주의를 기본적으로 근대적 현상으로 보는 데서 오는 한계도 매우 크다. 그러면 근대주의적 패러다임의 여러 특징은 무엇일까? 학자들에 따라 의견이 매우 다양하나 정리하면 다음 여섯 가지를 이야기할 수 있다.

첫째, 근대주의자들은 민족과 민족주의를 근대의 산물로 본다. 전근대에도 그 비슷한 현상은 있으나 근대의 것과는 성격이 매우 다른 것으로 생각한다. 이렇게 민족과 민족주의의 오랜 역사성을 경시한다. **둘째**, 그들은 민족주의가 산업화, 자본주의, 근대국가의 형성에 따라 나타난 것으로 본다. **셋째**, 민족과 민족주의의 발전에 있어 종족성에 큰 의미를 부여하지 않는다. 전근대에는 그것이 중요했으나 근대 세계에 들어와서는 신분적 장벽이 사라지고 공공 문화가 확대되어 사람들 사이의 의사소통이 밀접해지므로 그것은 점점 약화되어 별 의미가 없다고 생각한다. **넷째**, 민족의 인위성을 주장한다. 민족이라는 실체는 근대에 들어와 민족주의에 의해 인위적으로 만들어진 것이므로 크게 중요하지 않다고 생각한다. 당연히 민족이 만들어 내는 정체성도 미약할 수밖에 없다. 학급이나 갱단, 사회단체의 정체성과 비슷하게 쉽게 사라질 수 있다고 주장한다. **다섯째**, 민족주의에 의해 민족이 만들어지는 과정에서는 지배계급이 중요한 역할을 했다고 주장한다. 이들이 근대 세계에 들어와 약화된 왕권이나 종교 대신 민족을 대중의 지배를 위한 새로운 수단으로 삼으려 했다는 것이다. 따라서 민족주의와 민족에는 기본적으로 억압성과 배타성이 있으며 윤리적으로 문제가 많다고 생각한다. **여섯째**, 이제 지구화 시대에 들어왔으므로 민족은 그 기능을 다했다고 본다. 지역 연합들이 나타나고 있고 초민족적 기구들이 등장하고 있으므로 민족은 조만간 사멸할 수밖에 없다는 것이다.

그러나 이런 주장들은 많은 문제점이 있다. 그것들을 간단히 살펴보자. **먼저**, 민족이나 민족주의를 근대로 한정하는 문제이다. 이들은 기본적으로 전근대에 있어 민족이나 민족주의의 존재를 부정한다. 물론 근대주의자 가운데에는 전근대에 근대의 민족과 비슷한 원(原)민족이 있었다고 주장하는 일부 사람들도 있으나 그것도 근대의 민족과는 질적으로 다르다고 믿는다. 그러나 역사적으로 접근해 보면 서유럽에서 이미 14~15세기에 근대의 민족이나 민족주의와 비슷한 민족 정체성이나 이데올로기가 분명히 존재했다는 사실을 알 수 있다. 이는 17~18세기의 영국과 프랑스에서는 더 분명히 나타나고 그것과 근대의 민족이나 민족주의 사이에는 어떤 역사적 단절도 존재하지 않는다. 근대적 민족주의의 전형으로 보는 프랑스혁명기의 민족주의가 그 전과 달리 명확한 정치 이데올로기를 제시하고 있기는 하나 그것은 과거로부터의 점진적 발전의 결과일 뿐이다. 이런 현상이 나타나는 것은 근대주의자들 가운데 많은 사람이 사회과학자들로서 역사적 접근을 하지 않기 때문이다.

둘째로, 근대주의자들은 민족주의의 주된 요인으로 산업화, 자본주의, 근대국가의 형성을 내세우나 사실 그것은 부차적인 요인에 불과하다. 그 주된 요인은 민족 사이의 경쟁과 억압, 착취이다. 실제로 민족주의가 가장 먼저 발전한 서유럽에서도 그것은 산업혁명 이전에 나타났다. 동유럽이나 아시아, 아프리카 민족주의의 경우도 산업화와 거의 상관관계가 없다. 또 자본주의나 근대국가의 형성도 17~18세기 정도부터 시작된 장기적 과정이므로 18세기 말이나 19세기 초 이후로 한정할 수 없다.

반면 중세 시대 이후 모든 민족주의적 현상의 뒤에는 민족이나 종족 사이의 갈등과 억압, 경쟁이 존재한다. 자본주의 발전이나 근대국가 형성의 배후에도 국가 사이의 중상주의적 경쟁이나 군사적 경쟁이 자리 잡고 있다. 18세기에 영국과 프랑스에서 특히 뚜렷이 나타나는 민족주의는 두 나라의 식민지와 해상권을 둘러싼 치열한 경쟁의 산물이다. 프랑스혁명기의 민족주의는 그 직접적 결과이다. 나폴레옹의 유럽 정복은 19세기 초에 민족주의를 독일, 이탈리아 등 전 서유럽 지역으로 확산시키는 결과를 가져왔다. 19세기 후반 동유럽의 민족주의는 산업화에 의해 힘이 커진 서유럽 국가들의 압력에 대응하기 위한 것이다. 19세기 말, 20세기 초부터의 식민지 민족주의는 서양 제국주의의 억압과 착취에 저항하려는 것이다.

셋째로, 종족성이란 민족의 형성에서 본질적인 역할을 하는 것이다. 서양 중세사가들에 따르면 유럽에서 언어, 혈통, 용모, 민족성, 역사, 영토, 문화 등의 종족성에 따르는 민족 정체성을 10세기 이전에도 볼 수 있다. 그러나 늦어도 14~15세기에는 분명히 나타난다. 그것을 느끼는 사람들의 범위가 근대에 비해 좁고 그 형태가 보다 불완전할 뿐이다. 그럼에도 근대주의자들은 이 차이를 질적인 것으로 과장하는 경향이 있다. 20세기에 들어와, 특히 냉전 시대에는, 동·서 양 진영 어디에서도 종족성을 매우 경시했다. 민주주의건 사회주의건 잘 발전하면 종족성은 사라지거나 크게 약화되고 민족주의도 큰 의미가 없어질 것으로 본 것이다. 근대주의적 해석은 이 분위기에서 태어난 것이다. 그러나 1970년대 서유럽이나 캐나다의 종족적 분리주의 운동, 공산권 해체 후 각지에서 벌어진 종족 분쟁은 인간의 삶에서 종족성이 본질적인 요소의 하나라는 사실을 다시 한 번 깨우쳐 주었다. 최근에 많은 연구자들이 종족성 문제에 다시 관심을 기울이는 이유이다.

넷째로, 만약 민족주의가 먼저 생기고 민족이 나중에 생겼다면 민족의 인위성을 이야기할 수 있다. 그러나 영국, 프랑스, 네덜란드 같은 서유럽 국가들의 경우 민족의 형성이 근대주의자들이 민족주의의 시작으로 보는 프랑스혁명보다 분명히 앞선다. 동유럽 지역이나 동아시아의 중국이나 한국, 일본의 경우도 민족의 개념을 어떻게 설정할 것이냐에 따라 다르므로 더 검토해 볼 여지가 있다. 제2차 대전 이후 생겨난 아프리카나 아시아의 많은 민족들의 경우는 민족주의가 민족에 앞선다고 할 수 있다. 그러나 여기에서도 민족은 무에서 탄생한 것이 아니라 종족적 기반 위에서 탄생한 것이다. 겉으로는 인위적으로 보여도 내면을 들여다보면 반드시 그렇지는 않다.

다섯째, 민족주의가 비윤리적이라는 주장은 지나치게 일면적이다. 민족주의에는 물론 부정적인 면이 있다. 19세기 말의 유럽이나 제2차 대전 이후의 일부 신생국가들처럼 지나친 관제 민족주의가 나타나는 경우 억압성이 커진다. 그러나 민족주의는 긍정적인 면도 많다. 자기 민족에 대한 자부심을 고취하고 내부적인 결속을 높여 외부에 대항할 수 있는 힘을 만들어 주기 때문이다. 말하자면 외부와의 경쟁이나 억압, 착취에서 자신을 지키는 힘을 만들어 낼 수 있다. 또 어떤 이데올로기도 비윤리적인 면을 안 가지고 있는 경우는 없다. 사회주의, 자유주의 다 마찬가지이다. 지금의 신자유주의는 더 말할 나위도 없다. 그러므로 윤리성의 엄격한 기준을 유독 민족주의에만 적용하는 것은 공평하지 않다. 최근에 민족주의의 비윤리성이 유독 강조되는 이유는 케두리, 겔너, 홉스봄 같은 민족주의의 중요한 연구자들이 유대인인 것과 깊은 관련이 있다. 유대인 홀로코스트를 경험한 이들이 그 책임을 독일 민족주의에게 돌리려고 하기 때문이다. 홀로코스트는 민족주의가 아니라 인종주의에 더 큰 책임을 물어야 할 사안이다.

여섯째, 오늘날 국제사회의 기본 단위는 민족국가이며 지구화 시대에 들어왔다고 해서 이것이 달라지는 것은 아니다. EU나 NAFTA 같은 지역 연합들이 일부 등장했으나 그 결속력은 아직 약하다. 지금의 경제 위기가 심각한 경제공황으로 발전하는 경우 그것들은 해체될 수밖에 없을 것이다. 진정한 지구화는 오랜 시간이 걸리는 점진적인 과정으로 당장 민족이나 민족주의의 사멸을 예견할 수는 없다.

근대주의적 패러다임이 이렇게 여러 근본적인 문제점들을 가지고 있으므로 처음부터 역사적인 측면의 비판은 존재해 왔다. 이론이 역사적 사실과 잘 맞지 않기 때문이었다. 다만 근대주의적 해석이 대세가 되며 한쪽 구석으로 밀렸을 뿐이다. 그러나 근대주의의 결함들이 점점 뚜렷해지며 이에 대한 비판의 목소리도 점점 커지고 있다.

1990년대 이후 중세 시대까지 거슬러 올라가는 역사적인 연구들이 여럿 나타났다. 조지프 R. 로베라의 『근대성의 신』(1994), 애드리언 해스팅스의 『민족의 건설』(1997), 리아 그린펠드의 『민족주의』(1992) 같은 책들이 그것이다. 이 책들은 민족과 민족주의의 전근대적 형태들이 이미 중세 시대부터 나타나고 있음을 구체적인 역사 속에서 보여 준다. 로베라는 로마제국이 무너진 후 중세 시대에 다섯 개의 지리적 영역으로 나뉜 유럽을 검토하고 민족의식이 대중에게 제한적으로 확산되기는 했으나 중세 민족을 말하는 것은 의미가 있다고 주장한다. 해스팅스는 확인할 만한 민족의식의 등장을 12세기부터로 본다. 그러나 강한 표현이 나타나는 것은 16세기의 잉글랜드라고 생각한다. 그는 당시의 민족 감정이 엘리트의 것일 뿐 아니라 '16세기 백성 다수'의 것이었다고 주장한다. 그린펠드도 잉글랜드에서 16세기 초에 엘리트라는 의미를 갖던 네이션(nation)이라는 단어가 민족(people)과 동의어가 되었다고 주장한다. 이 의미론적 변화가 첫 민족의 등장을 알리게 되고 민족주의 시대를 열었다는 것이다. 그래서 그는 민족의 등장이 근대성에 앞설 뿐 아니라 민족의 이념이 오히려 근대성의 구성 요소를 만들었다고 주장한다.

다른 한편으로는 1970년대 유럽에 만연했던 종족분리주의 운동들이나 사회주의권의 붕괴 후 각지에서 나타난 종족 분쟁들은 **종족성**과 관련된 연구를 자극했다. 종족성이 민족주의의 본질적인 요소의 하나라는 깨달음 때문이다. 종족성이란 혈통, 언어, 역사적 경험의 공유, 영토, 관습, 종교 같은 것들에 의해 만들어지는 것이다. 이런 것들이 민족과 민족주의에서 본질적인 역할을 한다는 것이다. 그 선구적인 작업은 존 암스트롱의 『민족주의 이전의 민족』(1982), 앤서니 스미스의 『민족주의의 종족적 기원』(1983), 워커 코너의 『종족민족주의』(1994) 같은 책들이다. 그리고 이런 연구 작업은 최근에 와서 점점 늘어나는 추세이다. 물론 역사적인 접근과 종족적인 접근은 한데 만날 수밖에 없다. 근대주의적 가정에 대해 처음으로 종족성의 입장에서 의문을 제기한 암스트롱은 그의 책 제목에서 보듯 장기에 걸친 종족성과 민족주의의 관계에 초점을 맞추고 있다. 그는 수천 년의 기간을 다루고 있고 특히 근대에 있어 종족 집단과 민족과의 관계가 어떤 것인지, 또 종족적 정체성의 형태가 아직도 지속되고 있는 이유를 찾으려 했다. 그럼으로써 전근대 종족 공동체와 근대 민족 사이의 연결 문제를 부각시켰다.

근대주의에서 출발한 스미스는 점차 겔너나 다른 사람들의 엄격한 근대주의로부터 벗어났다. 그들의 이론이 너무 자주 추상화의 수준에 머물러 있어서 특수한 지역이나 사례에 쉽게 적용할 수 없다고 생각했기 때문이다. 또 지나치게 물질주의적으로 접근하여 인간 사회에서의 정신이나 감정적 요소를 경시하고, 근대 세계의 많은 곳에서도 발견할 수 있는 종족적 결속이나 문화와의 관계, 그리고 그것이 많은 사람들에게 의미하는 지속적인 중요성을 경시한다고 믿었다. 그리하여 종족성 문제의 영역으로 발을 내디뎠다. 그는 연구를 진전시키며 위에서 언급한 책 외에 『민족정체성』(1991), 『민족주의와 근대주의』(1998), 『역사 속의 민족』(2000) 등 여러 책을 썼는데 그의 주된 작업은 종족 공동체에 대한 역사적 분석이다. 그는 종족을 특정한 영토와 연대성의 감각을 가지고 공통의 조상에 대한 신화, 나름의 역사와 문화를 지나며 자신의 이름을 가진 인간의 집단으로 규정한다. 그리고 유럽에서 처음으로 민족을 발전시킨 프랑스, 잉글랜드, 카스티야, 네덜란드, 스웨덴을 포함하여 많은 나라들이 과거는 물론 지금도 이 종족적 기반 위에 서 있다고 주장한다. 말하자면 근대의 정치적 민족주의는 과거의 종족적 결속이나 그 기억 없이는 설명될 수 없다는 것이다. 그리고 이러한 접근법은 세 가지 점에서 근대주의보다 도움이 된다고 주장한다. 하나는 어떤 사람들이 어떤 조건에서 민족주의 운동을 시작할지, 그 운동의 내용이 어떻게 될 것인지를 가늠하게 해준다는 것이다. 둘째로는 종족성과 관련된 기억 · 가치 · 신화 · 상징의 중요한 역할을 이해하게 해준다는 것이다. 물질주의적 접근이나 근대주의는 집단적인 기억의 이 정서적인 힘을 이해할 수 없다는 것이다. 셋째로는 민족주의가 어떻게 해서 그렇게 광범한 대중적 지지를 얻는지를 설명해 준다는 것이다. 인텔리겐치아가 대중을 역사에 초대할지라도 왜 대중이 거기에 반응하는가 하는 문제이다. 대중이 그러는 것은 물질적인 이익만을 위한 것이 아니라는 것이다.

이렇게 종족성과 그것이 가지고 있는 상징의 의미를 강조하므로 그는 현재 암스트롱, 존 허치슨 등과 함께 종족-상징주의에 속하는 인물로 분류된다. 그러나 이들이 종족성을 중시한다고 해서 원초주의나 영속주의적 관점과 반드시 가깝지는 않다. 초역사적인 입장을 취하는 원초주의를 거부하는 것은 물론이나, 영속주의의 강한 역사적 지속성도 받아들이지 않는다. 민족이 과거의 종족적인 형태에서 출발하기는 했으나 근대의 힘들에 의해 변형된 것으로 보기 때문이다. 그럼에도 전근대의 종족적 기초와 근대의 민족을 날카롭게 단절시키고 그 사이에 거의 아무 관계도 없는 것처럼 생각하는 근대주의자들의 태도보다 종족-상징주의가 보다 설득력이 있는 것은 사실이다.

그럼에도 스미스의 태도에 문제가 없는 것은 아니다. 그는 종족은 "고토와 연결되고 조상에 대한 공통의 신화가 있고 기억을 같이하며 하나나 여러 문화적 요소들을 공유하고 최소한 엘리트 사이에서라도 상당한 연대성이 있는 고유한 이름을 가진 인간 공동체"로 정의한다. 반면 민족은 "고토를 점유하고 공통의 신화와 역사가 있으며 공통의 공공 문화나 하나의 단일한 경제, 그 구성원을 위한 공통의 권리와 의무를 가지는 고유한 이름의 인간 공동체"로 규정한다. 이렇게 종족과 민족을 명확히 구분하고 종족을 대체로 전근대에, 민족을 근대에 귀속시킨다. 그리고 민족 형성을 1789년 프랑스혁명 이후의 일로 단정하고 있다. '민족-형성의 과정으로서, 그리고 이데올로기와 운동으로서, 민족주의와 그 이상인 민족적 자율성, 통합, 정체성은 비교적 근대적인 현상'이라고 보기 때문이다. 그러나 그의 이런 태도가 일관되지는 않는다. 다른 한편에서는 종족과 민족의 구분선은 분명하지 않으며, 전근대의 많은 종족들 사이에서 민족이 일부 발견될 수 있는지 여부는 최소한 논쟁의 여지가 있는 문제라고 결론을 유보하고 있다. 그리고 '18세기 말에 민족주의 이데올로기가 나타나기 이전에 단지 몇 개의 전근대 민족이라도 관찰할 수 있다면, 우리는 민족주의 이데올로기와 조화를 이루기는 하나 독립적인 민족의 개념을 정의할 필요가 있을 것'이라며 전근대 민족의 존재 가능성을 어느 정도 열어 두고 있다. 그렇다면 애초에 종족과 민족을 명확히 구분하여 그것들을 전근대와 근대에 각각 귀속시킬 필요가 없었을 것이다. 그의 말대로 전근대에서 몇 개의 민족이라도 찾아낸다면 그의 근대주의적 가정 자체가 무너져 버리고 말 테니 말이다. 그 점에서 그의 주장은 아직 이론적으로 성숙했다고 말할 수 없다. 이 점은 스스로도 잘 인식하고 있는 것으로 보인다. 그가 네 개의 패러다임에 대해 각각 '근대주의자들은 이론에는 강하나 역사에는 취약하다. 반면 영속주의자들은 역사에는 강하나 이론에는 약하다. 원초주의는 (사회생물학적) 환원주의이거나 대체로 추상적 또는 비역사적(문화적 원초주의)으로 이론에서 취약하고 역사는 거의, 또 전혀 이야기하지 않는다. 종족-상징주의자들은 접근 방법만 발전시켰을 뿐이지 이론을 발전시키지는 못했다'고 이야기하고 있기 때문이다. 따라서 종족-상징주의는 앞으로 더 많은 연구를 통해 기초를 다져야 하나의 패러다임으로 제대로 자리를 잡을 수 있을 것으로 보인다. 이렇게 문제가 없는 것은 아니나 종족-상징주의적 패러다임은 종족성을 강조함으로써 민족주의 연구가 유럽중심주의적 해석에서 벗어날 가능성을 제시하고 있다는 점에서 매우 중요하다. 이는 특히 비유럽 지역의 민족과 민족주의를 검토할 때 그렇다. 근대주의적 입장에서는 그것을 대체로 서양의 영향을 받아 만들어진 20세기적 현상으로 보기 때문이다.

결국 문제는 민족을 어떻게 정의하는가의 문제이다. 근대주의자들의 주장에 따라 민족을 엄밀하게 정의하면 그것은 서양에서도 18세기 말에나 19세기 초에조차 존재할 수 없게 된다. 모든 성인들이 선거권을 가지는 평등주의적 민족은 제1차 대전 이후에나 가능하기 때문이다. 그러나 그것을 보다 폭넓게 정의하면 민족 형성의 시기는 그것보다 훨씬 위로 소급될 수 있다. 스미스의 민족 규정 가운데서도 '그 구성원을 위한 공통의 권리와 의무를 가지는 고유한 이름의 인간 공동체'라는 부분만 빼도 시대가 훨씬 올라간다. 그렇게 하면 한국도 조선시대나 그 이전에 이미 민족을 형성한 것으로 볼 수 있는 여지가 충분히 있다. 종족성의 강조는 또한 민족을 시민적 민족주의의 서유럽형과 종족적 민족주의의 동유럽형으로 나누는 전통적인 이분법을 넘어설 수 있게 한다. 지금까지 서양의 민족주의 연구자들은 대체로 한스 콘을 따라 서유럽의 민족주의를 시민들의 동의에 의한 합리적이고 선한 것으로, 동유럽 · 아시아 · 아프리카의 민족주의를 종족성이나 문화에 의존한 비합리적이고 악한 것으로 보는 이분법을 유지해 왔다. 이 이분법은 최근에 와서 어느 정도 비판을 받고 있으나 아직도 대부분의 서양 연구자들은 암묵적으로 이 전제 위에 서 있다. 그러나 종족성의 입장에서 보면 민족 형성에서 시민적인 합의나 동의는 크게 중요하지 않다. 본질적인 것은 오히려 종족성이다. 실제로 시민적 민족의 대표로 부각되는 서유럽 국가들의 민족도 역사 과정에서 '종족적 핵심'을 중심으로 형성되었기 때문이다. 이것은 프랑스혁명기의 프랑스 사례를 보아도 분명하다. 따라서 서유럽 민족주의는 좋은 것으로, 아시아 · 아프리카 민족주의는 나쁜 것으로 보는 서양 민족주의 연구의 강한 유럽중심주의에서 벗어날 가능성을 모색할 수 있을 것이다.

여하튼 스미스의 저작들은 오늘날 '이 영역을 통합하려는 가장 설득력 있고 확실히 가장 폭넓은 시도'라는 평가를 받고 있다. 그리고 종족-상징주의자는 아니더라도 민족 감정이라는 현상이 장기에 걸친 경험적 연구를 필요로 한다는 사실을 믿는 사람들로부터 많은 지지를 받고 있다. 따라서 이 책은 종족적 측면에서 민족과 민족주의를 새롭게 인식하려는 사람들에게 큰 도움을 줄 수 있으리라고 생각한다. 스미스의 책들 가운데 2000년까지 나온 것들은 대체로 이 책의 '참고 문헌' 부분에서 찾을 수 있다. 2001년 이후에 나온 글이나 책으로는 다음과 같은 것들이 있다.

"Dating the Nation" in: D. Concersi(ed.), *Ethnonationalism in the Contemporary World: Walker Conner and the Study of Nationalism*, London, Routledge, 2002.

Chosen Peoples. Sacred Sources of National Identity, London, Polity Press, 2003.

"Adrian Hastings of Nations and Nationalism", *Nations and Nationalism*, 9, 1: 25~28, 2003.

The Antiquity of Nations, Cambridge, Polity Press, 2004.

"History and National Destiny: Responses and Clarifications", *Nations and Nationalism*, 10, 1/2: 195~209, 2004.

Cultural Foundations of Nations: Hierarchy, Covenant and Republic, Wiley-Blackwell, 2008.

Ethno-symbolism and Nationalism: A Cultural Approach, Routledge, 2009.

참고 문헌

Ades, Dawn (ed.) (1989): *Art in Latin America: The Modern Era, 1820–1980.* London: South Bank Centre, Hayward Gallery.

Akzin, Benjamin (1964): *State and Nation.* London: Hutchinson.

Alter, Peter (1989): *Nationalism.* London: Edward Arnold.

Anderson, Benedict (1991): *Imagined Communities: Reflections On the Origins and Spread of Nationalism,* 2nd edn. London: Verso.

_____ (1999): 'The goodness of nations', in Peter Van der Veer and Hartmut Lehmann (eds), *Nation and Religion: Perspectives on Europe and Asia.* Princeton: Princeton University Press.

Argyle, W. J. (1969): 'European nationalism and African tribalism', in P. H. Gulliver (ed.), *Tradition and Transition in East Africa.* London: Pall Mall Press.

_____ (1976): 'Size and scale in the development of nationalist movements', in Anthony D. Smith (ed.), *Nationalist Movements.* London: Macmillan, and New York: St Martin's Press.

Armstrong, John (1976): 'Mobilized and proletarian diasporas'. *American Political Science Review* 70: 393~408.

_____ (1982): *Nations before Nationalism.* Chapel Hill: University of North Carolina Press.

_____ (1995): 'Towards a theory of nationalism: consensus and dissensus', in Sukumar Periwal (ed.), *Notions of Nationalism.* Budapest: Central European University Press.

_____ (1997): 'Religious nationalism and collective violence'. *Nations and Nationalism* 3, 4: 597~606.

Asiwaju, A. I. (ed.) (1985): *Partitioned Africans: Ethnic Relations across Africa's International Boundaries*, 1884–1984. London : C. Hurst and Company.

Atiyah, A. S. (1968): *A History of Eastern Christianity.* London : Methuen.

Baker, Keith Michael (1988): *Inventing the French Revolution.* Cambridge: Cambridge University Press.

Balibar, Etienne and Wallerstein, Immanuel (1991): *Race, Nation, Class.* London: Verso.

Barnard, F. M. (ed.) (1965): *Herder's Social and Political Thought: From Enlightenment to Nationalism.* Oxford: Clarendon Press.

_____ (1969): 'Culture and political development: Herder's suggestive insights'. *American Political Science Review* 62: 379~397.

Baron, Salo (1960): *Modern Nationalism and Religion.* New York: Meridian Books.

Barry, Brian (1999): 'The limits of cultural politics', in Desmond Clarke and Charles Jones (eds), *The Rights of Nations: Nations and Nationalism in a Changing World.* Cork: Cork University Press.

Barth, Fredrik (ed.) (1969): *Ethnic Groups and Boundaries.* Boston Little, Brown and Co.

Bassin, Mark (1991): 'Russia between Europe and Asia: the ideological construction of geographical space'. *Slavic Review* 50, 1: 1~17.

Baynes, N. H. and Moss, H. St. L. B. (eds) (1969): *Byzantium: An Introduction to East Roman Civilization.* Oxford, London and New York: Oxford University Press.

Beaune, Colette (1985): *Naissance de la Nation France.* Paris: Editions Gallimard.

Beetham, David (1974): *Max Weber and the Theory of Modern Politics.*

London: Allen and Unwin.

Beissinger, Mark (1998): 'Nationalisms that bark and nationalism that bite: Ernest Gellner and the substantiation of nations', in John Hall (ed.), *The State of the Nation: Ernest Gellner and the Theory of Nationalism.* Cambridge: Cambridge University Press.

Bell, Daniel (1975): 'Ethnicity and Social Change', in Nathan Glazer and Daniel P. Moynihan (eds), *Ethnicity: Theory and Experience.* Cambridge, MA: Harvard University Press.

Bendix, Reinhard (1996) [1964]: *Nation-building and Citizenship*, enlarged edn. New Brunswick, NJ: Transaction Publishers.

Berlin, Isaiah (1976): *Vico and Herder.* London: Hogarth Press.

_____ (1999): *The Roots of Nationalism* (ed. Henry Hardy). London: Chatto and Windus.

Bhabha, Homi (ed.) (1990): *Nation and Narration.* London and New York: Routledge.

_____ (1994): 'Anxious nations, nervous states', in Jean Copjec (ed.), *Supposing the Subject.* London: Verso.

Billig, Michael (1995): *Banal Nationalism.* London: Sage.

Binder, Leonard (1964): *The Ideological Revolution in the Middle East.* New York: John Wiley.

Blyden, Edward (1893): 'Study and Race'. *Sierra Leone Times, 3* June 1893.

Bracher, Karl (1973): *The German Dictatorship: The Origins, Structure and Effects of National Socialism.* Harmondsworth: Penguin.

Branch, Michael (ed.) (1985): *Kalevala, The Land of Heroes*, trans. W. F. Kirby. London: The Athlone Press, and New Hampshire: Dover Books.

Brandon, S. G. F. (1967): *Jesus and the Zealots.* Manchester: Manchester University Press.

Brass, Paul (1979): 'Elite groups, symbol manipulation and ethnic identity among the Muslims of North India', in David Taylor and Malcolm

Yapp (eds), *Political Identity in South Asia.* London and Dublin: Curzon Press.

_____ (1991): *Ethnicity and Nationalism.* London: Sage.

Bremmer, Ian and Taras, Ray (eds) (1993): *Nations and Politics in the Soviet Successor States.* Cambridge: Cambridge University Press.

Breuilly, John (1993): *Nationalism and the State,* 2nd edn. Manchester University Press.

_____ (1996a): *The Formation of the First German Nation State, 1800–71.* Basingstoke: Macmillan.

_____ (1996b): 'Approaches to nationalism', in Gopal Balakrishnan (ed.), *Mapping the Nation.* London and New York: Verso.

Brock, Peter (1976): *The Slovak National Awakening.* Toronto: University of Toronto Press.

Brown, David (1994): *The State and Ethnic Politics in Southeast Asia.* London and New York: Routledge.

Brubaker Rogers (1992): *Citizenship and Nationhood in France and Germany.* Cambridge, MA: Harvard University Press.

_____ (1996): *Nationalism Reframed: Nationhood and the National Question in the New Europe.* Cambridge: Cambridge University Press.

Calhoun, Craig (1997): *Nationalism.* Buckingham: Open University Press.

Campbell, John and Sherrard, Philip (1968): *Modern Greece.* London: Ernest Benn.

Carr, Edward (1945): *Nationalism and After.* London: Macmillan.

Cauthen, Bruce (1997): 'The myth of divine election and Afrikaner ethnogenesis', in Geoffrey Hosking and George Schöpflin (eds), *Myths and Nationhood.* London: Macmillan.

_____ (2000): 'Confederate and Afrikaner Nationalism: Myth, Identity and Gender in Comparative Perspective', unpubshed Ph.D. thesis. University of London.

Chamberlin, E. R. (1979): *Preserving the Past.* London: J. M. Dent and

Sons.

Chatterjee, Partha (1986): *Nationalist Thought and the Colonial World.* London: Zed Books.

_____ (1993): *The Nation and Its Fragments.* Cambridge: Cambridge University Press.

Cobban, Alfred (1963): *A History of Modern France,* 1715–99, vol. I, 3rd edn. Harmondsworth: Penguin.

_____ (1964): *Rousseau and the Modern State,* 2nd edn. London: Allen and Unwin.

Cohen, Edward (2000): *The Athenian Nation.* Princeton: Princeton University Press.

Cohen, Robin (1997): *Global Diasporas, An Introduction.* London: UCL Press.

Cohler, Anne (1970): *Rousseau and Nationalism.* New York: Basic Books.

Coleman, James (1958): *Nigeria, Background to Nationalism.* Berkeley and Los Angeles: University of California Press.

Colley, Linda (1992): *Britons, Forging the Nation, 1707–1837.* New Haven, CT: Yale University Press.

Connor, Walker (1972): 'Nation-building or nation-destroying?'. *World Politics* XXIV, 3: 319~355.

_____ (1994): *Ethno-Nationalism: The Quest for Understanding.* Princeton: Princeton University Press.

Conversi, Daniele (1997): *The Basques, the Catalans and Spain: Alternative Routes to Nationalist Mobilisation.* London: C. Hurst and Co.

Corrigan, Philip and Sayer, Derek (1985): *The Great Arch: English State Formation as Cultural Revolution.* Oxford: Blackwell.

Cottam, Richard (1979): *Nationalism in Iran.* Pittsburgh, PA: Pittsburgh University Press.

Crow, Tom (1985): *Painters and Public Life in Eighteenth Century Paris.* New Haven and London: Yale University Press.

David, Rosalie (1982): *The Ancient Egyptians: Beliefs and Practices.* London and Boston: Routledge and Kegan Paul.

Delanty, Gerard (1995): *Inventing Europe: Idea, Identity, Reality.* Basingstoke: Macmillan.

De Paor, Liam (1986): *The Peoples of Ireland.* London: Hutchinson and Co. Ltd, and Notre Dame, IN: University of Notre Dame Press.

Deutsch, Karl (1966): *Nationalism and Social Communications*, 2nd edn. New York: MIT Press.

Deutsch, Karl and Foltz, William (eds) (1963): *Nation-Building.* New York: Atherton.

Diaz-Andreu, Margarita and Champion, Timothy (eds) (1996): *Nationalism and Archaeology in Europe.* London: UCL Press.

Diaz-Andreu, Margarita and Smith, Anthony D. (eds) (2001): 'Nationalism and Archaeology', Nations and Nationalism 7, 4 (special issue).

Dieckhoff, Alain (2000): *La Nation dans tous ses états: Les identités nationales en mouvement.* Paris: Flammarion.

Doak, Kevin (1997): 'What is a nation and who belongs? National narratives and the ethnic imagination in twentieth-century Japan'. *American Historical Review* 102, 2: 282~309.

Dunn, John (1978): *Western Political Theory in the Face of the Future.* Cambridge: Cambridge University Press.

Durkheim, Emile (1915): *The Elementary Forms of the Religious Life, trans.* J. Swain. London: Allen and Unwin.

Elazar, David (1986): 'The Jewish people as the classic diaspora: A political analysis', in Gabriel Sheffer (ed.), *Modern Diasporas in International Politics.* London and Sydney: Croom Helm.

Eley, Geoff and Suny, Ronald (eds) (1996): *Becoming National.* New York and London: Oxford University Press.

Eller, Jack and Coughlan, Reed (1993): 'The poverty of primordialism: the demystification of ethnic attachments'. *Ethnic and Racial Studies* 16, 2: 183~202.

Eriksen, Thomas Hylland (1993): *Ethnicity and Nationalism.* London and Boulder, CO: Pluto Press.

Esman, Milton (ed.) (1977): *Ethnic Conflict in the Western World.* Ithaca, NY: Cornell University Press.

Esman, Milton (1994): *Ethnic Politics.* Ithaca and London: Cornell University Press.

Featherstone, Mike (ed.) (1990): *Global Culture: Nationalism, Globalisation and Modernity.* London, Newbury Park, and New Delhi: Sage Publications.

Finley, Moses (1986): *The Use and Abuse of History.* London: Hogarth Press.

Fishman, Joshua (1980): 'Social theory and ethnography: neglected perspectives on language and ethnicity in Eastern Europe', in Peter Sugar (ed.), *Ethnic Diversity and Conflict in Eastern Europe.* Santa Barbara: ABC–Clio.

Fondation Hardt (1962): *Grecs et Barbares: Entretiens sur l'Antiquité Classique VIII I, Geneva.*

Frankfort, Henri (1948): *Kingship and the Gods.* Chicago: Chicago University Press.

Freeden, Michael (1998): 'Is nationalism a distinct ideology?'. *Political Studies* XLVI: 748~765.

Frye, Richard (1966): *The Heritage of Persia.* New York: Mentor.

_____ (1975): *The Golden Age of Persia: The Arabs in the East.* London: Weidenfeld and Nicolson.

Gans, Herbert (1979): 'Symbolic ethnicity'. *Ethnic and Racial Studies* 2, 1: 1~20.

Geertz, Clifford (1973): *The Interpretation of Cultures.* London: Fontana.

Gellner, Ernest (1964): *Thought and Change.* London: Weidenfeld and Nicolson.

_____ (1973): 'Scale and Nation'. *Philosophy of the Social Sciences* 3: 1~17.

_____ (1983): *Nations and Nationalism.* Oxford: Blackwell.

_____ (1996): 'Do nations have navels?'. *Nations and Nationalism* 2, 3: 366~370.

_____ (1997): *Nationalism*, London: Weidenfeld and Nicolson.

Gershoni, Israel and Jankowski, Mark (1987): *Egypt, Islam and the Arabs: The Search for Egyptian Nationhood, 1900–1930.* New York and Oxford: Oxford University Press.

Giddens, Anthony (1985): *The Nation-State and Violence.* Cambridge: Polity.

_____ (1991): *The Conditions of Modernity.* Cambridge: Polity.

Gilbert, Paul (1998): *The Philosophy of Nationalism.* Boulder, CO: Westview Press.

Gildea, Robert (1994): *The Past in French History.* New Haven, CT, and London: Yale University Press.

Gillingham, John (1992): 'The beginnings of English imperialism'. *Journal of Historical Sociology* 5, 4: 392~409.

Gillis, John (ed.) (1994): *Commemorations: The Politics of National Identity.* Princeton: Princeton University Press.

Glazer, Nathan and Moynihan, Daniel (eds) (1963): *Beyond the Melting-Pot.* Cambridge, MA: MIT Press.

_____ (1975): *Ethnicity: Theory and Experiene*, Cambridge, MA: Harvard University Press.

Glenny, Misha (1990): *The Rebirth of History.* Harmondsworth: Penguin.

Goldberg, Harvey (ed.) (1996): *Sephardi and Middle Eastern Jewries: History and Culture in the Modern Era.* Bloomington, IN: Indiana University Press.

Greenfeld, Liah (1992): *Nationalism: Five Roads to Modernity.* Cambridge, MA: Harvard University Press.

Grosby, Steven (1991): 'Religion and nationality in antiquity'. European Journal of Sociology 32: 229~265.

_____ (1994): 'The verdict of history: the inexpungeable tie of primordiality – a reply to Eller and Coughlan'. *Ethnic and Racial Studies* 17, 1:

164~171.

_____ (1995): 'Territoriality: the transcendental, primordial feature of modern societies'. *Nations and Nationalism* 1, 2: 143~162.

_____ (1997): 'Borders, territory and nationality in the ancient Near East and Armenia'. *Journal of the Economic and Social History of the Orient* 40, 1: 1~29.

Guibernau, Monserrat (1996): *Nationalisms: The Nation-state and Nationalism in the Twentieth Century*. Cambridge: Polity.

_____ (1999): *Nations without States: Political Communities in a Global Age*. Cambridge: Polity.

Gutierrez, Natividad (1999): *The Culture of the Nation: The Ethnic Nation and Official Nationalism in Twentieth-Century Mexico*. Lincoln, NB: University of Nebraska Press.

Hall, John (ed.) (1998): *The State of the Nation; Ernest Gellner and the Theory of Nationalism*. Cambridge: Cambridge University Press.

Hall, Stuart (1992): 'The new ethnicities', in J. Donald and A. Rattansi (eds), *Race, Culture and Difference*, London: Sage.

Harvey, David (1989): *The Conditions of Postmodernity*. Oxford: Blackwell.

Hastings, Adrian (1997): *The Construction of Nationhood: Ethnicity, Religion and Nationalism*. Cambridge: Cambridge University Press.

Hayes, Carlton (1931): *The Historical Evolution of Modern Nationalism*. New York: Smith.

Hechter, Michael (1975): *Internal Colonialism: The Celtic Fringe in British National Development, 1536-1966*. London: Routledge and Kegan Paul.

_____ (1988): 'Rational choice theory and the study of ethnic and race relations', in John Rex and David Mason (eds), *Theories of Ethnic and Race Relations*. Cambridge: Cambridge University Press.

_____ (1992): 'The dynamics of secession'. *Acta Sociologica* 35: 267~283.

_____ (1995): 'Explaining nationalist violence'. *Nations and Nationalism* 1, 1: 53~68.

_____ (2000): *Containing Nationalism.* Oxford and New York: Oxford University Press.

Hedetoft, Ulf (1995): *Signs of Nations: Studies in the Political Semiotics of Self and Other in Contemporary European Nationalism.* Aldershot: Dartmouth Publishing Company.

Herb, Guntram and Kaplan, David (eds) (1999): *Nested Identities: Nationalism, Territory and Scale.* Lanham, Maryland: Rowman and Littlefield Publishers.

Herberg, Will (1960): *Protestant–Catholic–Jew.* New York: Doubleday.

Herbert, Robert (1972): *David, Voltaire, Brutus and the French Revolution.* London: Allen Lane.

Herder, Johann Gottfried (1877–1913): *Sämmtliche Werke,* ed. B. Suphan. Berlin: Weidmann.

Hobsbawm, Eric (1990): *Nations and Nationalism since 1780.* Cambridge: Cambridge University Press.

Hobsbawm, Eric and Ranger, Terence (eds) (1983): *The Invention of Tradition.* Cambridge: Cambridge University Press.

Hooson, David (ed.) (1994): *Geography and National Identity.* Oxford: Blackwell.

Horowitz, Donald (1985): *Ethnic Groups in Conflict.* Berkeley and Los Angeles: University of California Press.

_____ (1992): 'Irredentas and secessions: adjacent phenomena, neglected connections', in A. D. Smith (ed.), *Ethnicity and Nationalism: International Studies in Sociology and Social Anthropology,* vol. LX. Leiden: Brill.

Hosking, Geoffrey and Schöpflin, George (eds) (1997): *Myths and Nationhood.* London and New York: Routledge.

Hroch, Miroslav (1985): *Social Preconditions of National Revival in Europe.* Cambridge: Cambridge University Press.

Humphreys, R. A. and Lynch, J. (eds) (1965): *The Origins of the Latin American Revolutions*, 1808–25. New York: Knopf.

Hutchinson, John (1987): *The Dynamics of Cultural Nationalism: The Gaelic Revival and the Creation of the Irish Nation State*. London: Allen and Unwin.

_____ (1994): *Modern Nationalism*. London: Fontana.

_____ (2000): 'Ethnicity and modern nations'. *Ethnic and Racial Studies* 23, 4: 651~669.

Ichijo, Atsuko (1998): 'Scottish Nationalism and Identity in the Age of European Integration', unpublished Ph.D. thesis. University of London.

Im Hof, Ulrich (1991): *Mythos-Schweiz: Identität-Nation-Geschichte*. Zürich: Neue Verlag Zürcher Zeitung.

Jones, Sian (1997): *The Archaeology of Ethnicity: Constructing Identities in the Past and the Present*. London and New York: Routledge.

Juergensmeyer, Mark (1993): *The New Cold War? Religious Nationalism Confronts the Secular State*. Berkeley and Los Angeles: University of California Press.

Just, Roger (1989): 'The triumph of the ethnos', in Elisabeth Tonkin, Maryon McDonald and Malcolm Chapman (eds), *History and Ethnicity*. London and New York: Routledge.

Kahan, Arcadius (1968): 'Nineteenth-century European experience with policies of economic nationalism', in H. G. Johnson (ed.), *Economic Nationalism in Old and New States*. London: Allen and Unwin.

Kaldor, Mary (1999): *New and Old Wars: Organized Violence in a Global Era*. Cambridge: Polity.

Kandiyoti, Deniz (ed.) (2000): 'Gender and Nationalism'. *Nations and Nationalism* 6, 4 (special issue).

Kapferer Bruce (1988): *Legends of People, Myths of State: Violence, Intolerance and Political Culture in Sri Lanka and Ausralia.*

Washington, DC, and London: Smithsonian Institution Press.

Kaufman, Eric and Zimmer, Oliver (1998): 'In search of the authentic nation: Landscape and national identity in Switzerland and Canada'. *Nations and Nationalism* 4, 4: 483~510.

Kautsky, John (ed.) (1962): *Political Change in Underdeveloped Countries.* New York: John Wiley.

Kearney, Hugh (1990): *The British Isles, A History of Four Nations.* Cambridge: Cambridge University Press.

Keddie, Nikki (1981): *Roots of Revolution: An Interpretive History of Modern Iran.* New Haven, CT: Yale University Press.

Kedourie, Elie (1960): *Nationalism.* London: Hutchinson.

____ (ed.) (1971): *Nationalism in Asia and Africa.* London: Weidenfeld and Nicolson.

____ (ed.) (1992): *Spain and the Jews: The Sephardi Experience, 1492 and After.* London: Thames and Hudson Ltd.

Kedward, Roderick (ed.) (1965): *The Dreyfus Affair.* London: Longman.

Kemilainen, Aira (1964): *Nationalism, Problems concerning the Word, the Concept and Classification.* Yvaskyla: Kustantajat Publishers.

Kennedy, Emmet (1989): *A Cultural History of the French Revolution.* New Haven, CT, and London: Yale University Press.

Kenrick, Donald and Puxon, Graham (1972): *The Destiny of Europe's Gypsies.* London: Chatto-Heinemann.

Kidd, Colin (1999): *British Identities before Nationalism: Ethnicity and Nationhood in the Atlantic World, 1600-1800.* Cambridge: Cambridge University Press.

Kitromilides, Paschalis (1989): '"Imagined communities" and the origins of the national question in the Balkans'. *European History Quarterly* 19, 2: 149~192.

Kitromilides, Paschalis (1998): 'On the intellectual content of Greek nationalism: Paparrigopoulos, Byzantium and the Great Idea', in David Ricks and Paul Magdalino (eds), *Byzantium and the*

Modern Greek Identity. King's College London: Centre for Hellenic Studies. Aldershot: Ashgate Publishing.

Knoll, Paul (1993): 'National consciousness in medieval Poland', *Ethnic Studies* 10, 1: 65~84.

Kohl, Philip and Fawcett, Clare (eds) (1995): *Nationalism, Politics and the Practice of Archaeology*. Cambridge: Cambridge University Press.

Kohn, Hans (1940): 'The origins of English nationalism'. *Journal of the History of Ideas* I: 69~94.

_____ (1955): *Nationalism, Its Meaning and History*. New York: Van Nostrand.

_____ (1965): *The Mind of Germany*. London: Macmillan.

_____ (1967a): *The Idea of Nationalism* [1944], 2nd edn. New York: Collier-Macmillan.

_____ (1967b): *Prelude to Nation-States: The French and German Experience, 1789-1815*. New York: Van Nostrand.

Kreis, Jacob (1991): *Der Mythos von 1291: Zur Enstehung des Schweizerischen Nationalfeiertags*. Basel: Friedrich Reinhardt Verlag.

Lang, David (1980): *Armenia, Cradle of Civilisation*. London: Allen and Unwin.

Lartichaux, J.-Y. (1977): 'Linguistic Politics during the French Revolution'. *Diogenes* 97: 65~84.

Lehmann, Jean-Pierre (1982): *The Roots of Modern Japan*. London and Basingstoke: Macmillan.

Leifer, Michael (ed.) (2000): *Asian Nationalism*. Routledge: London and New York.

Llobera, Josep (1994): *The God of Modernity*. Oxford: Berg.

Lydon, James (1995): 'Nation and race in medieval Ireland', In Simon Forde, Lesley Johnson and Alan Murray (eds), *Concepts of National Identity in the Middle Ages*. Leeds: University of Leeds: Leeds Studies in English.

Lyons, F. S. (1979): *Culture and Anarchy in Ireland, 1890-1930*. London:

Oxford University Press.

Mann, Michael (1993): *The Sources of Social Power*, vol. II. Cambridge: Cambridge University Press.

_____ (1995): 'A political theory of nationalism and its excesses', in Sukumar Periwal (ed.), *Notions of Nationalism*. Budapest: Central European University Press.

Marwick, Arthur (1974): *War and Social Change in the Twentieth Century*, London: Methuen.

Matossian, Mary (1962): 'Ideologies of "delayed industrialization": Some tensions and ambiguities', in John Kautsky (ed.), *Political Change in Underdeveloped Countries*. New York: John Wiley.

Mayall, James (1990): *Nationalism and International Society*. Cambridge: Cambridge University Press.

McCrone, David (1998): *The Sociology of Nationalism*. London and New York: Routledge.

McNeill, William (1986): *Polyethnicity and National Unity in World History*. Toronto: University of Toronto Press.

Melucci, Alberto (1989): *Nomads of the Present: Social Movements and Individual Needs in Contemporary Society*. London: Hutchinson Radius.

Mendels, Doron (1992): *The Rise and Fall of Jewish Nationalism*. New York: Doubleday.

Michelat, G. and Thomas, J.-P. H. (1966): *Dimensions du nationalisme*. Paris: Librairie Armand Colin.

Miller, David (1995): *On Nationality*. Oxford: Oxford University Press.

Minogue, Kenneth (1967): *Nationalism*. London: Batsford.

Mitchell, Marion (1931): 'Emile Durkheim and the philosophy of nationalism'. *Political Science Quarterly* 46: 87~106.

Mosse, George (1964): *The Crisis of German Ideology*. New York: Grosset and Dunlap.

_____ (1975): *The Nationalization of the Masses: Political Symbolism and*

Mass Movements in Germany from the Napoleonic Wars through the Third Reich. Ithaca, NY: Cornell University Press.

_____ (1990): *Fallen Soldiers.* Oxford and New York: Oxford University Press.

_____ (1994): *Confronting the Nation: Jewish and Western Nationalism.* Hanover, NH: University Press of New England/Brandeis University.

Motyl, Alexander (1999): *Revolutions, Nations, Empires.* New York: Columbia University Press.

Nairn, Tom (1977): *The Break-up of Britain: Crisis and Neo-Nationalism.* London: Verso.

_____ (1997): *Faces of Nationalism: Janus Revisited.* London: Verso.

Nash, Manning (1989): *The Cauldron of Ethnicity in the Modern World.* Chicago, IL. and London: University of Chicago Press.

Nora, Pierre (1997-8): *Realms of Memory: The Construction of the French Past,* ed. Lawrence Kritzman. New York: Columbia University Press, 3 vols (orig. *Les Lieux de memoire,* Paris: Gallimard, 7 vols, 1984~1992).

O'Brien, Conor Cruse (1988a): *God-Land: Reflections on Religion and Nationalism.* Cambridge, MA: Harvard University Press.

_____ (1988b): 'Nationalism and the French Revolution', in Geoffrey Best (ed.), *The Permanent Revolution: The French Revolution and Its Legacy, 1789-1989.* London: Fontana.

Okamura, J. (1981): 'Situational ethnicity'. *Ethnic and Racial Studies* 4, 4: 452~465.

O'Leary, Brendan (ed.) (1996); 'Symposium on David Miller's *On Nationality*'. *Nations and Nationalism* 2, 3: 409~451.

_____ (1998): 'Ernest Gellner's diagnoses of nationalism: or, what is living and what is dead in Ernest Gellner's philosophy of nationalism?, in John Hall (ed.), *The State of the Nation: Ernest Gellner and the Theory of Nationalism.* Cambridge: Cambridge University Press.

Orridge, Andrew (1982): 'Separatist and autonomist nationalisms: the structure of regional loyalties in the modern state', in Colin Williams (ed.), *National Separatism.* Cardiff: University of Wales Press.

Panossian, Razmik (2000): 'The Evolution of Multilocal National Identity and the Contemporary Politics of Nationalism: Armenia and Its Diaspora', unpublished Ph.D. thesis. University of London.

Parekh, Bikhu (1995): 'Ethnocentricity of the nationalist discourse'. *Nations and Nationalism* 1, 1: 25~52.

Parsons, Talcott (1966): *Societies, Evolutionary and Comparative Perspectives.* Englewood Cliffs: Prentice-Hall.

Pearson, Raymond (1993): 'Fact, fantasy, fraud: perceptions and projections of national revival', *Ethnic Groups* 10, 1~3; 43~64.

Peel, John (1989): 'The cultural work of Yoruba ethno-genesis', In Elisabeth Tonkin, Maryon McDonald and Malcolm Chapman (eds), *History and Ethnicity.* London and New York: Routledge.

Penrose, Jan (1995): 'Essential constructions? The "cultural bases" of nationalist movements', *Nations and Nationalism* 1, 3: 391~417.

Periwal, Sukumar (ed.) (1995): *Notions of Nationalism.* Budapest: Central European University Press.

Petersen, William (1975): 'On the sub-nations of Europe', In Nathan Glazer and Daniel Moynihan (eds), *Ethnicity: Theory and Experience.* Cambridge, MA: Harvard University Press.

Pieterse, Neederveen (1995): 'Europe among other things: closure, culture, identity', in K. von Benda-Beckmann and M. Verkuyten (eds), *Nationalism, Ethnicity and Cultural Identity in Europe.* Utrecht: ERCOMER.

Plamenatz, John (1976): 'Two types of nationalism', in Eugene Kamenka (ed.), *Nationalism: The Nature and Evolution of an Idea.* London: Edward Arnold.

Poole, Ross (1999): *Nation and Identity.* London and New York:

Routledge.

Preece, Jennifer Jackson (1998): *National Minorities and the European Nation-States System.* Oxford: Clarendon Press.

Purvis, James (1968): *The Samaritan Pentateuch and the Origins of the Samaritan Sect,* Harvard Semitic Monographs, vol.2. Cambridge, MA: Harvard University Press.

Ram, Uri (1995): 'Zionist historiography and the invention of Jewish nationhood: The case of Ben-Zion Dinur'. *History and Memory* 7: 91~124.

_____ (1998): 'Postnationalist pasts: The case of Israel'. *Social Science History* 22, 4: 513~545.

Ramet, Sabrina (1996): *Balkan Babel: The Disintegration of Yugoslavia from the Death of Tito to Ethnic War,* 2nd edn. Boulder, CO: Westview Press.

Renan, Ernest (1882): *Qu'est-ce qu'une nation?* Paris: Calmann-Levy.

Reynolds, Susan (1984): *Kingdoms and Communities in Western Europe, 900-1300.* Oxford: Clarendon Press.

Richmond, Anthony (1984): 'Ethnic nationalism and post-industrialism'. *Ethnic and Racial Studies* 7, 1: 4~18.

Riekmann, Sonja Puntscher (1997): 'The myth of European unity', in Geoffrey Hosking and George Schöpflin (eds), *Myths and Nationhood.* London and New York: Routledge.

Roberts, Michael (1993): 'Nationalism, the past and the present: the case of Sri Lanka'. *Ethnic and Racial Studies* 16, 1: 133~166.

Robinson, Francis (1979): 'Islam and Muslim separatism', in David Taylor and Malcolm Yapp (eds), *Political Identity in South Asia.* Dublin and London: Curzon Press.

Rosdolsky, R. (1964): 'Friedrich Engels und das Problem der "Geschichtslosen Völker"'. *Archiv für Sozialgeschichte* 4: 87~282

Rotberg, Robert (1967): 'African nationalism: concept or confusion?'. *Journal of Modern African Studies* 4, 1: 33~46.

Roudometov, Victor (1998): 'From "*Rum millet*" to Greek nation: Enlightenment secularisation and national identity in Ottoman Balkan society, 1453–1821'. *Journal of Modern Greek Studies* 16, 1: 11~48.

Rousseau, Jean-Jacques (1915): *The Political Writings of Rousseau*, 2 vols, ed. C. E. Vaughan. Cambridge: Cambridge University Press.

Roux, Georges (1964): *Ancient Iraq*. Harmondsworth: Penguin.

Rustow, Dankwart (1967): *A World of Nations*. Washington DC: Brookings Institution.

Sarkisyanz, Emanuel (1964): *Buddhist Backgrounds of the Burmese Revolution*. The Hague: Nijhoff.

Schama, Simon (1987): *The Embarrassment of Riches: An Interpretation of Dutch Culture in the Golden Age*. London: William Collins.

_____ (1989): *Citizens: A Chronicle of the French Revolution*. New York: Knopf, and London: Penguin.

_____ (1995): *Landscape and Memory*. London: Harper Collins (Fontana).

Scheuch, Erwin (1966): 'Cross-national comparisons with aggregate data', in Richard Merritt and Stein Rokkan (eds), *Comparing Nations: The Use of Quantitative Data in Cross-National Research*. New Haven, CT: Yale University Press.

Schlesinger, Philip (1987): 'On national identity: some conceptions and misconceptions criticised'. *Social Science Information* 26, 2: 219~264.

_____ (1991): *Media, State and Nation: Political Violence and Collective Identities*. London: Sage.

_____ (1992): 'Europe—a new cultural battlefield?'. *Innovation* 5, 1: 11~23.

Schnapper, Dominique (1997): 'Beyond the opposition: "civic" nation versus "ethnic" nation'. *ASEN Bulletin* 12: 4~8.

Schöpflin, George (2000): *Nations, Identity, Power: The New Politics of Europe*. London: C. Hurst and Co.

Schulze, Hagen (1996): *States, Nations and Nationalism*. Oxford:

Blackwell.

Scott, George Jnr (1990): 'A resynthesis of primordial and circumstantialist approaches to ethnic group solidarity: towards an explanatory model'. *Ethnic and Racial Studies* 13, 2: 148~171.

Seltzer, Robert (1980): *Jewish People, Jewish Thought.* New York: Macmillan.

Seton-Watson (1977): *Nations and States.* London: Methuen.

Sheffer, Gabriel (ed.) (1986): *Modern Diasporas in International Politics.* London and Sydney: Croom Helm.

Shils, Edward (1957): 'Primordial, personal, sacred and civil ties'. *British Journal of Sociology* 7: 13~45.

Sluga, Glenda (1998): 'Identity, gender and the history of European nations and nationalism'. *Nations and Nationalism* 4, 1: 87~111.

Smith, Anthony D. (1979): *Nationalism in the Twentieth Century.* Oxford: Martin Robertson.

_____ (1981a): *The Ethnic Revival in the Modern World.* Cambridge: Cambridge University Press.

_____ (1981b): 'War and ethnicity: the role of warfare in the formation of self-images and cohesion of ethnic communities'. *Ethnic and Racial Studies* 4, 4: 375~397.

_____ (1983): *Theories of Nationalism*, 2nd edn. London: Duckworth, and New York: Holmes and Meier.

_____ (1986): *The Ethnic Origins of Nations.* Oxford: Blackwell.

_____ (1989): 'The origins of nations'. *Ethnic and Racial Studies* 12, 3: 340~367.

_____ (1991): *National Identity.* Harmondsworth: Penguin.

_____ (1992): 'National identity and the idea of European unity'. *International Affairs* 68, 1: 55~76.

_____ (1994): 'The problem of national identity: ancient, medieval, modern?'. *Ethnic and Racial Studies* 17, 3: 375~399.

_____ (1995): *Nations and Nationalism in a Global Era.* Cambridge:

Polity.

_____ (1997): 'The Golden Age and national renewal', in Geoffrey Hosking and George Schöpflin (eds), *Myths and Nationhood.* London: Routledge.

_____ (1998): *Nationalism and Modernism.* London and New York: Routledge.

_____ (1999a): *Myths and Memories of the Nation.* Oxford and New York: Oxford University Press.

_____ (1999b): 'Sacred territories and national conflict'. *Israel Affairs* 5, 4: 13~31.

_____ (2000a): *The Nation in History.* Hanover, NH: University Press of New England/Brandeis University, and Cambridge: Polity.

_____ (2000b): 'The "Sacred" dimension of nationalism'. *Millennium: Journal of International Politics* 29, 3: 791~814.

Smith, D. E. (ed.) (1974): *Religion and Political Modernization.* New Haven, CT: Yale University Press.

Snyder, Louis (1954): *The Meaning of Nationalism.* New Brunswick: Rutgers University Press.

_____ (1976): *The Varieties of Nationalism: A Comparative View.* Hinsdale, Illinois: The Dryden Press.

Soysal, Yacemin (1994): *Limits of Citizenship: Migrants and Post-national Membership in Europe.* Chicago, IL: University of Chicago Press.

Stack, John (ed.) (1986): *The Primordial Challenge: Ethnicity in the Contemporary World.* New York: Greenwood Press.

Stalin, Joseph (1973): 'The Nation', in idem, *Marxism and the National Question,* reprinted in Bruce Franklin (ed.), *The Essential Stalin: Major Theoretical Writings, 1905–52.* London: Croom Helm.

Steinberg, Jonathan (1976): *Why Switzerland?* Cambridge: Cambridge University Press.

Stern, Menahem (1972): 'The Hasmonean revolt and its place in the history of Jewish society and religion', in Haim Ben-Sasson and

Shmuel Ettinger (eds), *Jewish Society Through the Ages.* New York: Schocken Books.

Stone, John (ed.) (1979): 'Internal Colonialism'. *Ethnic and Racial Studies* 2, 3 (special issue).

Subaratnam, Lakshmanan (1997): 'Motifs, metaphors and mythomoteurs: some reflections on medieval South Asian ethnicity'. *Nations and Nationalism* 3, 3: 397~426.

Subtelny, Orest (1994): *Ukraine: A History*, 2nd edn. Toronto, Buffalo, London: University of Toronto Press.

Sugar, Peter (ed.) (1980): *Ethnic Diversity and Conflict in Eastern Europe.* Santa Barbara: ABC-Clio.

Suny, Ronald (1993): *The Revenge of the Past: Nationalism, Revolution and the Collapse of the Soviet Union.* Stanford, CA: Stanford University Press.

Tilly, Charles (ed.) (1975): *The Formation of National States in Western Europe.* Princeton: Princeton University Press.

Tomlinson, John (1991): *Cultural Imperialism.* London: Pinter Publishers.

Tonkin, Elisabeth, McDonald, Maryon and Chapman, Malcolm (eds) (1989): *History and Ethnicity.* London and New York: Routledge.

Tønnesson, Stein and Antlov, Hans (eds) (1996): *Asian Forms of the Nation.* Cambridge: Cambridge University Press.

Trevor-Roper, Hugh (1961): *Jewish and Other Nationalisms.* London: Weidenfeld and Nicolson.

Trigger, B. G., Kemp, B.J., O'Connor, D. and Lloyd, A. B. (1983): *Egypt: A Social History.* Cambridge: Cambridge University Press.

Tuveson, E. L. (1968): *Redeemer Nation: The Idea of America's Millennial Role.* Chicago: Chicago University Press.

Van den Berghe, Pierre (1978): 'Race and ethnicity: a sociobiological perspective'. *Ethnic and Racial Studies* 1, 4: 401~411.

_____ (1995): 'Does race matter?'. *Nations and Nationalism* 1, 3: 357~368.

Van der Veer, Peter (1994): *Religious Nationalisms: Hindus and Muslims in India.* Berkeley, CA: University of California Press.

Viroli, Maurizio (1995): *For Love of Country: An Essay On Nationalism and Patriotism.* Oxford: Clarendon Press.

Vital, David (1975): *The Origins of Zionism.* Oxford: Clarendon.

____ (1990): *The Future of the Jews: A People at the Crossroads?.* Cambridge, MA, and London: Harvard University Press.

Wallace, William (1990): *The Transformation of Western Europe.* London: RIIA/Pinter.

Walzer, Michael (1985): *Exodus and Revolution.* New York: Basic Books.

Weber, Eugene (1979): *Peasants into Frenchmen: The Modernisation of Rural France, 1870–1914.* London: Chatto and Windus.

____ (1991): *My France: Politics, Culture, Myth.* Cambridge, MA: Harvard University Press.

Weber, Max (1948): *From Max Weber: Essays in Sociology,* ed. Hans Gerth and C. Wright Mills. London: Routledge and Kegan Paul.

____ (1968): *Economy and Society,* 3 vols. New York: Bedminster Press.

Webster, Bruce (1997): *Medieval Scotland: The Making of an Identity.* Basingstoke: The Macmillan Press.

Wiberg, Hakan (1983): 'Self-determination as an international Issue', in Ioann Lewis (ed.), *Nationalism and Self-Determination in the Horn of Africa.* London: Ithaca Press.

Williams, Gwyn (1985): *When was Wales?* Harmondsworth: Penguin.

Wilmsen, Edwin and McAllister, Patrick (eds) (1996): *The Politics of Difference: Ethnic Premises in a World of Power.* Chicago, IL, and London: University of Chicago Press.

Wilson, H. S. (ed.) (1969): *Origins of West African Nationalism.* London: Macmillan and Co.

Winter, Jay (1995): *Sites of Memory, Sites of Mourning.* Cambridge: Cambridge University Press.

Wiseman, D.J. (ed.) (1973): *Peoples of the Old Testament.* Oxford: Clarendon Press.

Wright, John, Goldenberg, Suzanne and Schofield, Richard (eds) *(1996): Transcaucasian Boundaries.* London: UCL Press.

Yuval-Davis, Nira (1997): *Gender and Nation.* London: Sage.

Yuval-Davis, Nira and Anthias, Floya (eds) (1989): *Woman-Nation-State.* London: Sage.

Zartmann, William (1964): *Government and Politics in North Africa.* New York: Praeger.

Zeitlin, Irving (1984): *Ancient Judaism.* Cambridge: Polity.

Zernatto, Guido (1944): 'Nation: the history of a word'. *Review of Politics* 6: 351~366.

Zerubavel, Yael (1995): *Recovered Roots: Collective Memory and the Making of Israeli National Tradition.* Chicago, IL, and London: University of Chicago Press.

Zimmer Oliver (1999): 'Forging the Swiss Nation, 1760-1939: Popular Memory, Patriotic Invention and Competing Conceptions of Nationhood', unpublished Ph.D. thesis. University of London.

찾아보기

ㅈ

민족주의란 무엇인가

유럽중심주의를 비판하는 책들 · 3

1판 1쇄 인쇄 2012년 6월 25일
1판 1쇄 발행 2012년 6월 30일

지은이 앤서니 D. 스미스
옮긴이 강철구
펴낸이 강영선
펴낸곳 도서출판 용의 숲
주소 서울시 마포구 서교동 361-9 3층
전화번호 02-338-5113
팩시밀리 031-914-5113
휴대폰 011-9177-8210
E-mail dragonpc@hanmail.net
출판등록 2004년 3월 29일 제 313-2004-00078호

주문처 한국출판협동조합
전화 070-7119-1741 | 팩스 031-944-8234~6

ISBN 978-89-93703-29-0 94900
ISBN 978-89-93703-20-7(세트)